Dirk Kurbjuweit

ALTERNATIVLOS

Merkel, die Deutschen
und das Ende der Politik

Carl Hanser Verlag

1 2 3 4 5   18 17 16 15 14

ISBN 978-3-446-24620-1
Alle Rechte vorbehalten
© Carl Hanser Verlag München 2014
Satz: Satz für Satz. Barbara Reischmann, Leutkirch
Druck und Bindung: CPI – Ebner & Spiegel, Ulm
Printed in Germany

INHALT

Vorwort: Warum alternativlos? 7

Ära oder nicht – wie ein Kanzler unvergesslich wird 13

Die Inszenierung – die Kraft der Unauffälligkeit 27

Die Macht – viel für wenig 93

Eine Nation in der Welt – die Geschonten I 157

Der Sozialstaat – die Geschonten II 207

Die Gesellschaft – Wutbürger, Frauen und
  der Homo digitalis 225

Das Fazit – die Lieblingskanzlerin 275

Literatur 287

WARUM ALTERNATIVLOS?

Ein Sparkurs und ein weiteres Hilfspaket seien »alternativlos« für Griechenland, sagte Angela Merkel im März 2010. Das verschaffte ihr die zweifelhafte Ehre, ein »Unwort des Jahres« geprägt zu haben. Die Jury fand: »Das Wort suggeriert unangemessen, dass es bei einem Entscheidungsprozess von vornherein keine Alternative und auch keine Notwendigkeit der Diskussion und Argumentation gebe.« Der Begriff machte Karriere und wurde zum Signum der Kanzlerschaft Merkels. Er passt tatsächlich gut, in vielerlei Hinsicht.

»Alternativlos« ist ein Wort, das gern in dramatischen Situationen verwendet wird, in Krisen, wenn es nur einen Ausweg zu geben scheint. Wir leben in solchen Zeiten. Merkel musste die Finanzkrise meistern, hat immer noch mit der Euro-Krise zu tun und sieht sich seit dem Frühjahr 2014 der Ukraine-Krise ausgesetzt. In der Wirtschaftskrise von 2003 nannte Bundeskanzler Gerhard Schröder die Agenda 2010 »alternativlos«.

Merkel regiert seit 2005, zunächst in einer Großen Koalition, dann mit der FDP, dann wieder in einer Großen Koalition. Informell gab es die auch in der Zeit von Schwarz-Gelb, da sich Regierung, SPD und Grüne in den beiden wichtigsten Fragen dieser Zeit einig waren: Euro-Krise und Auslandseinsätze der Bundeswehr. Merkel konnte sich dazu im Parlament auf ganz große Mehrheiten stützen. Während ihrer Kanzlerschaft spielte die Opposition kaum eine Rolle, es gab keine starke Alternative zu ihr, auch nicht persönlich. Die SPD konnte keinen chancenreichen Widersacher etablieren. In der Union hat Merkel ohnehin keine Konkurrenz mehr.

Ihr gelassener Regierungsstil kommt in der Bevölkerung

gut an. Ihre Umfragewerte sind für eine Kanzlerschaft überragend. Auch den meisten Bürgern scheint sie alternativlos zu sein.

Die Jury für das »Unwort des Jahres« merkte an, dieses Wort drohe »die Politikverdrossenheit in der Bevölkerung zu verstärken«. Das klingt einleuchtend, wenn man davon ausgeht, dass die Bürger Diskussion und Argumentation schätzen, dass sie unbedingt Alternativen haben wollen, um auswählen zu können.

Ist das so? Das ist eine der Fragen, denen dieses Buch nachgeht. Deutschland hat eine Kanzlerin, deren Signum »alternativlos« ist, und diese Kanzlerin ist so beliebt, dass man fast von einer Symbiose zwischen ihr und dem Volk sprechen kann. Was sagt das über die Deutschen und ihre Demokratie?

Dieses Buch will Merkels Kanzlerschaft in ihren Eigentümlichkeiten beschreiben, aber auch in den Traditionen, in denen sie steht oder mit denen sie bricht. Es geht hier in erster Linie um Kanzlergeschichte, um Kanzlerdasein. Die Bundeskanzler sind das Zentrum der deutschen Demokratie. Das Grundgesetz spricht ihnen das Recht zu, über die Richtlinien der Politik zu entscheiden. Ob sie das nun tun oder nicht, die Medien richten ihr Augenmerk hauptsächlich auf den Regierungschef. Er steht oben in der Machthierarchie, jedenfalls nominell, und er besitzt die meiste Prominenz. Also erfährt auch die Bevölkerung am meisten über den Kanzler oder die Kanzlerin und verbindet alle Bundespolitik letzten Endes mit ihm oder ihr. Deshalb prägt ein Kanzler die Stimmung eines Landes am stärksten.

Ich möchte mit diesem Buch etwas über diese Beziehung erzählen, Kanzler und Volk, Kanzler und Bevölkerung, Kanzler und Gesellschaft. Diese drei Begriffe sind nicht identisch. Volk wird oft mit dem Adjektiv »deutsch« verknüpft, aber das meine ich hier nicht. Insofern ist Bevölkerung treffender, weil es üblicherweise die Migranten einschließt, die nicht Deutsche geworden sind. Das Wort Gesellschaft hat viele Bedeutungen, eine ist: der Teil der Bevölkerung, der am politischen Leben teilnimmt, durch Lektüre, durch Debatten, durch Engagement. Ich trenne in diesem Buch nicht scharf zwischen diesen Begriffen, verwende sie als Synonyme. Gemeint ist vor allem Bevölkerung, wobei ausgerechnet dieses Wort das hässlichste der drei ist, und jemandem wie mir, der Schönheit auch in der Sprache sucht, tut das ein bisschen weh. Volk und Gesellschaft gefallen mir unter ästhetischen Gesichtspunkten besser.

Ich stelle jedem Kapitel einen kleinen Blick zurück voran, damit die Unterschiede deutlich werden, die Entwicklungen. Merkel wurde erst 1990 Bundesdeutsche, aber sie hat sich durch die gesamte politische Geschichte gelesen und ihre Schlüsse daraus gezogen. Mit »Geschichte« ist in diesem Buch die Geschichte der Bundesrepublik gemeint, nicht der DDR. Dadurch geht hier nichts verloren, da das politische System der Bundesrepublik den Ostdeutschen übergestülpt wurde. Von der DDR blieb politisch nichts übrig, außer Haltungen und Erwartungen an die Politik in Teilen der Bevölkerung. Wenn das relevant wird, beziehe ich die DDR mit ein.

Dieses Buch ist nicht enzyklopädisch, erzählt nicht die ganze Geschichte. Ich konzentriere mich auf die Aspekte, die mir wichtig sind, und hoffe, dass sie für die ganze Geschichte stehen. Wenn ich »erzählt« schreibe, meine ich das genauso. Es geht hier nicht um eine wissenschaftliche Arbeit, sondern um eine Erzählung aus der Politik. Sie speist sich aus der ständigen Lektüre eines politischen Journalisten, aus Büchern und Texten in den Medien und dem eigenen Erleben. Ich erzähle daher hin und wieder auch von persönlichen Erfahrungen. Ich sage auch meine Meinung. Wahrscheinlich ist erzählender Essay die beste Bezeichnung für dieses Buch.

Dies sind die Schwerpunkte:

Ich gehe der Frage nach, wie eine politische Ära definiert ist und ob wir in einer Ära Merkel leben. Wer eine Ära prägen kann, der hat die Alternativen beiseitegeräumt.

Ich erzähle Geschichte und Gegenwart der politischen Inszenierung von Bundeskanzlern. Dabei geht es vor allem um das Verhältnis von Politikern und Medien.

Ich erzähle Geschichte und Gegenwart der Macht in der Bundesrepublik. Wie haben die Kanzler ihre Macht ausgeübt? Wieviel Macht hatten und haben sie?

Dann folgen zwei Kapitel, die sich mit inhaltlichen Fragen auseinandersetzen. Welche Rolle spielen die Deutschen als Nation in der Welt? Wie haben die Bundeskanzler den Sozialstaat behandelt?

Ich erzähle Geschichte und Gegenwart des politischen Engagements in der Bundesrepublik. Wofür hat sich die Gesellschaft interessiert, eingesetzt? Was hat sich unter Merkel verändert? Wie ist Merkel davon beeinflusst?

Eine lange Erzählung sollte Leitbegriffe haben. Für die Bundesrepublik liegen drei Wörter nahe: Schonung. Kontrolle. Sicherheit. Sie werden sich durch den Text ziehen, und das ist schon ein erster Hinweis darauf, was für ein Volk wir sind und wie unsere Bundeskanzler mit uns umgehen. Vor allem Merkel kann viel mit diesen Begriffen anfangen.

Im Fazit werden die Erzählungen zu einigen Thesen über Angela Merkel und die bundesdeutsche Politik zusammengefasst. Es geht dann vor allem um diese Fragen: Prägt sie eine Ära? Was sind die Mängel des politischen Systems und wie könnten sie behoben werden? Über allem steht die Frage: Kann es sein, dass sich das politische System der Bundesrepublik, dass sich die Haltungen der Bevölkerung auf geradezu ideale Weise mit dieser Bundeskanzlerin verknüpfen? Wobei »ideal« nicht heißt, dass dies ein besonders guter Zustand ist. Es geht dabei um »passend«. Ist nicht Angela Merkel eine Bundeskanzlerin, die perfekt zu diesem Land passt und in den Augen der meisten Bürger daher alternativlos ist?

Da ich als Politischer Autor des »SPIEGEL« ständig über Politik schreibe, lässt sich nicht vermeiden, dass der eine oder andere Gedanke, die eine oder andere Episode schon einmal in einem Text von mir aufgetaucht sind. Ich habe versucht, diese Überschneidungen klein zu halten. Nur in drei Fällen habe ich Abschnitte aus Essays nahezu wörtlich übernommen, weil ich fand, dass ich es nicht anders sagen kann. Das betrifft sieben, acht Seiten dieses Textes. Einige Gedanken aus meinem Buch »Angela Merkel – Kanzlerin für alle?« von 2009 finden sich auch in diesem Text, müssen sich hier wiederfinden, da sich die Zeit von vor 2009 heute nicht vollkommen anders darstellt als damals, zum Beispiel das Leben Angela Merkels in der DDR und ihre Schlüsse daraus. Aber seitdem ist viel passiert, zudem hat dieses Buch einen weit umfassenderen Ansatz. Es ist eine komplett neue, komplett andere Erzählung. Für mich wäre sie dann erfolgreich, wenn der Leser am Ende seiner Lektüre mehr davon verstanden hat, wie Politik in der Bundesrepublik funktioniert, vor allem wie die Politik von Angela Merkel funktioniert.

Mein Dank gilt meinen Chefredakteuren beim »SPIEGEL«, die mich meine Arbeit großzügig so machen lassen, wie ich sie machen will. Mein Dank gilt meinen Kollegen, den politischen Journalisten in Berlin, die insgesamt eine sehr gute Arbeit leisten. Aus ihren Texten und aus den Diskussionen mit ihnen lerne ich eine Menge über Politik und Angela Merkel. Einiges davon fließt in dieses Buch ein. Ich danke besonders meiner Assistentin Stefanie Golla, die mich in herausragender Weise bei meiner Arbeit unterstützt hat.

ÄRA ODER NICHT – WIE EIN KANZLER
UNVERGESSLICH WIRD

Angela Merkel ist dreimal zur Bundeskanzlerin gewählt worden. Sie regiert seit neun Jahren, wenn sie diese Legislaturperiode durchhält, werden es zwölf Jahre sein. Mehr ist möglich. Sie ist sechzig, also jung genug für weitere Kanzlerjahre. Wenn sie eines Tages abtritt, werden Journalisten und Historiker die Frage diskutieren, ob es eine Ära Merkel gegeben hat. Man kann die Frage aber auch jetzt schon stellen.

Leben wir in einer Ära Merkel?

Das Wort Ära kommt aus dem Lateinischen. Aes, aeris: Erz. Es meinte auch die Gültigkeitsdauer von Münzen.

Die Frage nach der Ära hat etwas Spielerisches, kann aber helfen, unsere Zeit zu erfassen und zu verstehen, die Politik, die wir erleben, die Gesellschaft, in der wir leben. Sie hilft auch, den Blick darauf zu fokussieren, was diese Kanzlerin mit uns macht und was wir mit dieser Kanzlerin machen. Ob sie zu uns passt oder nicht. Ob sie ihre Zeit, ihr Deutschland begreift und mit einer angemessenen Politik bedient. Es geht dabei auch um Bedeutung. Passiert zur Zeit etwas historisch Bedeutendes in diesem Land? Oder leben wir in einer Episode, die bald vergessen sein wird?

Die Geschichtsforschung, aber auch der Journalismus und die politisch denkenden Bürger neigen dazu, die Vergangenheit zu zerschneiden, sie in handliche Blöcke aufzuteilen, damit sie fassbar wird. Niemand kann dem ungebrochenen Zeitstrahl folgen. Die Historie würde diffus und wäre in ihren Entwicklungen schwer fassbar. Wer die Zeit unterteilt, muss die einzelnen Blöcke benennen, damit sie kenntlich werden, damit man sich über sie unterrichten und in Gesprächen austauschen kann. Namen müssen her.

Die Klassifikation der politischen Epochen bezieht sich häufig auf die Regierungsform, aber es gibt dazu keine populären Begriffe, die einigermaßen klar einem Zeitstrahl folgen. Wir wissen ungefähr, wann der Absolutismus dominierte, aber was ist dem gefolgt? Die konstitutionelle Monarchie? Aber zu deren Zeit etablierte sich bereits die Demokratie in den Vereinigten Staaten von Amerika. Der Faschismus hatte seine Epoche von 1922 bis 1945, aber der Bolschewismus der Sowjetunion war damals ebenfalls machtvoll, genauso die Demokratie mit den Hauptpfeilern USA und Großbritannien.

Es ist nicht so leicht mit den Einordnungen, nur selten finden sich so treffende Begriffe wie »Kalter Krieg«, der für die Jahre 1948 bis 1989 steht. Es war ein Konflikt, der nahezu die gesamte Welt beherrschte. Fast alle größeren politischen Ereignisse standen unter dem Eindruck des Kalten Krieges. Für einige Völker war damit allerdings auch ein heißer Krieg verbunden, für die Koreaner, für die Vietnamesen, die Kambodschaner, die Angolaner und andere mehr. Sie müssen das Wort Kalter Krieg als zynisch empfinden.

Wie ist es jetzt? Wir würden uns wünschen, in einer Epoche der Demokratie zu leben, aber so ist es allenfalls in der westlichen Welt. Als die Menschen in einigen arabischen Staaten rebellierten und ihre Diktatoren vertrieben oder umbrachten, keimte die Hoffnung, andere Welten würden unserem Vorbild folgen. Aber daraus wurde nichts, und der Demokratieexport nach Afghanistan und in den Irak ist gescheitert. Die neue Supermacht China ist eine Parteidiktatur, Russland ein autokratisches Regime, das von einem Mann dominiert wird, Wladimir Putin. Und die USA verletzten zuletzt zu oft die Menschenrechte und die Regeln des Anstands im Umgang mit befreundeten Staaten, um als Führungsmacht und Vorbild der

Demokratien gelten zu können. Wir leben also ganz sicher nicht in der Epoche der Demokratien. Wir haben für unsere Zeit noch keinen Namen gefunden, der einem globalen Anspruch genügt.

Die politische Zeit lässt sich auch unterteilen, indem man die einzelnen Abschnitte mit den Namen von Herrschern, Staatsoder Regierungschefs tauft. Dies ist eine frühe Form der Personalisierung. Ein Mensch ist die beste aller Erzählungen, eingängig, nahe, verstehbar. Über einen Menschen lassen sich politische Ereignisse und Zeiten gut vermitteln, was auch der Erfolg von Biographien belegt. Der Nachteil der Personalisierung ist, dass sie dazu neigt zu überschätzen, was ein Mensch in seiner Zeit bedeutet und bewegen kann. Es gibt viele Akteure, es gibt Zufälle, es gibt eine Bevölkerung, die sich nicht stark artikuliert, deren Stimmungen aber Einfluss haben auf die Zeit. Dies gilt vor allem für Demokratien, in denen nie einer allein bestimmt. Trotzdem hilft die Personalisierung, um Geschichte verständlich zu erzählen.

Teilt man die Zeit nach Politikern ein, werden die Zeitabschnitte kürzer, die Räume enger, da sie sich auf das Reich des Machthabers beschränken. Bei Politikern spricht man selten von Epochen oder Zeitaltern, weil die Regierungszeit dafür meist nicht lang genug ist. Kaum einer schafft die knapp achtundsechzig Jahre, die Franz Josef, Kaiser von Österreich und König von Ungarn, regiert hatte, als er 1916 starb. Der preußische König Friedrich II. brachte es auf sechsundvierzig Jahre, der deutsche Kaiser Wilhelm II. auf dreißig Jahre. Bei beiden wird der Name manchmal in ein Adjektiv verwandelt. Wir sprechen von der friderizianischen oder der wilhelminischen Ära. Das bedeutet, dass beide ihre Zeit stark geprägt haben, über die Politik hinaus. Es gibt einen wilhelminischen Baustil.

Für demokratische Politiker geht es um noch kleinere Zeitspannen, nicht um Epochen, sondern um Ären. Hätte sich

Friedrich II. Bundestagswahlen stellen müssen, hätte er elf Wahlsiege in Folge gebraucht, um auf seine Regierungszeit zu kommen. Das schafft niemand, zum Glück, da die Demokratie auch vom Wechsel lebt. Spätestens nach zwölf, vierzehn Jahren werden die Bürger und vor allem die Parteifreunde ungeduldig, wünschen ein anderes Gesicht, ein anderes Programm, einen anderen Stil. In den Demokratien sind die Bürger also an kürzere Regierungszeiten gewöhnt, weshalb man auch schneller von einer Ära spricht.

Was ist die Untergrenze? Dafür gibt es keine Definition, aber einen Anhaltspunkt. In den USA darf ein Präsident nur einmal wiedergewählt werden, kommt also höchstens auf acht Jahre in Folge (die zwölf Jahre von Franklin Delano Roosevelt waren eine Ausnahme). Wir sprechen aber von einer »Ära Reagan« oder einer »Ära Clinton«. Deshalb setze ich die Untergrenze ungefähr bei acht Jahren an.

Es geht jedoch nicht nur um Dauer, wenn die Frage zu entscheiden ist, ob eine Ära vorliegt oder nicht. Der preußische König Friedrich Wilhelm III. regierte dreiundvierzig Jahre, von 1797 bis 1840, aber die Deutschen erinnern ihn fast nur noch als den Mann, der mit der schönen, mildtätigen Luise verheiratet war, obwohl in seiner Zeit politisch eine Menge passiert ist, Preußens Untergang und Wiederkehr. Die Erinnerung ist recht launisch.

Wilhelm I. war zunächst zehn Jahre preußischer König und dann siebzehn Jahre zusätzlich deutscher Kaiser, und in seine Zeit fällt die Vereinigung Deutschlands, aber er hat keine Ära geprägt. Das war Bismarck, Wilhelms Kanzler in Preußen und Deutschland. Er hat den Monarchen in den Schatten gestellt.

Eine Merkwürdigkeit ist auch Julius Cäsar. Er ist ein Geschichtsstar geworden, obwohl er als Feldherr in Gallien und Belgien ein Schlächter war, den wir heute vor den Internationalen Strafgerichtshof in Den Haag stellen würden, und obwohl er der Totengräber der römischen Republik war, indem er seine Konsularzeit eigenmächtig verlängerte und damit das Vorbild für seinen Nachfolger Augustus/Octavian abgab, der Rom endgültig in ein Kaiserreich verwandelte. Wir verehren den Antidemokraten Cäsar. Die Erinnerung ist sehr launisch.

Ein anderes Kriterium für die Frage nach einer Ära ist die Bedeutung dessen, was in jener Zeit passiert ist, was der betreffende Politiker geleistet hat. Früher ging es oft um Kriegserfolge. Friedrich II. hat mehrere Kriege angezettelt und Preußen durch seine Siege und sein Glück zu einer europäischen Großmacht aufsteigen lassen. Er hat die Folter abgeschafft, er war ein bisschen Aufklärer und ein Mann der Künste, vor allem aber Krieger, und das zählt am meisten im klassischen Geschichtsverständnis. Seine Kriege haben ihm den Beinamen »der Große« eingetragen.

Napoleon hatte seine Ära, weil er halb Europa erobern konnte und ein relativ liberales Gesetzbuch verbreiten ließ. Bei Adolf Hitler würden wir uns scheuen, von einer Ära zu sprechen, auch wenn er viel tat, was Bedeutung hatte, allerdings in einem negativen Sinn: Nachbarn überfallen, die Polen zum Sklavenvolk machen, einen Vernichtungskrieg gegen die Sowjetunion führen, Millionen Juden umbringen lassen und eine Menge mehr. Im Wort Ära klingt eine verhalten positive Botschaft an, und so gut wie niemand möchte sich nachsagen lassen, er verbinde mit Hitler auch nur den leisesten Gedanken, der zustimmend ausgelegt werden könnte. Deshalb ist es auch nicht gebräuchlich, seinen Namen in ein Adjektiv zu verwandeln. Kaum einer spricht von der hitlerianischen oder hitlerischen Zeit.

Als drittes Kriterium, neben Dauer und Bedeutung, nenne ich Verkörperung. Dieser Begriff macht nur bei demokratischen Politikern Sinn, denn Kaiser, Könige oder Diktatoren können der Bevölkerung ihren Willen aufzwingen. In der absolutistischen Zeit, in der Friedrich II. regierte, dominierten die Herrscher ihr Land nahezu total. Sie gaben den Ton an. Ein anderer wurde nicht geduldet. Die Kaiser und Könige mussten nichts verkörpern, sie prägten. Es ist also sinnlos zu sagen, dass Friedrich II. oder Ludwig XIV. ihre Zeit verkörperten. Sie waren ihre Zeit. Wer da rausfiel, spielte keine Rolle oder wurde enthauptet.

Erst als die Macht der Herrscher bröckelte, trat neben ihren Willen der Wille des Volkes. Beides musste fortan in Einklang gebracht werden. Wenn das nicht gelang, folgte die Revolution, erfolgreich in Amerika sowie zunächst in Frankreich, nicht erfolgreich in den deutschen Staaten. Auf demokratische Politiker wartet nicht der Aufstand, sondern der nächste Wahltermin. Sie müssen nicht unbedingt ihre Zeit verkörpern, aber es ist hilfreich, um wiedergewählt zu werden. Verkörperung heißt, dass sie politische Vorstellungen und Lebensstil einer größeren Bürgergruppe teilen.

Ist auch Veränderung ein Kriterium für eine politische Ära, wie es für Zeitalter der Kunst gilt, wie Renaissance oder Barock? Veränderung ist dort die Grundlage für den Namen. Die Renaissance brachte eine neue Sicht auf den Menschen, besser gesagt: sie griff die antike Sicht auf und reicherte sie an. In der Zeit der Renaissance sah die Kunst ganz anders aus als zuvor. Wie ist das mit politisch-gesellschaftlichen Veränderungen?

In der friderizianischen Zeit hat sich für die Menschen wenig verändert. Man lebte am Anfang ähnlich wie am Ende. Dazwischen lagen Kriege, aber das war seit Menschengedenken so üblich. In der wilhelminischen Zeit dagegen veränderte sich viel. Als sie 1888 begann, prägte nicht das Auto das Straßenbild, flogen am Himmel nur Vögel, waren die Städte nicht vollständig elektrifiziert, spielte das Telefon kaum eine Rolle. Als

Wilhelm 1918 abdankte, sah die Welt anders aus als zuvor, das Leben war ein anderes geworden. Mit Wilhelm hatte das allerdings wenig zu tun. Der technologische Fortschritt veränderte die Welt.

Es gibt nur wenige Zeiten, in denen sich das Leben so dramatisch verändert. Deshalb soll es kein Kriterium für eine Ära sein. Allerdings sei hier schon angemerkt, dass unsere Zeiten solche Zeiten sind. Smartphones, Internet und soziale Netzwerke gab es schon vor Merkels Kanzlerschaft, aber erst in den letzten Jahren bestimmen sie über unseren Alltag, sind sie auf dem Weg zu einer Totalität, die das Leben komplett ergreift und nahezu alles erneuert.

Für die Geschichte der Bundesrepublik existiert eine grobe Unterteilung in die Nachkriegszeit und die Nachwendezeit. Die Nachkriegszeit endet 1989 mit dem Fall der Mauer. Es schließt sich die Nachwendezeit an, aber es ist unklar, wann sie endet. Nach fünf Jahren? Nach sieben? Sicherlich leben wir jetzt nicht mehr in der Nachwendezeit, aber in welcher dann? Ein Begriff, der oft verwendet wird, heißt Berliner Republik und setzt sich ab von der Bonner Republik. Die begann 1949, als die Bundesrepublik mit der Bundeshauptstadt Bonn gegründet wurde. Aber wann endete sie? Bonn war bis 1999 Regierungs- und Parlamentssitz, doch die Jahre von 1990 bis 1999 können nicht wirklich der Bonner Republik zugerechnet werden, da sie auch über die deutsche Teilung definiert ist. Die gab es da nicht mehr. Dementsprechend ist auch nicht ganz klar, seit wann wir in der Berliner Republik leben, schon seit 1990 oder erst seit 1999? Ich würde sagen, 1990 begann ihre Geburtsphase, die sich dann ein knappes Jahrzehnt lang hinzog.

Geht man mit den oben definierten Kriterien, Dauer, Bedeutung, Verkörperung, die Geschichte der Bundesrepublik durch, kommt man, wenig überraschend, auf drei Ären.

Konrad Adenauer von der CDU hat vierzehn Jahre lang regiert, von 1949 bis 1963. Das reicht für das zeitliche Kriterium einer Ära. Er hat die Bundesrepublik in die westliche Welt geführt und dort etabliert. Das ist nach der Greueln der Nazizeit, der totalen Niederlage und dem extremen Ehrverlust eine große, eine historische Tat. In seine Zeit fiel das Wirtschaftswunder, auch weil er mit Wirtschaftsminister Ludwig Erhard die Marktwirtschaft durchsetzte. Und er hat die große Rentenreform verabschieden lassen und damit viele Alte vor der Armut bewahrt. Man kann die Bedeutung von Adenauers Politik nicht überschätzen.

Hat er die junge Bundesrepublik auch verkörpert? Adenauer war dreiundsiebzig Jahre alt und Witwer, als er Kanzler wurde. Wenn er nicht Politik machte, lebte er still und zurückgezogen und pflegte seine Rosen. Einen Aufbruch konnte er nicht verkörpern. Aber etwas anderes: Dem alten Mann lagen Ausschweifungen oder private Eitelkeiten naturgemäß fern, er konzentrierte sich auf seine Arbeit. Das war sicherlich auch eine Zeitströmung. Die Deutschen waren mit dem Wiederaufbau befasst, sie waren nach der großkotzigen, maßlosen Nazizeit zur Bescheidenheit verdammt. Zwar existierte auch eine Unterströmung des wilden Lebens, wie sie Martin Walser in seinem Roman »Ehen in Philippsburg«, 1957 erschienen, beschrieb. Aber die Hauptströmung war Betulichkeit, Fleiß, Zurückhaltung. Zudem passte Adenauer gut, weil er etwas aus der alten Zeit in die neue mitbrachte: Autorität. »Alte Zeit« meint hier die Zeit des Kaiserreichs, die in der Erinnerung vieler Deutscher eine heile Zeit war. Die Autorität im Sinne des Nationalsozialismus war komplett diskreditiert, aber Adenauer war ein Mensch aus der Zeit davor und deshalb in seiner Autorität glaubwürdig und annehmbar. Für ihn wurde das Wort von der »Kanzlerdemokratie« geprägt. Sie ist irgendwo zwischen Monarchie und Demokratie anzusiedeln und verschaffte den Deutschen einen sanften Übergang in die neuen Zeiten.

In vielerlei Hinsicht verkörperte Adenauer sein Land und seine Zeit also ganz gut. Sein Name steht für die erste politische Ära der Bundesrepublik.

Sein Nachfolger Ludwig Erhard regierte von 1963 bis 1966, und er hat nichts Bedeutendes geleistet, jedenfalls nicht als Bundeskanzler. Als sogenannter Vater des Wirtschaftswunders fallen seine Verdienste in die Ära Adenauer, deren Teil er ist.

Die erste Große Koalition von Union und SPD unter Kurt Georg Kiesinger währte drei Jahre, von 1966 bis 1969, viel zu wenig für eine Ära. Kiesinger ist heute nahezu vergessen, als einziger deutscher Kanzler. Es war aber eine bedeutende Zeit, weil damals ein Großteil der Studenten gegen deutsche Verknöcherungen rebellierte. Dem folgte ein Liberalisierungsschub. Die Jahre der Großen Koalition waren daher eine Schlüsselzeit, die anders als eine Ära keine Dauer braucht, in der aber gewichtige Dinge passieren, die ein Land nachhaltig verändern. »Achtundsechzig« hat sich als Name für diese Schlüsselzeit eingebürgert.

Willy Brandt wurde 1969 der erste sozialdemokratische Kanzler. Er regierte fünf Jahre, was auch zu wenig ist für eine Ära. Allerdings hat er Bedeutendes geleistet, vor allem die versöhnende Politik mit der Sowjetunion, Polen, der Tschechoslowakei und der DDR, die sogenannte Ostpolitik. Er griff zudem den Impuls von Achtundsechzig auf und demokratisierte und liberalisierte das Land. Die sozialliberale Koalition stellte die Frauen ihren Männern in den Ehen gleich und befreite Homosexualität von der Strafandrohung. Obwohl Brandt ein melancholischer Mensch war, verkörperte er die Aufbruchsstimmung eines großen Teils der bundesrepublikanischen Gesellschaft.

Von einer Ära würde ich trotzdem nicht sprechen, weil er so kurz regierte. Dadurch konnte er aber zum Mythos werden. Wer lange an der Macht ist, beschädigt am Ende sein eigenes Bild, weil er noch länger an der Macht festhalten will und die Leute seiner überdrüssig werden. Das ist Adenauer passiert und auch Helmut Kohl. Brandt dagegen ließ die Macht fallen, als ein Berater, der sein Vertrauen hatte, als Spion der DDR entlarvt wurde. Nur so konnte er zum Mythos werden. Denn der politische Mythos verträgt nicht viele konkrete Fakten aus der realen Regierungszeit, sondern braucht Platz für die Phantasien und Wünsche der Bürger. Die malen sie dann in ihr Bild von einem Politiker hinein, und so wird das Bild besser als die Realität. Es ist nahezu vergessen, dass Brandt für den »Radikalenerlass« verantwortlich war, der Kommunisten vom Staatsdienst ausschloss. Das war überflüssig und vergiftete das Klima der Bundesrepublik. Gleichwohl: Brandt ist ein Mythos, aber es gibt keine Ära Brandt. Mythos und Ära schließen sich meistens aus. So wie bei John F. Kennedy, der ebenfalls zu kurz regierte, um mit größeren Fehlern identifiziert werden zu können.

Helmut Schmidt, SPD, regierte von 1974 bis 1982, acht Jahre lang, womit er die Mindestzeit für eine Ära erfüllt. Hat er etwas Bedeutendes geleistet? Er widerstand dem Terrorismus der RAF bravourös, aber er gestaltete nicht nachhaltig, hinterließ keine bedeutenden Gesetze. Für seine Schneidigkeit hat ihn ein Teil der Bevölkerung geschätzt, aber er wirkte so arrogant, so distanziert, dass er eher über der Gesellschaft stand, als Teil von ihr zu sein. Zudem übersah er, wie sich sein Land und wie sich politische Bedürfnisse in der Folge von Achtundsechzig verändert hatten. In seiner Zeit etablierte sich die Umweltbewegung, mit seiner Nachrüstungspolitik erweckte er die Friedensbewegung zum Leben. Diesen Menschen hatte Schmidt nichts anzubieten, weshalb man nicht sagen kann, dass er seine Zeit verkörperte. Es wäre daher falsch, von einer »Ära Schmidt« zu reden. Bei ihm zeigt sich die Launenhaftigkeit der politischen Geschichte auf eine ganz eigene Weise. Erst lange nach seiner Regierungszeit begann für ihn eine Ära. Seine kompetenten Belehrungen, sein ruppig-putziges Auftreten, sein unermüdliches Rauchen, sein methusalemisches Alter ließen Schmidt überaus beliebt werden, und damit begründete er eine Ära als Medienstar der Bundesrepublik.

Manchmal werden die Regierungszeiten von Willy Brandt und Helmut Schmidt zur »sozialliberalen Ära« zusammengezogen, aber das ist ein unpräziser Begriff. Die wichtigen Gestaltungen passierten alle im ersten Teil dieser Zeit, und Brandt und Schmidt waren so verschiedene Menschen, so verschiedene Politiker, dass sie eigentlich nur der Mitgliedsausweis der SPD verband.

Helmut Kohl, CDU, war so lange Bundeskanzler wie kein anderer, sechzehn Jahre, von 1982 bis 1998. Für eine Ära reicht das zeitlich allemal. Ihm fiel das Ende der sozialistischen Staaten ohne eigenes Zutun zu, aber er nutzte diese Chance und trieb die deutsche Einheit kraftvoll voran. Kohl machte sich auch um die europäische Einigung verdient. Damit ist er ein bedeutender Kanzler, und es fällt nicht mehr ins Gewicht, dass er von 1982 bis 1989 kaum etwas bewegen konnte und für manche Peinlichkeit sorgte.

Bis 1989 war Kohl einem größeren Teil der Bevölkerung unangenehm, weil er so bieder-tapsig auftrat. Aber nach den Aufwallungen von Achtundsechzig und den Folgen waren viele Bürger froh, dass eine Art von Restauration einsetzte. Kohl hatte sie »politisch-moralische Wende« getauft. Er setzte sie nie so richtig in Politik um, aber er verkörperte sie durch sein Auftreten in gewisser Weise. Nach 1990 war er dann der »Vater der Einheit«. Mehr Verkörperung geht kaum. Das alles addiert sich naturgemäß zu einer Ära Kohl. Daran ändern auch die illegalen Parteispenden nichts, die nach dem Ende seiner Amtszeit bekannt wurden.

Gerhard Schröder, SPD, schaffte sieben Jahre an der Spitze einer rot-grünen Koalition, bleibt also knapp unter der Mindestdauer. Aber da es so knapp ist, und es ohnehin keine wissenschaftlich anerkannte Grenze gibt, muss das nicht den Ausschluss bedeuten. Wie steht es um die anderen Kriterien?

Bedeutung: Ohne Zweifel stellte die rot-grüne Koalition wichtige Weichen. Sie boxte die Agenda 2010 gegen große Widerstände durch, unter anderem also die Hartz-Gesetze. Schröders Regierung ist zudem der Einstieg in den Atomausstieg gelungen, sie hat den Ausbau der erneuerbaren Energien gefördert und die Bundesrepublik weiter liberalisiert, in erster Linie durch die eingetragenen Lebenspartnerschaften für Homosexuelle. Das sind eine Menge Verdienste.

Verkörperung: Schröder hat sich zunächst als Luxus- und Spaßkanzler präsentiert, mit Zigarre und in teurer Kleidung und mit einem Auftritt bei »Wetten dass ...« Die Medien haben ihm das übelgenommen, weshalb er bald auf Ernsthaftigkeit umschaltete. Nach den etwas dumpfen Jahren mit Helmut Kohl war die Offenheit und Jugendlichkeit Schröders für viele eine Wohltat. Man kann daher sagen, dass er eine wichtige Stimmung seiner Zeit verkörperte.

Trotzdem möchte ich nicht von einer »Ära Schröder« sprechen. Das liegt daran, dass in diesem Fall die Personalisierung, die Fokussierung auf eine Person zu weit ginge. Schröder war natürlich wichtig, er hat die »Agenda 2010« durchgesetzt und wurde dafür heftig attackiert. Aber bei anderen Projekten seiner Regierung ließ er eher die Grünen machen, beim Atomausstieg und der Homo-Ehe zum Beispiel. Dafür steht er nicht. Zudem hatte er einen Vizekanzler, Joschka Fischer, der eine ähnlich starke politische Figur war wie der Bundeskanzler. Für die Kanzlerschaft Schröders ist daher der Name »rot-grüne Ära« treffender.

Wie ist es bei Angela Merkel? Sie regiert seit neun Jahren, hat also das Kriterium der Dauer erfüllt. Aber ist sie auch eine bedeutende Kanzlerin, und verkörpert sie ihre Zeit?

DIE INSZENIERUNG –
DIE KRAFT DER UNAUFFÄLLIGKEIT

Das ist doch alles nur noch inszeniert, ist ein häufiger Satz über Politik, ein Klischee. Das Problem an Klischees ist, dass sie oft stimmen. Politik ist eine große Inszenierung. Das »noch« kann man allerdings aus dem eingangs zitierten Satz streichen. Politik wird schon lange inszeniert. Allerdings spielt die Inszenierung eine immer größere Rolle, und das liegt an der Verwandlung der Demokratie in eine Mediendemokratie. Als das Fernsehen in den fünfziger Jahren in die Wohnzimmer einzog, verfügte die politische Kommunikation über ein Instrument, das Millionen Menschen Bilder lieferte. Schrift ist ein anstrengendes Medium, man muss diese kargen, öden Buchstaben verarbeiten, in Gedanken und Bilder umsetzen. Bild und Ton machen es leichter zu folgen, machen das Geschehen unterhaltsamer. Die Politiker entdeckten bald die Möglichkeiten dieses Massenmediums, das große Macht gewann, aber auch die Wirkung von Zeitungen und Zeitschriften verstärkte, da sich die Journalisten von Print und Elektronik die Bälle zuwerfen können. Sie greifen gegenseitig ihre Berichterstattung auf, und Zeitungsjournalisten erlangen Prominenz über Talkshows. Die Online-Portale haben aus der Mediendemokratie eine Turbomediendemokratie gemacht.

Politik wird bislang zum allergrößten Teil über die Medien transferiert, und deshalb unterliegt sie deren Gesetzen. Die meisten Journalisten verstehen sich nicht als neutrale Übermittler, sondern als Erzähler und Bewerter des politischen Geschehens. Als sogenannte vierte Gewalt ist es die Aufgabe der Medien, die Politik zu kontrollieren und kritisch zu berichten.

Sie sind dabei natürlich nicht frei von Versuchungen und Irrtümern, auch nicht frei von eigenen Interessen. Und sie wollen den Ereignissen eine Form geben, wollen sie erzählbar machen. Ödnis darf daher nicht sein. Politik wird oft spannender gemacht als sie ist. Die Politiker stellen sich auf die Macht und die Bedürfnisse der Medien ein und betreiben Politik oft so, dass sie damit gut durch die Medien kommen.

Es gibt daher in der Berichterstattung über Politik eine große Unzulänglichkeit. Wenn die Medien berichten, sagen sie meist nicht dazu, dass das, was geschieht, auch für die Medien geschieht, dass sich die Regeln der Politik zu einem großen Teil nach den Regeln der Medien richten. Das geht auch nicht, da die Berichterstattung unangenehm selbstreferentiell wäre, wenn Journalisten ständig über die Arbeit von Journalisten schreiben müssten. Aber es bleibt ein Problem. Die Haltung der meisten Berichte und Reportagen ist in mindestens einer Beziehung zu harmlos: im Umgang mit den eigenen Interessen und Beweggründen.

Politik spielt im Spannungsfeld von Authentizität und Inszenierung. Die Struktur dieses Spiels sieht so aus: Das Publikum erwartet einerseits das Echte, das Authentische. Der Politiker soll »einer von uns« sein, ein »echter Mensch«. Das liegt auch daran, dass der Bürger in erster Linie sich selbst vertraut, und er sieht sich als »echten Menschen«, als jemanden, der »aus dem Leben kommt, das Leben kennt«, der »Klartext redet«. Ob das nun tatsächlich so praktiziert wird oder nicht, es ist eine allgemeine Erwartung an die Politik. Die Politiker allerdings haben die Erfahrung gemacht, dass Klartext schaden, dass der sogenannte echte Mensch im politischen Betrieb rasch scheitern kann. Also neigt er zum Verstecken und zur Inszenierung seiner selbst. Er gibt ein Bild ab für die Medien in der Hoffnung, sie würden diese Inszenierung als authentisches Geschehen an die Bevölkerung übermitteln. Er macht sich schöner, tatkräftiger, aber auch glatter als er in Wahrheit ist. Die Journalisten kennen das Spiel und versuchen, die Inszenierung zu entlarven, weshalb sich die Politiker große Mühe geben, Authentizität zu inszenieren. So ungefähr geht das Spiel.

Dieses Kapitel befasst sich also vor allem mit dem Verhältnis von Politikern und Journalisten. Zunächst kommt ein Rückblick, dann geht es um Merkels Inszenierungen.

Die politische Inszenierung hat eine lange Geschichte. Die frühen Herrscher zogen einen Teil ihrer Legitimation aus dem Ritual und dem Pomp. Die ägyptischen Pharaonen sahen sich als Götter, und damit musste ihr Auftritt übermenschliche Dimensionen haben. Das Bestreben heutiger Politiker, volksnah zu handeln, Teil ihres Volkes zu sein, wäre ihnen absurd vorgekommen. Es ging nicht um Gleichheit, sondern um Unterschied. Sie inszenierten sich als Wesen jenseits der Menschheit. Bescheidenheit war ihnen keine Zierde, siehe die Pyramiden. Das blieb lange so, mit verschiedenen Ausprägungen. Die Kaiser und Könige in Europa waren nicht mehr Götter, aber göttlich beauftragt. Auch das verlangte nach Inszenierungen der Abgehobenheit. Einer der Höhepunkte politischer Theatralik war die Herrschaft von Ludwig dem XIV., genannt der Sonnenkönig. Er tanzte vor Publikum Ballett, wenn ihm danach war. Ausnahmen bildeten Herrscher, die sich in soldatische Traditionen stellten, zum Beispiel der Preuße Friedrich Wilhelm I., der das einfache Leben der Soldaten imitierte, mit Privilegien natürlich. Das war aber nur eine andere Form von Inszenierung. Adolf Hitler verstand sich privat als einfacher Mann, und das entsprach seiner Herkunft, aber als Politiker setzte er auf die große Show. Nürnberger Parteitage waren Aufführungen der Erhabenheit: Aufmärsche, Lichtdome, Fackelzüge, pathetische Reden, Beschwörungen. Die Regisseurin Leni Riefenstahl verstand, dass es hier um eine neue Form von Göttlichkeit ging, und setzte einen Parteitag entsprechend in Filmbilder um. In seinen Wahlkämpfen kam Hitler gern aus dem Himmel, er flog mit dem Flugzeug ein, was damals nicht selbstverständlich war.

Demokratien brauchen naturgemäß einen anderen Ansatz. Die Politiker können Gottes Hilfe anrufen, aber sie sind nicht von Gott geschickt. Der Souverän ist das Volk, und das ändert eine Menge. Der amerikanische Präsident Abraham Lincoln sprach in seiner »Gettysburg Address« am 19. November 1863 von einer »Regierung des Volkes, durch das Volk und für das Volk«. Es ist für Demokraten also nicht opportun, Unterschiede zu inszenieren. Wenn etwas gezeigt werden soll, dann Gleichheit, Volksverbundenheit.

Ein anderer Strang der politischen Inszenierung ist das Ereignis, das für etwas steht, das Symbol. Es wirkt mehr als tausend Worte. Deutschland und Frankreich haben dafür eine Kette von Beispielen geliefert.

Als die Preußen und ihre deutschen Verbündeten 1871 den Krieg gegen Frankreich gewonnen hatten, krönten sie Wilhelm I. im Schloss von Versailles zum Kaiser, also im Herzen der französischen Monarchie, was ein Symbol der Demütigung war.

Als die Franzosen mit Hilfe von Amerikanern, Briten und anderen den Ersten Weltkrieg gewonnen hatten, ließen sie die Deutschen 1919 den Friedensvertrag im Schloss von Versailles unterzeichnen. Dreiundvierzig Jahre nach der Demütigung sollte der Ort sagen: Die Rache ist geglückt, die Schmach umgewandelt in einen Triumph.

Als die Deutschen 1940 den Krieg gegen Frankreich gewonnen hatten, suchte sich Hitler einen Ort nahe Compiègne aus, um einen Waffenstillstandsvertrag auszuhandeln. Am selben Ort hatten die Deutschen nach ihrer Niederlage 1918 einen Waffenstillstandsvertrag unterzeichnen müssen, in einem Eisenbahnwaggon. Hitler ließ diesen Waggon aus dem

Museum holen und an jene Stelle fahren, wo er damals gestanden hatte. Dort wurde der Vertrag verhandelt und unterzeichnet. Die Botschaft: Die Rache ist geglückt, die Schmach umgewandelt in einen Triumph.

Als sich die Franzosen 1945 in die Sieger über Deutschland einreihten, wurde diese kindische Kette der demütigenden Inszenierungen unterbrochen, da sie nicht die maßgeblichen Sieger waren. Das waren Amerikaner, Russen und Briten. Andernfalls hätte man sich wohl noch einmal im Eisenbahnwaggon treffen müssen, oder im Schloss. Vielleicht hatte man auch gemerkt, dass symbolhafte Demütigungen nach Niederlagen ein Kern neuer Kriege sind.

Inszenierungen schaffen Bilder, die unvergesslich sein sollen. Das Original sahen in früheren Jahrhunderten nur Leute, die dabei waren. Die anderen mussten auf mündliche und schriftliche Berichte vertrauen oder auf die Gemälde und Skizzen, die angefertigt wurden. Als Wilhelm I. im Januar 1871 in Versailles zum deutschen Kaiser gekrönt wurde, war auch der Maler Anton von Werner im Spiegelsaal. Im Auftrag des Großherzogs von Baden hielt Werner das Ereignis in einem Bild fest, das die deutschen Fürsten dem Kaiser 1877 schenkten. Werner malte drei Versionen, die sich stark unterscheiden. In den ersten beiden Fassungen nehmen die Fürsten breiten Raum ein, als habe Wilhelm die Kaiserkrone vor allem ihnen zu verdanken. In der dritten Fassung, der einzig erhaltenen, genießen die Preußen mehr Prominenz, vor allem Kanzler Otto von Bismarck, der nun eine weiße Uniform trägt und aus der Mitte des Bildes leuchtet. Beim Originaltermin hatte er diese Uniform nicht getragen. Werner inszenierte die Inszenierung neu, mit einer neuen Botschaft. Es kommt bei Inszenierungen nicht auf Wahrheiten an, sondern auf Botschaften.

Neue Möglichkeiten schaffte die Fotografie. Sie war viel leichter herzustellen als ein Gemälde und konnte über Zeitungen und Zeitschriften leicht verbreitet werden. Durch die Fotografie verwandelte sich die Welt in eine Bilderwelt. Es wurde reizvoll, Politik allein für Fotos zu inszenieren. Anders als Gemälde haben sie eine hohe Glaubwürdigkeit, da sie in unmittelbarer Beziehung zum Original stehen, ein Abbild der Wirklichkeit sind. Denkt man jedenfalls. Auch Fotos kann man manipulieren.

Der Fotograf Jewgeni Chaldej nahm am 2. Mai 1945 auf, wie Soldaten die sowjetische Flagge über dem Reichstag hissten, ein Foto mit hohem Symbolwert. Allerdings hatte die sowjetische Armee die Fahne schon am 30. April an den Reichstag gehängt, aber leider war kein Fotograf zugegen. Das Bild ist nachgestellt und wurde später zudem retuschiert. Auf dem Original sah es so aus, als trage einer der Soldaten zwei Armbanduhren, was auf Plünderei deutete. Sie verschwanden. Rauchschwaden wurden geschwärzt, damit die Situation dramatischer wirkte. Auch diese Inszenierung wurde neu inszeniert. Man sollte Fotografien misstrauen.

Der nächste Schritt waren die bewegten Bilder, also der Film, dessen Wert für die Inszenierung von Politik die Nazis sofort entdeckten. In den Wochenschauen vor den Kinofilmen zeigten sie ihre Version der Ereignisse. Leni Riefenstahl erkannte, dass nicht die Wirklichkeit über den dokumentarischen Film bestimmt, sondern Kameraleute und Regisseure. Sie machte das Erhabene durch Perspektiven und Kamerafahrten noch erhabener.

Das Fernsehen brachte in den fünfziger Jahren den endgültigen Durchbruch für das bewegte Bild. Mit den Jahren konnte es in nahezu jeden Haushalt geliefert werden und machte die Fernsehanstalten zu einem wichtigen politischen Akteur. Das Internet befreite den Zuschauer von den festen

Übertragungszeiten und die Lieferanten der Bilder, ob bewegt oder nicht, von den klassischen Medien, also Print, Funk und Fernsehen. Über YouTube und die sozialen Netzwerke kann jeder seine Bilder veröffentlichen.

Die Frage ist, ob es auch politische Inszenierung durch Sprache gibt. Die Antwort ist ja. Der Redner ist ein Performer, ein Schauspieler und stellt damit auch Bilder her. Ebenso kann man mit Inhalten, mit Wortlaut inszenieren. Es kommt darauf an, welche Geschichten man von sich erzählt, mit welchen Sätzen man sich verknüpft. Und es gilt: Eine Lüge ist eine Nicht-Wahrheit, die als Wahrheit inszeniert wird. »Seit 5:45 Uhr wird zurückgeschossen«, ist ein schlichter Satz Hitlers, der die Schuld für den Ausbruch eines Krieges auf die Angegriffenen schiebt, in diesem Fall die Polen. Die Inszenierung findet dabei im Kopf des Zuhörers oder Lesers statt. Er sieht polnische Soldaten auf Deutsche oder deutsche Gebäude schießen, er sieht eine Wehrmacht, die nicht anders kann, als sich der Attacken zu erwehren.

Eine prominente Wortinszenierung ist auch die Emser Depesche. Wilhelm I., König von Preußen, war 1870 zur Kur in Bad Ems, wo er vom französischen Gesandten Graf Benedetti angesprochen wurde. Thema war die Thronfolge in Spanien. Ein Begleiter Wilhelms unterrichtete den preußischen Kanzler Otto von Bismarck mit einem Telegramm über dieses Gespräch. Bismarck hat dieses Telegramm gekürzt, zugespitzt, verfälscht und dann veröffentlicht. Frankreich war brüskiert und erklärte Preußen den Krieg, wie gewünscht. Die Preußen und ihre Verbündeten siegten, und damit war der Weg frei für die deutsche Einheit, für die Reichsgründung. Ein deutscher Traum wurde erfüllt, aber wir wissen, wie unglücklich die Geschichte dieses Reiches war: Erster Weltkrieg, Hitler, Zweiter Weltkrieg, Holocaust. Wenn wir es sehr zuspitzen, nach dem Vorbild Bismarcks, könnten wir sagen, dass diese Katastrophengeschichte mit einer Lüge begann, mit der frisierten Emser Depesche. Viele Kriege beginnen mit Lügen, George W. Bushs Feldzug gegen den Irak, Hitlers Überfall auf Polen.

Manchmal ist das Ergebnis einer Lüge aber auch wünschenswert. Der amerikanische Präsident Franklin D. Roosevelt machte einmal etwas Ähnliches wie Bismarck. Als sich, noch vor dem Kriegseintritt der USA, ein deutsches U-Boot und ein amerikanisches Schiff bekämpft hatten, spitzte er dieses Ereignis zu, um die skeptischen Amerikaner von der Notwendigkeit eines Krieges gegen Deutschland zu überzeugen. Die USA zogen schließlich in den Kampf, und nur so konnte Hitler besiegt und halb Europa befreit werden.

Es ist also kompliziert mit den Lügen. Die Welt wäre besser, hätte es eine Menge Lügen nicht gegeben. Die Welt wäre aber auch schlechter. Mag sich jemand ausdenken, wie wir heute leben würden, hätte Hitler den Krieg gewonnen? Vielleicht hätte Roosevelt die Amerikaner auch ohne diese Zuspitzung für ihre Opfer gewinnen können. Das wäre das Ideal: Niemand lügt, und die richtigen Dinge passieren. Aber so ist es eben manchmal nicht, leider.

Schauen wir nun zurück auf die Inszenierungsgeschichte der Bundeskanzler.

Die Geschichte der Bundesrepublik begann auch mit einer Inszenierung von hoher bildlicher Symbolik. Nach seiner Wahl zum Bundeskanzler im Herbst 1949 fuhr Adenauer mit einem Teil seines Kabinetts auf den Petersberg. Dort residierten die Hohen Kommissare der westlichen Alliierten. Man wollte das Besatzungsstatut unterzeichnen, die Bundesrepublik war noch längst kein souveräner Staat. Die Kommissare hatten sich das so gedacht: Sie selbst stehen auf einem Teppich, die Deutschen davor, also etwas tiefer und nicht so weich. Damit wäre die Hierarchie bildhaft klar. Doch Adenauer machte eine Gegeninszenierung: Er wagte den Schritt auf den

Teppich, begab sich also auf Augenhöhe. Dieses Bild traf die Realität weniger als das andere, weil die Bundesrepublik nicht auf Augenhöhe war und lange nicht sein würde. Aber es verkündete einen Anspruch, den Adenauer mit Worten nicht hätte ausdrücken können, ohne die halbe Welt gegen sich aufzubringen: Wir lassen uns nicht unterbuttern. Mit der gewitzten Aktion flößte er den verzagten Bundesdeutschen ein wenig Selbstbewusstsein ein, ohne dass ihn die Kommissare dafür schelten konnten. Sie hätten sich lächerlich gemacht.

Auf Symbolik verstanden sich Politiker zu allen Zeiten. Gleichwohl war das Bonn der fünfziger und frühen sechziger Jahre längst nicht so von Inszenierungen geprägt wie das Berlin von heute. Die Medien hatten nicht dieses Gewicht, das Fernsehen dominierte nicht das Geschehen. Die ARD ging 1950 auf Sendung, das ZDF kam 1963 dazu. Journalismus war noch ziemlich langsam, noch nicht so konkurrenzorientiert und damit ernsthafter, weniger spielerisch. Es gab nicht so viele Show-Termine und damit nicht diese Infantilität, die heute oft eine Rolle spielt.

Die Frage nach der Authentizität von Politikern stellte sich nicht so drängend wie später. Die meisten hatten ein Vor- oder ein Zwischenleben jenseits der Politik und waren nicht Berufspolitiker mit langen, ungebrochenen Karrieren. Sie kamen aus anderen Berufen, und wenn sie schon in der Weimarer Republik Politiker gewesen waren, hatten sie zwölf Jahre lang, während der Nazizeit, einen anderen Beruf ausüben müssen. Sie hatten Erfahrungen gemacht, an der Front, im Bombengewitter, in Haft, in der Emigration, in der erzwungenen Tatenlosigkeit, Erfahrungen, aus denen sich Charaktere bildeten. Ich will diese Männer – Frauen waren kaum dabei – nicht idealisieren, ich will nur sagen, dass sie aus schwierigem Erleben Standpunkte gewonnen hatten, Überzeugungen. Nie wieder Krieg. Westbindung. Deutsche Einheit. Sozialismus. Marktwirtschaft. Deshalb wurde in den ersten Jahren so heftig, so unversöhnlich über diese Fragen gestritten. Die Standpunkte entsprangen Seelen und waren nicht oder kaum verhandelbar.

Kurt Schumacher, Parteivorsitzender und Fraktionschef der SPD, war lange im Konzentrationslager gewesen, das hat ihn geprägt. Er hätte sich wahrscheinlich lächerlich gefunden, wenn er sich auf diese infantile Weise inszeniert hätte. Wenn er zornig war, ließ er den Zorn raus. Wenn er die faktische Aufgabe der deutschen Einheit falsch fand, hat er das gesagt, in aller Schärfe. Menschen mit seinen Erfahrungen machen keine Spielchen. Sie sind als Politiker authentisch mit sich selbst, und das verleiht ihnen Würde, war aber schon damals kein Garant für Erfolg.

Die bekannteste scheinprivate Fotoinszenierung aus jener Zeit stammt von Konrad Adenauer. Er ließ sich bei der Rosenpflege fotografieren und sendete damit eine Botschaft von Ruhe, Gelassenheit und Biederkeit, die damals bei vielen Bürgern gut ankam. Wer sich um Rosen kümmert, dem kann man auch ein Land anvertrauen. Doch insgesamt waren die Gründungsjahre der Bundesrepublik von einer gewissen Unverdorbenheit geprägt, was die Inszenierungen anging. Es war noch keine Politik für das Fernsehen, es war noch Politik für Politiker und Bürger.

Willy Brandt und Helmut Schmidt waren ebenfalls Politiker, denen das Leben Werte eingeprägt hatte. Aber ihr Bonn war schon ein anderes als das von Adenauer. Es hatte sich ein politisch-journalistisches Milieu herausgebildet, das sich während der sozialliberalen Koalition noch einmal veränderte und intensivierte. Viele Achtundsechziger strömten in den Journalismus, weil sie dachten, dies sei ein Beruf, in dem man an der Veränderung der Welt arbeiten könne, und weil sie von Willy Brandt begeistert waren. Sie kamen aus der hohen Schule der Inszenierung, weil die Bewegung der Achtundsechziger stark mit symbolischen Aktionen gearbeitet hatte, mit Bildern von Nacktheit oder mit sporadischen Besetzungen. Sie wussten, wie man Aufmerksamkeit herstellt und wollten nicht gelangweilt werden.

Das Fernsehen hatte sich etabliert, der Internationale Frühschoppen mit dem Moderator Werner Höfer war die erste wichtige Talkshow, in der Journalisten Politik nachspielten und sich als politische Akteure inszenierten.

Als ich 1983, nach Ende der rot-gelben Regierungszeit, in den Bonner Betrieb hineinschnupperte, als Journalistenschüler, war es schon das »Treibhaus«. So hieß ein politischer Roman von Wolfgang Koeppen. Das Treibhaus, das ich kennenlernte, war ein verklebtes Milieu von Politikern, Spitzenbeamten und Journalisten. Man traf sich in den wenigen Restaurants und Kneipen, in den Kellerbars der Häuser von Politikern, in Hintergrundrunden, die oft nach politischer Gesinnung sortiert waren. Ich trieb mich häufiger in der »Provinz« rum, einer Kneipe, die fußläufig zum Bundestag lag, und in der sich Politiker trafen, die später die rot-grüne Koalition bilden sollten, Schily, Fischer, Schröder, Wieczorek-Zeul. Sie tranken mit den Journalisten, die mit ihnen sympathisierten und die sich nicht störten an dieser Nähe, die ihre Unabhängigkeit in Frage stellte. Eine bestimmte Gesinnung wurde geradezu erwartet. Die Zeitungen und Magazine hatten klare Ausrichtungen, waren sozialdemokratisch, sozialliberal oder konservativ. Die Politik war damals schon auf die Medien fixiert, vor allem auf das Fernsehen. Es war jedoch immer noch nicht der große Inszenierungsbetrieb, in dem ich später leben sollte. Man steckte noch in den Kinderschuhen.

Die stärkste symbolhafte Tat aus der sozialliberalen Zeit war Brandts Kniefall, als er einen Kranz am Denkmal für die Opfer des Aufstands im jüdischen Ghetto von Warschau niederlegte. Ein besseres Symbol für eine deutsche Bitte um Vergebung konnte es nicht geben. Aber war es eine Inszenierung?

Oder war es spontane Überwältigung, ohne die Absicht, ein Signal zu setzen? Brandt schrieb in seinen Erinnerungen, dass er nicht geplant hatte, dort auf die Knie zu fallen, dass er von der Situation ergriffen wurde. Einem Mann wie ihm, mit seiner Geschichte, kann man das glauben. Einen Sinn für politische Inszenierungen hatte er aber durchaus. Als er 1963 als Regierender Bürgermeister von Berlin mit dem amerikanischen Präsidenten John F. Kennedy im offenen Auto durch die geteilte Stadt fuhr, war das eine Show der Verbundenheit mit dem Weltstar der damaligen Politik. Auch Bundeskanzler Adenauer saß in dem Cabriolet, aber er war sichtbar ein Greis, war der Außenseiter dieses Trios. Was die Inszenierung für Brandt noch köstlicher machte.

Brandt und Schmidt waren Poser der Politik. Brandt posierte als nachdenklicher, grüblerischer Mann, Schmidt als energischer Macher, der es besser weiß und besser kann. Im Kern waren sie sicherlich auch so. Deshalb ist die Frage, ob sie in diesen Posen nicht auch authentisch waren. Ich denke schon, sie waren Männer, die einen Kern hatten, der aus einem anderen Leben kam, Emigration und Krieg und der unmittelbaren Nachkriegszeit. Sie hatten einen Charakter, der sich schon vor der politischen Laufbahn entwickelt und dann verstärkt hatte. Deshalb waren ihre Posen keine lupenreinen Inszenierungen, sondern übersteigerte Authentizität.

Ich habe Helmut Schmidt später kennengelernt, weil ich als Redakteur der Wochenzeitung »DIE ZEIT« mit ihm freitags in der Redaktionskonferenz saß und mir überdies für anderthalb Jahre die heikle Aufgabe zufiel, seine Texte zu redigieren. Er hatte immer noch die Pose des Bundeskanzlers und Weltstaatsmannes, sie war ihm in Fleisch und Blut übergegangen, und die Redakteure in der Konferenz waren sein Kabinett. Skurril waren die Situationen, wenn ich seine Texte überarbeitet hatte und, anfangs mit klopfendem Herzen, in sein Büro trat. Ich traute mich, jung wie ich war, nicht allzu viel, hatte einige verschachtelte Sätze neu sortiert und den einen oder anderen krummen Satz geradegezogen. Schmidt empfing mich wie einen Staatssekretär, der eine Vorlage zur Überarbeitung vorlegt. Allerdings hatte er die Vorlage geschrieben, und ich hatte sie überarbeitet. Er wies mir mit einer Hand einen Stuhl zu und warf einen schnellen Blick auf das Manuskript. »Das ist dann in Ordnung so«, sagte er gönnerhaft und begann einen längeren Vortrag über die Weltlage. Ich war nun Teil seiner Inszenierung des Weltweisen, und es hat mir gefallen. Es lohnte sich damals immer, Helmut Schmidt zuzuhören.

Helmut Kohl war der erste Bundeskanzler, der sich schon von der Jugend an pausenlos in der Politik tummelte, als Schüler in der Jungen Union, dann im Stadtrat von Ludwigshafen, im Landtag von Rheinland-Pfalz, als Ministerpräsident von Rheinland-Pfalz, als Bundesvorsitzender der CDU, als Oppositionsführer im Bundestag, als Bundeskanzler. Er war auch zehn Jahre lang Referent im Industrieverband Chemie, aber das machte er mehr oder weniger nebenbei. Sein eigentlicher Beruf war die Politik. Allerdings hatte er durch den Krieg und die Nachkriegszeit starke außerpolitische Prägungen.

In seinen frühen Bonner Jahren stellten die linksliberalen Medien Kohl als einen Mann dar, der zu günstigen Inszenierungen seiner selbst nicht in der Lage ist. Er galt als Tolpatsch, als tumber Koloss aus der pfälzischen Provinz, weitgehend authentisch im Verdrücken von Saumägen und politischem Ungeschick. Er galt als jemand, der keine klaren Standpunkte hat, der aussitzt, statt zu entscheiden, der laviert, nicht führt, sondern den sich abzeichnenden Mehrheiten folgt und die Beschlüsse dann als Ausdruck des eigenen Willens inszeniert. Kommt einem das bekannt vor? Ja. Aus Merkels Jahren.

Kohl war ein Freund symbolischer Großinszenierungen.

1984 traf er sich mit Mitterrand zu einem Gedenktag auf den Schlachtfeldern von Verdun, wo siebzig Jahre früher ein blutiger Kampf zwischen Deutschen sowie Franzosen und Briten getobt hatte. Vorab hatten viele Journalisten diese Show der Versöhnung kritisiert, als unpassend, als falsche Symbolik. Doch dann reichten sich Kohl und Mitterrand vor dem Denkmal die Hände und verharrten so eine Weile. Auch das zog Kritik und Häme auf sich, doch wurde das Bild mit den Jahren zu einer ähnlichen Ikone deutscher Läuterung wie das von Brandts Kniefall in Warschau.

Kohl und Mitterrand haben sich nie dazu geäußert, ob die Geste geplant war oder einer spontanen Eingebung folgte. So oder so, sie kommt aus dem Leben Kohls und darf deshalb als authentisch gelten. Sein Vater war Soldat im Ersten Weltkrieg, sein Bruder ist im Zweiten Weltkrieg gefallen, Kohl war Pazifist, obwohl er die Nachrüstung durchgesetzt hat, und für ihn war das kein Widerspruch. Er hat die Verständigung mit Frankreich genauso überzeugt betrieben wie Adenauer und er ist ein emotionaler Mensch. Der Auftritt in Verdun war insgesamt eine typische Politik-Inszenierung, aber als Kohls und Mitterrands Hände ineinander fanden, war das ein Moment, der Authentizität beanspruchen kann.

Im Jahr darauf inszenierte Kohl in Bitburg einen Auftritt, der Deutschland in ein anderes Licht rückte. Er lockte den amerikanischen Präsidenten Ronald Reagan auf einen Friedhof, auf dem amerikanische und deutsche Soldaten des Zweiten Weltkriegs beerdigt waren, darunter Angehörige der Waffen-SS. Das war als Botschaft an konservative Kreise in Deutschland gedacht, deren Geschichtsbild damit bestätigt werden sollte: Nicht alles, was sich mit dem Doppel-S verbindet, ist verabscheuungswürdig, der Krieg brachte auch Heroismus hervor, der Respekt verdient. In Bitburg reichten sich ein deutscher und ein amerikanischer Veteran die Hand, aber das war reine Inszenierung. Sie missriet, setzte das falsche Signal.

Die Waffen-SS war ein übler Hort von Übermenschwahn, Opferkult und Unerbittlichkeit.

Wie man mit Worten danebenliegen kann, bewies Kohl 1986, als er den neuen Generalsekretär der Kommunistischen Partei der Sowjetunion, Michail Gorbatschow, gegenüber dem amerikanischen Nachrichtenmagazin »Newsweek« mit Goebbels verglich. Kohl sagte: »Er ist ein moderner kommunistischer Führer, der sich auf Public Relations versteht. Goebbels, einer von jenen, die für die Verbrechen der Hitler-Ära verantwortlich waren, war auch ein Experte für Public Relations.« Kohls Geschichtsfixierung trieb ihn hier in eine üble Geschmacksverirrung. Kohl wollte sich als harten Antikommunisten präsentieren, der einem Kommunisten nicht auf den Leim geht, weil der weltoffener und sympathischer wirkt als seine Vorgänger. Ich blicke hinter die Fassade, ich habe seine Inszenierung als PR durchschaut, wollte Kohl mit diesem Vergleich ausdrücken. Am Ende erwies sich der Satz als einer der großen rhetorischen Fehlschläge der politischen Geschichte der Bundesrepublik. Die deutsche Diplomatie hatte einige Mühe, das Verhältnis der beiden zu kitten. Es gelang rechtzeitig für halbwegs harmonische Verhandlungen über die deutsche Einheit. Nur am Rande: Kohl sprach in dem Zitat von einer Hitler-Ära, was ja auch eher ungewöhnlich ist. Es war nicht sein Tag.

Im selben Jahr wurde Kohl bei einer Lüge ertappt. Als ihn ein Untersuchungsausschuss des Mainzer Landtags fragte, ob er gewusst habe, dass die Staatsbürgerliche Vereinigung für die Union Spenden besorge, sagte er nein, unter Eid. Er hatte aber schon an anderer Stelle ja gesagt und war damit der Lüge überführt. Der damalige Generalsekretär der CDU, Heiner Geißler, sprach von einem »Blackout« und trug damit zur Rettung Kohls bei. 1986 war nicht Kohls Jahr.

In den neunziger Jahren sollte sich das Bild von Helmut Kohl grundsätzlich wandeln. Hier erwies sich, dass es gut ist für einen Politiker, Überzeugungen zu haben, Überzeugungen, die mit Emotionen grundiert sind, Überzeugungen, die aus dem eigenen Leben kommen.

Kohl hat in den achtziger Jahren keine Vereinigungspolitik betrieben. Wie fast alle nahm er an, dass eine deutsche Einheit in absehbarer Zeit nicht realistisch sei. Aber er hielt sie für wünschenswert, hielt am Gedanken einer deutschen Nation fest und glaubte, dass das Nationalgefühl der Deutschen irgendwann zur Einheit führen könne. Auch deshalb zögerte er nicht, als er 1989 die Chance sah, das Wünschenswerte, das im Prinzip Natürliche möglich zu machen. Er machte es möglich. Ähnlich war es mit Europa. Für Kohl war die Europäische Gemeinschaft ein Friedensprojekt. Er hatte erlebt, wie sich die Völker Europas zerfleischten, und sah in der Einheit den Garanten des Nie wieder. Auch deshalb trieb er das Projekt voran.

Wenn authentische Politik eine Politik ist, die aus dem Leben und den Überzeugungen eines Politikers kommt, dann hat Kohl zwei herausragende Beispiele authentischer Politik abgeliefert. Er hatte das Glück, in historischen Zeiten Bundeskanzler zu sein, aber er hat die Gunst der Stunde genutzt. Daran wird man sich lange erinnern.

Kohl stellte sich gern als Mann des Volkes dar, als Mensch des einfachen Lebens, gemütlich, heimatverbunden, tierlieb, familienselig, deftig, vor allem in der Nahrungsaufnahme. Das meiste davon kam in seinem Gemüt vor, in seinem Leben, und doch war es eine Täuschung. Denn Kohl lebte ein nahezu reines Politikerleben, lebte im Treibhaus, im Raumschiff Bonn, zwischen Kanzleramt, Bundestag und Kanzlerbungalow, morgens politische Gespräche, mittags politische Gespräch, abends politische Gespräche, nachts politische Gespräche, Strategien, Intrigen, Lästereien, lange Blicke auf Umfragen, neue Strategien. Seine Existenz hatte mit der eines einfachen Menschen nichts zu tun. In tragischer Weise zeigte sich diese Täuschung später beim Thema Familie. Sie war nicht so heil, wie Kohl sie darstellte, vor allem in Wahlkämpfen. Seine Söhne berichteten ganz anderes, als sie sich später mit ihrem Vater überworfen hatten.

Kohl sorgte dafür, dass sich der politisch-mediale Komplex erweiterte und verdichtete. 1982 ließ seine Regierung das Privatfernsehen zu. RTL und Sat1 gingen bald auf Sendung, zudem eine Masse von privaten Rundfunksendern. Noch mehr Journalisten strömten nach Bonn, und sie suchten nach anderen Geschichten, anderen Bildern. Sie wollten Politik für ihr Publikum noch unterhaltsamer erzählen, kürzer auch. Die Nachrichtensendungen nahmen den Charakter von Shows an. Politik wurde zum Teil des Unterhaltungsbetriebs, und viele Akteure waren bereit mitzumachen, auch die öffentlich-rechtlichen Anstalten und natürlich eine Menge Politiker.

Am Ende verfiel Kohl in jene Inszenierung, die eine Versuchung für alle langjährigen Amtsinhaber ist. Ihm passierte etwas Ähnliches wie Adenauer. Beide glaubten, dass jemand, der den Staat so herausragend geführt hat wie sie, der Staat ist. »L'etat, c'est moi«. Die Parole des absolutistischen Herrschers Ludwig XIV. wurde zu ihrer. Anders gesagt: Der Staat kroch in sie hinein, aus dem Mensch wurde der Staatsmensch, sie wurden gravitätisch, selbstgerecht und spielten Würde, bis das in die Lächerlichkeit kippte. Sie erkannten nicht, dass es Bessere gab für die Gegenwart und verpassten einen guten Abgang. Adenauer ging zwei, drei Jahre zu spät, genauso Kohl. Er dehnte die Selbstverstaatlichung so weit, dass er glaubte, die Regeln des Staates seien für die anderen gedacht, nicht für den Staatsbesitzer, Staatsverkörperer. Kohl besorgte illegal Parteispenden und war später nicht bereit, die Spender zu nennen. So verlor er den Ehrenvorsitz der CDU und einen Teil seiner Reputation.

Als die SPD Gerhard Schröder 1998 für die Kanzlerkandidatur gegen Kohl nominierte, war sofort klar, dass etwas Neues beginnt. Erstmals wurde ein Parteitag als große Show aufgeführt, mit Musik, mit Filmen, mit einer Feierlichkeit, die es bis dahin in der bundesdeutschen Politik nicht gegeben hatte. Deutschland sah kurz aus wie Amerika. Dort wird die Kandidatenkür schon länger als säkularer Gottesdienst aufgeführt. Der sozialdemokratische Parteitag in Leipzig knüpfte daran an. Es folgte ein Wahlkampf, der nach den Regeln der Werbung durchinszeniert war, koordiniert von Matthias Machnig in der legendären Kampa. PR triumphierte über die Politik.

Schröders persönliche Inszenierung brach mit den Regeln der Demokratie. Er knüpfte nicht bei Kohl und den anderen an und inszenierte Gleichheit, Volksverbundenheit. Er setzte auf den Unterschied, stellte sich also in königliche Traditionen. Ludwig XIV. hatte sich von Hyazinthe Rigaud in prunkvollem Aufzug malen lassen. Seine Füße steckten anmutig in Ballettschuhen. Der Sonnenkönig zeigte sich als seltsamer Hybrid von Herrscher und Tänzer und strahlte etwas Göttliches aus. Ganz so weit trieb es Schröder nicht. Er ließ sich in einem teuren Anzug von Brioni und mit teurer Zigarre von Cohiba ablichten. Was wollte er damit sagen? Ich stehe über euch? Wohl kaum. Es war eher der Stolz eines Mannes, der aus kleinen Verhältnissen kommt und sich hochgearbeitet hat, bis ins Kanzleramt, bis in einen Anzug von Brioni hinein. Aber Schröder hatte auch verstanden, dass Politik Teil des Unterhaltungsbetriebs ist, dass er mit anderen Showstars um die Aufmerksamkeit des Publikums konkurriert. Er lieferte auffällige Bilder, die Beachtung fanden. Er setzte sich zudem in die Spielshow »Wetten, dass ...?« und meldete damit endgültig Ansprüche an, ein König des Unterhaltungsbetriebs zu werden. Die Medien waren nicht dankbar, sondern kritisierten ihn stark. Schröder sah bald ein, dass er sich so als ernsthafter Politiker disqualifiziert und ließ Selbstinszenierungen dieser Art.

Gleichwohl wurde Schröder der erste Regierungschef, den man »Medienkanzler« nannte. In seinen frühen Regierungsjahren war er überaus zugänglich für Journalisten. Ich war einmal 1999 in die Berliner Kanzlervilla eingeladen, wo wir erst ein Interview führten und dann in größerer Runde zu Abend aßen. Der Theatermacher Jürgen Flimm, der Musiker Marius Müller-Westernhagen und dessen damalige Frau waren auch dabei. Es war ein lebhafter Abend mit einem liebenswürdigen Bundeskanzler, der selbst die Weine holte und nachschenkte; natürlich wurden Zigarren geraucht. Eines der Hauptthemen war der Umgang mit Spitzeln der Stasi, Schröder hörte zu, argumentierte und stritt freundlich mit seiner Frau. Ich vergaß bald, dass ich beim Bundeskanzler zu Gast war. Weit nach Mitternacht standen Gerhard Schröder und Doris Schröder-Köpf in der Tür und winkten ihren Gästen nach. Ein schöner Abend. Ein paar Jahre später war Schröder nicht mehr bereit, mit mir zu reden.

Was war passiert? Die Geschichte des Medienkanzlers und der Journalisten war eine Geschichte gegenseitiger Enttäuschungen. Schröders ehemaliger Regierungssprecher Thomas Steg hat das vor einiger Zeit in einem Gespräch mit mir analysiert. Er sagte, Schröder und auch Fischer hätten zu Beginn ihrer Amtszeit hohe Erwartungen bei den Journalisten geweckt. Viele der Korrespondenten kannten ihn lange, hatten zahlreiche Nächte mit ihm in Bonn und Hannover getrunken, duzten Schröder und hofften nun, die Kanzlerschaft gleichsam live zu erleben. Am Anfang war das auch so. Er nahm einen Reporter des »SPIEGEL« mit, als er nach der Wahl zum ersten Mal sein neues Büro im Bonner Kanzleramt besuchte. Aber er merkte bald, dass sein neues Amt ihn ganz anders forderte als der eher gemütliche Job als Ministerpräsident in Niedersachsen. Er hatte nicht mehr so viel Zeit für Journalisten. Er merkte auch, dass sie hier viel kritischer mit ihm umgingen als in Hannover, als er eine Hoffnung war, dass Helmut Kohl vielleicht doch einmal bei einer Wahl geschlagen würde.

Als die Bundesregierung 1999 nach Berlin umzog, war ohnehin eine Menge anders. Viele Journalisten drängten in die Hauptstadt, weil es attraktiv ist, dort zu leben. Die beiden heimischen Blätter »Der Tagesspiegel« und »Berliner Zeitung« entwickelten großen Ehrgeiz, sich überregional zu profilieren. Allmählich entstanden die ersten Internet-Portale. Die Jagd nach Nachrichten, die in Bonn fast nur der »SPIEGEL« betrieben hatte, wurde zum allgemeinen Geschäft. Es war auch nicht mehr so kuschelig, viele neue Gesichter. Der vertrauensvolle Umgang, den Politiker und Journalisten in Bonn gepflegt hatten, ging in Berlin verloren. Die Mehrzahl der jüngeren Korrespondenten war nicht mehr so leicht nach dem Schema links oder rechts einzusortieren. Das ideologische Zeitalter des Kalten Krieges war beendet. Politiker sagten nun, dass sie den Journalisten nicht mehr trauen würden. Die Konkurrenz verführe dazu, besonders zuzuspitzen oder die Vertraulichkeit von Gesprächen zu brechen.

Der Medienkanzler ging auf Distanz zum Medienbetrieb. Die Kritik tat ihm weh, vor allem die an der Agenda 2010. Schröder war besonders enttäuscht vom »SPIEGEL«, den er lange zum eigenen Lager gerechnet hatte. Nun gaben im Hauptstadtbüro aber nicht mehr Achtundsechziger den Ton an, sondern jüngere Generationen, genauso bei der »ZEIT«. Schröder vermutete eine Kampagne gegen sich.

Das Medium, das er weiterhin schätzte, war das Fernsehen, weil es ihm die Möglichkeit bot, sich an den Journalisten vorbei an die Bevölkerung zu wenden. Schröder hat ein Talent für den Bildschirm. Die Kamera lässt ihn gut aussehen, er ist geschmeidig, hat eine Stimme, die beruhigt, strahlt Tatkraft aus. Er begann, sich für das Fernsehen zu spielen. Wenn er irgendwo auftrat, suchte er nach den Kameras und orientierte sich nach ihnen. Er war stets bereit, sich in Szene zu setzen und den Staatsmann oder den Kümmerer zu geben. Als im Wahlkampf 2002 die ostdeutschen Flüsse über die Ufer traten, zog er alsbald die Gummistiefel an und schüttelte mitfühlend die Hände der Flutopfer. Auch das trug zu seinem Sieg über Edmund Stoiber bei.

Nach der Wahl musste er sich einem Untersuchungsausschuss stellen, der »Lügenausschuss« genannt wurde. Kurz vor der Bundestagswahl im September 2002 deutete sich an, dass die Bundesrepublik den Stabilitäts- und Wachstumspakt der EU nicht würde einhalten können. Das Defizit der staatlichen Haushalte würde über die Drei-Prozent-Grenze springen. Finanzminister Hans Eichel hielt diese Information im Wahlkampf zurück. Der Ausschuss war letzten Endes eine Farce. In der Politik wird soviel mit Halbwahrheiten oder zurückgehaltenen Wahrheiten gearbeitet, dass man einen permanenten Lügenausschuss einrichten müsste, um all das aufzuklären, und meist lässt es sich nicht einmal aufklären.

Im Wahlkampf 2005 stellte Gerhard Schröder eine der größten Inszenierungen aller Zeiten auf die Beine. Er spielte den Kandidaten Schröder, der gegen die Politik des Bundeskanzlers Schröder antrat. Während seine »Agenda 2010« den sozialen Konsens der Bundesrepublik erstmals aufgekündigt hatte, verkaufte er sich nun als Bollwerk gegen den Neoliberalismus, als Solidarmensch und Gewerkschaftsfreund. Von der Agenda sprach er nur am Rand, am liebsten gar nicht. Dieser Kurs hätte ihm beinahe zum Wahlsieg verholfen.

Mit Schröder ging das Gefühl für das Authentische verloren. Er spielte und inszenierte so viel, dass nicht mehr klar war, was sein Kern ist. Er war bald mehr eine Fernseherscheinung als ein Mensch aus Fleisch und Blut. Ihm ist zudem das passiert, was auch Kohl und Adenauer passiert ist, aber er brauchte nicht einmal die Hälfte der Zeit dafür. Schröder spielte bald den eingefleischten Staatsmann, wurde gravitätisch, wurde unnahbar, erhaben. Joschka Fischer und Otto

Schily ging es ähnlich. Schily trieb es bis zur Karikatur eines Cäsaren.

In ihre Dreiteiler gepfercht, verloren diese Männer das Gefühl für den normalen Umgang, für ihre eigene Wirkung. Einmal begleitete ich Fischer nach New York. Abends saßen ein Kollege und ich mit dem Außenminister im Restaurant des Hotels, als ihm einfiel, dass er seine Frau in Berlin anrufen wolle. Mein Kollege und ich wollten uns selbstverständlich sofort entfernen, aber Fischer gab uns zu verstehen, dass wir bleiben sollten. Er trank einen Cranberrysaft nach dem anderen und säuselte dabei seiner Frau zu, die offenbar schon im Bett lag. Es war nach Mitternacht in Berlin. Wir machten mehrmals Anstalten zu gehen, aber Fischer hielt uns mit winkenden Armen zurück. Wir mussten alles mit anhören.

Ich fragte mich natürlich, warum er das so gemacht hatte. Wollte er unbedingt, dass wir diesen Ehedialog verfolgen? Ich glaube nicht. Ich erkläre mir das so: Fischer ist nicht gern allein. Wir waren an diesem Abend seine Gesellschafter, und er wollte uns nicht verlieren. Es machte ihm nichts aus, dass wir private Geschichten erfuhren, dass wir seinen Umgang mit seiner Gattin kennenlernten, weil er uns nicht wirklich ernst nahm. Ich dachte an absolutistische Herrscher wie den Sonnenkönig. Sie kümmerte es nicht, wenn ihnen Leute, die nicht ihres Standes waren, bei intimen Verrichtungen zuschauten. Kammerdiener zählten nicht wirklich. Einer solchen Selbstüberhöhung war auch Fischer verfallen.

Bei Schröder hatte die Selbstverstaatlichung den Effekt, dass er, wie Adenauer, wie Kohl, nicht abtreten wollte. In der »Berliner Runde« am Abend der Wahl, bestritt er, dass Merkel Kanzlerin werden könne, und für eine Weile führte er sich auf, als könne er im Amt bleiben, als gehöre es ihm. Realitätsverlust auch hier, leben in der eigenen Inszenierung.

Schröder wäre nicht Schröder, hätte er nicht alsbald eine ganz andere Rolle angenommen, eine gegenteilige. Er war nicht mehr Staatsmann, sondern Selbstunternehmer, der sich gegen hohes Entgelt in den Dienst des russischen Unternehmens Gazprom stellte und Cheflobbyist seines Freundes Wladimir Putin in Deutschland wurde.

Angela Merkel bringt etwas mit, das in der Politik eine Rarität geworden ist, ein Vorleben außerhalb der Politik. Sie ist eine Quereinsteigerin. Sie ist die Tochter eines Pfarrers, der 1954 von Hamburg in die DDR übersiedelte. Ihre Kindheit und Jugend verbrachte sie vor allem im Pfarrhaus von Templin, sie studierte Physik in Leipzig und arbeitete am Zentralinstitut für physikalische Chemie der Akademie der Wissenschaften der DDR in Berlin-Adlershof, Abteilung theoretische Chemie. Ein Quereinstieg gilt gemeinhin als wünschenswert, weil der oder die Betreffende ein anderes Leben kennengelernt hat, andere Erfahrungen gemacht hat als die sehr speziellen der Politik. In diesem Vorleben, wird gehofft, sollen sich Standpunkte entwickelt haben, Überzeugungen, für die man eintritt. Der überzeugungsfeste Politiker gilt als weitgehend inszenierungsresistent. Er habe das nicht nötig, weil das, was er sagt, keinen Schmuck braucht, keine Verbrämung, keine Show.

Allerdings unterschied sich das Leben in der DDR stark vom Leben in der Bundesrepublik. Angela Merkel musste ihre Standpunkte, soweit sie welche hatte, überprüfen, und einen Teil ließ sie hinter sich. Sie war nicht im Widerstand, sie war Sekretärin für Propaganda und Agitation der FdJ an der Akademie der Wissenschaften. Sie war später wahrscheinlich in der inneren Emigration und hat sich mehr Freiheiten gewünscht, und das ist sicherlich ein Standpunkt, den sie mitnahm in ihr neues Leben: Freiheit bedeutet ihr viel. Zu den großen politischen Auseinandersetzungen der Bundesrepublik konnte sie erst nachträglich Standpunkte entwickeln, mittels Lektüre und Erzählungen. Parteifreunde haben ihr das später vorgeworfen. Sie habe die Schlachten der siebziger und achtziger Jahre, um die Ostpolitik, um die Atomkraft, um die Nachrüstung nicht mitgemacht und könne daher nicht mitreden. Damit wollten ihre Rivalen sie von der Kanzlerkandidatur 2002 fernhalten, und das ist ihnen gelungen. Es war hinterhältig, weil Merkel nicht freiwillig zugeschaut hatte, sondern hinter dem Eisernen Vorhang eingesperrt war.

Man kann jedoch sagen, dass ihr die Standpunkte der Union aus diesen Schlachten nicht in Fleisch und Blut übergegangen sind. Sie war nicht so festgelegt, sie war freier, als sie in die CDU eintrat, und das muss kein Nachteil sein.

Als Merkel 2005 Bundeskanzlerin wurde, trat sie auf eine Bühne, die für Gerhard Schröder gezimmert war. Das ist immer ein Problem für den Herausforderer. Der Amtsinhaber hat Standards gesetzt, und an denen werden der Gegenkandidat oder die Gegenkandidatin zunächst gemessen. Bei Schröder waren das der traumwandlerische Umgang mit dem Fernsehen, und die spontane Herzlichkeit, die er gegenüber Bürgern mobilisieren konnte, bei Opfern des Hochwassers, bei Passanten in Fußgängerzonen, bei Besuchern von Wahlkampfveranstaltungen. Schröder war ein Körperpolitiker, ein Mann, der mit Gesichtern und Händen arbeitet, der umarmt, der seine Ärmel hochkrempelt, sein Sakko auszieht, wenn er reinhaut, der ein Kind hochhebt und herzt, der Nähe nicht scheut, der den Körper einsetzt, wenn er politisch arbeitet. Wie ein Schauspieler. Dafür muss ein Mensch in seinem Gesicht, in seinem Körper zu Hause sein.

Angela Merkel ist das sichtbar nicht. Sie erzählte einmal, wie schwer es ihr als Kind gefallen ist, beim Sport eine gute Figur zu machen, sie konnte nicht vom Turm ins Wasser springen, sie konnte nicht gut Schlittschuh laufen, sie konnte vieles von dem, was in der Kindheit wichtig ist, nicht so gut wie die anderen. Als Frau hat sie ohnehin eingeschränkte Möglichkeiten, ihren Körper einzusetzen, sie kann nicht das Sakko ausziehen, nicht die Ärmel aufkrempeln, Umarmungen sind ebenfalls schwierig. Merkel hält ohnehin gern Distanz, liebt das Bad in der Menge nicht. Sie hat zudem Probleme damit, ihre Gesichtszüge zu kontrollieren. Sie zieht unbewusst Grimassen, die manchmal nicht zur Situation passen. Für einen Menschen, der sich unablässig in einer Bilderwelt bewegt, ist das ein Horror. Merkel muss ständig damit rechnen, dass eine ihrer Grimassen fotografisch eingefangen und verewigt wird. Die Archive sind voll mit diesen Fotos.

Ein typischer medialer Test für Politiker ist die Bratwurst. Es ist nicht so leicht, eine Bratwurst zu essen und dabei gut auszusehen. Sie ist heiß, fettig, und wenn man hineinbeißt kann das unangenehme Folgen haben. Fett spritzt, dazu eine Grimasse des Schmerzes, weil die Bratwurst zu heiß war. Es gibt einen Typus von Politiker, der beißt herzhaft in die Bratwurst und denkt sich nichts dabei. Er hat das immer so gemacht, von klein auf, und setzt es einfach fort. Dieser Typus kann gut Bratwurst essen. Es gibt auch den Typus, der sich Gedanken macht, wie er aussieht, wenn er in eine Bratwurst beißt, der weiß, dass er dabei einen unglücklichen Eindruck macht, der vielleicht nicht einmal gern Bratwurst isst, was in der Wurstnation Deutschland ein Problem ist. Bei fast allen politischen Veranstaltungen gibt es Bratwurst, und wenn der Spitzenpolitiker auftaucht, muss er natürlich erst einmal eine Bratwurst essen, sich an der Bratwurst bewähren. Für Merkel ist das fürchterlich. Wenn es irgendwie geht, vermeidet sie, öffentlich eine Bratwurst zu essen.

Ist es nicht banal, sich in einem politischen Buch mit Bratwurst zu befassen? Übertrieben? Das mag so wirken. Aber in einigen Berichten zur Landtagswahl in Nordrhein-Westfalen 2012 spielte eine herausgehobene Rolle, dass der Spitzenkandidat der Union, Norbert Röttgen, nicht gut Bratwurst essen konnte, dass er dafür keine selbstverständlichen Gesten, keine selbstverständliche Mimik besaß. Das galt als Indiz für Abgehobenheit, für intellektuellen Dünkel. Und wenn es in der Bundesrepublik ein Bratwurstland gibt, dann ist es Nordrhein-Westfalen, wo das einfache Leben, das Leben der Arbeiter, als das ideale gilt, mehr als in Baden-Württemberg oder Hamburg jedenfalls. Man darf solche Kleinigkeiten nicht unterschätzen. Sie werden medial vergrößert, überhöht und gewinnen dadurch ihre Bedeutung. Man darf die Bratwurst politisch nicht unterschätzen. Gerhard Schröder war Bratwursttyp, Angela Merkel ist es nicht. Schröder war allerdings nur für die Öffentlichkeit Bratwursttyp. Heute sehe ich ihn häufig mittags von seinem Büro zum Adlon streben, vorbei an der Currywurstbude.

Merkels Kanzlerschaft sah zunächst nicht so gut aus wie die von Gerhard Schröder. Vielleicht ist das immer noch so. Aber es spielt keine Rolle mehr. Die Bühne ist jetzt eine andere. Sie ist für Merkel gezimmert. Auch Gewöhnung ist wichtig im Verhältnis von Bürgern und Politikern. Man hat sich an Merkel gewöhnt, an ihre Art der politischen Inszenierung. Andere wirken nun wie Fremde, wirken unpassend. Ihr Herausforderer Peer Steinbrück hat das im Wahlkampf von 2013 erlebt.

Werfen wir zunächst einen Blick auf Angela Merkels Medienwelt, in der sich das, was sich bei Schröder abzeichnete, voll entwickelt hat, die Welt des Internets, des Smartphones. Schröder kam als Bundeskanzler weitgehend ohne Handy aus. Wenn er auf Reisen telefonieren musste, borgte er sich das Handy eines Leibwächters. Merkel ist die erste Kanzlerin des digitalen Zeitalters, und sie ist voll dabei. Sie checkt ständig ihr Handy, sie liest die politischen Nachrichten der Online-Portale und verfolgt das, was geschieht, gleichsam in Echtzeit. Deshalb lässt sich ihr politisches Leben kaum mit dem ihrer Vorgänger vergleichen. Ihres ist in hohem Maße beschleunigt und verdichtet.

Wenn Bundeskanzler Helmut Schmidt seinem Parteivorsitzenden Willy Brandt etwas Wichtiges mitteilen wollte, setzte er sich hin und schrieb ihm einen Brief. Ein Bote brachte den Brief vom Bonner Kanzleramt ins Erich-Ollenhauer-Haus, der Parteizentrale der SPD. Brandt las Schmidts Worte, machte sich ein paar Gedanken dazu, schlief vielleicht drüber und antwortete Schmidt am folgenden Tag. Wieder zog ein Bote los. Wenn Schmidt die Zeit fand, las er den Brief. Der Austausch dauerte mindestens 24 Stunden. Spinnen wir das einmal weiter: Nach der Lektüre dachte Schmidt womöglich, dass die Öffentlichkeit von einem der aufgeschriebenen Gedanken erfahren sollte, vielleicht sogar vom gesamten Briefwechsel. Am nächsten Morgen sagt er seinem Regierungssprecher, dass er einen Kontakt herstellen soll zu einem Journalisten, den Schmidt schätzt. Der findet sich gegen Mittag im Kanzleramt ein, wird kurz von Schmidt unterrichtet, geht zurück in die Redaktion und schreibt einen Artikel. Den finden die Leser am nächsten Morgen in ihrer Zeitung. In diesem Prozess vergeht aus heutiger Sicht unendlich viel Zeit, Zeit zum Überlegen, Zeit eine innere Entscheidung rückgängig zu machen, Zeit den Prozess zu stoppen.

Bis zum Beginn unseres Jahrtausends wurde auf diese Weise Politik gemacht. Das Geschehen hatte einen klaren Rhythmus. Es richtete sich nach der »Tagesschau« und dem Redaktionsschluss der Zeitungen. Bis spätestens 20 Uhr wurde der politische Tag zu Nachrichten, Berichten und Kommentaren gebündelt und verdichtet. Zwar sendeten die Radioanstalten stündlich Nachrichten, aber die waren sachlich und knapp und hatten nicht die Bedeutung von »Tagesschau« oder den überregionalen Blättern »Süddeutsche Zeitung«, »Frankfurter Rundschau«, »Frankfurter Allgemeine Zeitung« und »DIE WELT«. Das Wochenende verging weitgehend ruhig, der Montag hatte dann eine spezielle Brisanz, weil »DER SPIEGEL« erschien, der bis in die neunziger Jahre hinein fast ein

Monopol auf investigative Recherchen hatte und eine enorme Wucht entfaltete.

Heute wirkt das wie ein Bericht von einem anderen Planeten. Es gibt diesen Rhythmus nicht mehr. Die Online-Medien können jederzeit eine Nachricht groß aufmachen und mit Wucht verbreiten. Sie brauchen sogar alle ein bis zwei Stunden einen neuen Aufmacher, weil sonst die Klicks zurückgehen, die Aufmerksamkeit der Leser schwindet. Diese Klicks sind maßgeblich für das Prestige eines Online-Mediums und für die Werbeeinnahmen. Deshalb darf Politik nie flau erscheinen, nie ereignislos sein. »Nur mit steilen Thesen bekommt man hier Aufmerksamkeit«, sagt Thorsten Denkler, Berliner Korrespondent von »Süddeutsche Zeitung.de«, einer der Besten seines Fachs. Was er so ehrlich sagt, gilt natürlich auch für »SPIEGEL ONLINE« und andere. Es geht zudem um Tempo, man will Erster sein, unbedingt. Da bleibt wenig Zeit zur Reflexion, zum Innehalten.

Manches davon galt und gilt auch für die alte Welt, für Zeitungen und Zeitschriften. Auch sie locken über Zuspitzungen und Hysterisierungen Leser, aber diese Möglichkeit haben sie nur einmal am Tag oder einmal in der Woche, und früher war die Konkurrenz nicht besonders scharf. Heute ist sie extrem scharf. Es geht mehr denn je darum, Nachrichten zu machen. Wer auf Nachrichten warten würde, gälte als Idiot.

Angela Merkels Apparat hat sich auf diese neue Medienwelt eingestellt. Im Lagezentrum des Bundespresseamts gehen täglich allein viertausend Meldungen von Nachrichtenagenturen ein. Dreizehn Mitarbeiter werten die Nachrichten aus und schicken pro Tag rund dreihundert über einen Online-Ticker an die Bundeskanzlerin und andere Regierungsmitglieder. Zudem gibt es einen SMS-VIP-Service, der im Jahr 2011 bis zu siebzig Meldungen am Tag versandte. Fünf Jahre zuvor waren es fünf Meldungen.

Angela Merkel liest das gern. Sie ist ein Nachrichtenjunkie. Zwischen ihren Terminen checkt sie ständig ihr Handy oder ihr iPad. Zudem empfängt sie eine Menge SMS-Mitteilungen von ihren Kollegen und auch von den Konkurrenten. Als sich Regierung und Opposition 2010 über einen Kandidaten für das Amt des Bundespräsidenten verständigen wollten, schickte ihr Parteichef Sigmar Gabriel am 2. Juni um 12:55 Uhr eine SMS und schlug ihr Joachim Gauck vor. Um 14:41 Uhr schrieb Merkel zurück: »Danke fuer die info und herzliche grüße am«.

Politik heute ist Dauerkommunikation, minütlich. Informationen prasseln herein, werden kurz verarbeitet und in Reaktionen umgewandelt. Mal abschalten? Unmöglich. Angela Merkel hat in einem Gespräch mit meinem Kollegen Markus Feldenkirchen gesagt, dass sie es sich nicht leisten könne, die vielen Nachrichten, die auf sie einströmten, zu ignorieren. Sie müsse den ganzen Tag reagieren. Sie malte in jenem Gespräch eine Frequenzkurve in die Luft, zackige Linien mit wilden Ausschlägen. Diese Ausschläge würden mit der Zeit immer verrückter. Bleibt da noch Zeit für langfristige Projekte? Merkel wählte für ihre Antwort das Bild des Strickens. Sie fange an, stricke ein paar Maschen, dann komme etwas Aktuelles dazwischen, und sie müsse das Strickzeug in die Schublade legen. In der nächsten Zeitlücke hole sie es wieder hervor und stricke die nächsten Maschen. Sie dürfe nur nicht vergessen, dass noch ein halbfertiger Pullover in der Schublade liege.

Zur Verdichtung der Politik trägt auch etwas ganz Reales bei, die Veränderung der Welt. Im Kalten Krieg gab es für die Bundesrepublik im Prinzip vier wichtige Ansprechpartner: die USA als Führungsmacht des Westens, Frankreich als wichtigster Partner in der Europäischen Gemeinschaft, die DDR als der andere Teil Deutschlands, die Sowjetunion als Beherrscher der DDR.

Deutschland ist nicht mehr ein Anhängsel der USA und damit nicht mehr nahezu komplett abhängig von deren Weltpolitik. Jeder muss weitgehend selbst sehen, wie er klarkommt. China ist nun eine ökonomische Supermacht und für die Exportnation Deutschland extrem wichtig, ähnlich Schwellenländer wie Brasilien, die Türkei oder Indien. Die Achse Deutschland-Frankreich regiert nicht mehr allein über Europa, Deutschland muss sich stärker denn je um die anderen Partner bemühen. Russland bleibt als Energielieferant und europäische Atommacht wichtig und hielt während der Ukraine-Krise die Welt in Atem. Es gibt nun einen Gipfel der G 8 und der G 20, und Merkel muss ständig reisen, muss extrem viel telefonieren, um Deutschlands Platz in dieser Welt zu sichern.

Es gibt niemanden in diesem Land, der einer vergleichbaren Belastung ausgesetzt wäre, auch nicht die Chefs von Weltkonzernen wie Daimler oder Volkswagen. Ihre Terminkalender sind übervoll, aber sie haben nicht die Verantwortung für die Frage von Krieg und Frieden, es geht ihnen nur um das ökonomische Wohl ihrer Aktionäre und, hoffentlich, einiger hunderttausend Mitarbeiter. Merkels Job hat da eine ganz andere Bedeutung. Und eine ganz andere Öffentlichkeit.

Politiker sind heute Superprominente, so wie Schauspieler oder Fußballstars. Sie werden ständig beobachtet, jeder Satz, jede Regung wird erfasst und bewertet. Überall lauern Kameras, überall lauern Mikrofone und Notizblöcke. Was wollen die Journalisten sehen? Was wollen sie hören? Erstens: das Aufregende. Zweitens: das Authentische.

Der politische Betrieb gilt als langweilig, er produziert die immer gleichen Sätze und die immer gleichen Bilder. Die Standardsituation ist so: Männer und Frauen in Anzügen und Frauen in Kostümen sitzen in Büros oder stehen im Reichstag und sagen, dass die Gespräche konstruktiv waren. Damit kann kein Journalist etwas anfangen. Wenn eine Schlagzeile undenkbar ist, dann diese: »Merkel und Gabriel führten ein konstruktives Gespräch«. Wer würde einen solchen Artikel lesen wollen? Kaum jemand, die Klickzahlen fielen in den Keller. Also muss etwas Aufregendes her. Dieser Ansatz befeuert auch etwas Gutes, nämlich investigativen Journalismus. Die Kollegen graben und graben, und manchmal decken sie dabei einen Missstand auf oder einen Skandal. Dieser Ansatz befeuert aber auch Pseudo-Aufregung und Hysterisierung um ganz wenig. Er befeuert auch die Inszenierung von Streit, dieser speziellen Sorte von politischem Streit, bei dem es vor allem darum geht, mit scheinbar kraftvollen, aber in Wahrheit idiotischen Worten Aufmerksamkeit zu erregen.

Im Februar 2014 stritt die Koalition über die Energiewende. Die Bundesregierung will, dass mehr sauberer Strom produziert und verbraucht wird. Sie will zudem aus der Atomkraft aussteigen. Ein großer Teil der Windenergie fällt im Norden an, wird aber auch im Süden gebraucht. Also sind neue Stromtrassen notwendig. Dagegen wehren sich Anwohner, auch in Bayern, wo im März Kommunalwahlen stattfanden. Der bayerische Ministerpräsident und CSU-Vorsitzende Horst Seehofer machte sich Sorgen um die Stimmen und kündigte an, dass noch einmal über die Stromtrassen geredet werden müsse. Das beflügelte einige Politiker, ihre Formulierungskünste aufzurufen.

Der Wirtschaftsminister von Nordrhein-Westfalen, Garrelt Duin, SPD, sagte: »Seehofer ist ein energiepolitischer Irrläufer. Der muss dringend ins Abklingbecken.«

Der Ministerpräsident von Schleswig-Holstein, Thorsten Albig, SPD, sagte: »Wir müssen den Menschen doch ehrlich und mit Arsch in der Hose sagen, dass der Ausstieg aus der Atomenergie auch Folgen hat.«

Die Generalsekretärin der SPD, Yasmin Fahimi, sagte: »Nur aus Angst vor der Kommunalwahl in Bayern die Republik verrückt machen und die Zukunft der deutschen Wirtschaft aufs Spiel setzen, ist selbst für Horst Seehofer bisher unerreichtes Niveau an politischer Raserei.«

Der Generalsekretär der CSU, Andreas Scheuer, sagte: »Wir Bayern brauchen kein Geplapper von außen.«

Eine besondere Pointe setzte Duin: »Wir gewinnen nicht mit medialen Donnerschlägen.« In Wahrheit war es allen Beteiligten dieser sogenannten Debatte ausschließlich um mediale Donnerschläge gegangen. Hier trifft sich ein Interesse vieler Politiker mit dem Interesse vieler Journalisten. Im politischen Betrieb werden täglich Tausende Sätze gesagt, aber nur wenige schaffen es in die Medien, nur sehr wenige schaffen es in das politische Gedächtnis einer Nation oder gar der Welt. Hier sind ein paar Beispiele.

Weltsätze:

Barack Obama: »Yes, we can.«

Michail Gorbatschow: »Gefahren warten nur auf jene, die nicht auf das Leben reagieren.« Moment. Erinnert sich ein Mensch an diesen Satz? Niemand. Gorbatschow ging in die Geschichte ein mit den Worten: »Wer zu spät kommt, den bestraft das Leben.« Das haben die Medien aus dem Satz oben gemacht, und so wird er erinnert.

John F. Kennedy: »Frage nicht, was dein Land für dich tun kann, frage dich, was du für dein Land tun kannst.«

Nationalsätze:

Willy Brandt: »Jetzt wächst zusammen, was zusammen gehört.«

Willy Brandt: »Wir wollen mehr Demokratie wagen.«

Helmut Kohl: »Durch eine gemeinsame Anstrengung wird es uns gelingen, Mecklenburg-Vorpommern, Sachsen-Anhalt, Brandenburg, Sachsen und Thüringen schon bald wieder in blühende Landschaften zu verwandeln, in denen es sich zu leben und zu arbeiten lohnt.«

Von Merkels schwarz-gelber Koalition sind vor allem zwei

Wörter noch knapp in Erinnerung: »Gurkentruppe« und »Wildsau«. So schimpften FDP und CSU gegeneinander.

Politiker wissen, wie sehr Journalisten solche Ausfälligkeiten schätzen. Also produzieren vor allem Generalsekretäre regelmäßig solche Sätze, die meistens weder klug noch witzig sind, aber zuverlässig ihren Weg in die Medien finden. Da wirken sie dann in der Regel für ein paar Stunden oder ein paar Tage und lassen den Betrieb hysterisch und bellizistisch aussehen. Der Bürger sagt dann: Die streiten nur. Und ist angewidert. Es stimmt aber nicht. Die streiten nicht nur, meist gehen sie friedlich ihren Geschäften nach. Aber das ist keine Geschichte. Der Streit ist eine Geschichte, am besten der Streit innerhalb einer Regierung, und deshalb wird er gern inszeniert. Man kann sich damit bei den eigenen Anhängern und Journalisten profilieren.

Ein anderes Mittel der Aufregung fehlt in deutschen Politikerreden fast komplett. Das ist Pathos. Politisches Pathos kommt fast immer aus der Vergangenheit einer Nation, aus den gewonnenen Kriegen, der Tragik der Niederlagen, dem Heldentum der Soldaten und dem Leiden der Bürger in den Kriegen und Krisen. Das sind die Gänsehautmomente, die Tränenmomente. Der Redner schmiert Seife auf die Stimmbänder, das Tremolo rollt, die Flaggen steigen gen Himmel. Amerikanische Präsidenten können selbst im Schlaf so reden, weil sie es als Kinder schon so gehört haben. Die deutsche Vergangenheit gibt das nicht her. Pathos war ein Stilelement Hitlers, und angesichts der deutschen Greuel verbietet sich ein heroisierender Rückblick. Auch mangels Pathos wirken deutsche Reden meist langweiliger als amerikanische.

Auch Bilder sollen möglichst aufregen, sollen nicht den drögen Alltag zeigen. Deshalb fordern Fotografen die Politiker ständig auf, sich für ein Foto zu inszenieren. Die Folge davon ist nicht Streit, sondern Infantilisierung, Selbstveralberung. Viele Politiker machen da gern mit oder bieten gar Posen an.

Es gibt drei Grundtypen des politischen Posierens: Männer spielen gern den Krieger, Frauen gern die Frau und Männer wie Frauen gern den normalen Menschen.

Könige haben sich oft als Krieger darstellen lassen, und demokratische Politiker halten das nicht viel anders. Im Archiv der schrägen Selbstinszenierungen finden sich auffallend viele Fotos, die Politiker als wehrhaft zeigen. Wirtschaftsminister Philipp Rösler boxt einen Boxsack, Kurt Beck, der Ministerpräsident von Rheinland-Pfalz, stülpt sich den Helm eines römischen Legionärs über, Verteidigungsminister Karl-Theodor zu Guttenberg posiert wie ein Drachentöter auf dem Modell eines Dinosauriers, und Bundespräsident Christian Wulff lässt sich in Afghanistan inmitten einer Rotte kriegerischer Leibwächter ablichten. Es sind breite Burschen, die ihn auf dem Foto umrahmen, muskulös, schwer bewaffnet, gut gepanzert, Sonnenbrillen statt Augen. In der Mitte steht Wulff, graues Haar, unter seiner Schutzweste lugt der Zipfel seiner Krawatte hervor.

Blaise Pascal notierte im siebzehnten Jahrhundert auf einem Zettel: »Die Gewohnheit, den König von einer Leibwache, Trommlern und Offizieren und all dem Zeug umgeben zu sehen, (...) bewirkt, dass sein Antlitz den Untertanen, wenn er einmal allein und ohne Begleitung ist, Respekt und Schrecken einflößt; denn in Gedanken scheidet man seine Person nicht von dem Gefolge, das ihn gewöhnlich umgibt.« Wer sich mit Kriegern inszeniert, will profitieren von der Aura des Kriegers.

Der Krieger ist eine Sozialfigur, die es in Deutschland lange nicht mehr gab, weil sie sich unmöglich gemacht hatte. Durch den Einsatz der Bundeswehr in Afghanistan kehrt sie langsam zurück, aber nicht als Held. Zudem geht der gesellschaftliche Trend zum innerlich aufgeweichten Mann, der sich in einer Familie besser bewährt als im Kampf. Rösler, Beck, Guttenberg und Wulff sind genau diese Typen, in deren Händen man eine Kinderrassel erwartet, nicht eine Waffe. Selbst zu einem kleinen Trupp vereint läge die Kampfkraft dieser vier unter der eines durchschnittlichen Hooligans. Aber sie zeigen sich als Krieger, den es offenkundig noch als Mythos gibt, als Traum vom verlorenen Mannsbild: ausgehärtet, stark, gefährlich. Doch mit solchen Adjektiven kann man heutzutage nicht mehr protzen. Das zeigt, wozu die fotografische Inszenierung häufig dient, sie soll das Unsagbare sagen. »Ich bin ganz schön gefährlich« ist ein Satz, mit dem man sich lächerlich macht. Das Kriegerfoto transportiert diese Botschaft in einer milderen Form, oft ironisiert, aber doch in der Hoffnung, dass etwas hängenbleibt.

Wenn man bei den Politikerinnen nach einer Häufung von Bildern sucht, findet man seltsamerweise das üppige Dekolleté oder andere Inszenierungen von Weiblichkeit. Bundeskanzlerin Merkel hat sich vor der Oper in Oslo mit einem tiefen Ausschnitt gezeigt. Danach ließ sie dementieren, dass damit eine Botschaft verbunden gewesen sei, doch wurde hier ohne Zweifel »die Beredsamkeit des Körpers« eingesetzt, wie es im »Handbuch der politischen Ikonographie« heißt. Die CDU-Politikerin Vera Lengsfeld plakatierte dieses Foto von Merkel im Wahlkampf von 2009 neben einem ähnlichen Foto von sich selbst. Ihr Spruch dazu hieß: »Wir haben mehr zu bieten.« Die heutige Arbeitsministerin Andrea Nahles zeigte viel von dem, was sie hat, als sie 2008 ein Oktoberfest in Berlin im Dirndl besuchte. Die Botschaft des Busens vereint Eros und Mütterlichkeit, womit klassische Rollen von Frauen angesprochen sind. Die Parallele zu den Männern liegt darin, dass auch diese Rollen kein hohes Ansehen mehr im politischen Diskurs genießen. Auch hier scheint es allerdings eine Unterströmung zu geben, die Politikerinnen bedienen wollen. Der auf politischer Bühne unsagbare Satz »Ich bin erotisch« oder »Ich bin mütterlich« wird durch ein Foto zugleich gemieden und plakatiert. So kann man Weibsbild sein und für eine androgyne Gesellschaft kämpfen.

Das weibliche Pendant zu dem Foto von Wulff mit den Kriegern ist ein Foto, das die Bundeskanzlerin in der Kabine der Nationalmannschaft zeigt. Sie ist umgeben von Spielern mit nacktem Oberkörper, und eine eigentümliche, leicht verstörende Erotik liegt über der Szene.

In all diesen Szenen, die aufregend sein sollen, wirken die Politiker nicht eben würdig, sondern kindisch, infantil. Hier zeigt sich die direkte Konkurrenz zum Unterhaltungsbetrieb. Krieg, Eros sind klassische Filmstoffe.

Der zweite Aspekt der journalistischen Jagd zielt, wie gesagt, auf Authentizität. Alle wissen, dass die Politiker ständig ihre Sätze abklopfen und fernsehgerecht formulieren, dass sie Masken aufsetzen, Spiele spielen, und das ist in dieser Masse langweilig. Das Echte wird gesucht, der authentische Moment. Beginnen wir diesmal mit den Bildern, danach kommen die Worte.

Man muss hier zwischen gespielter und echter Normalität unterscheiden. Die gespielte Normalität ist eine Maßnahme gegen den Verdacht der Abgehobenheit, eine fotografische Wiedereingliederung in das Volk. Der Politiker tut Dinge, die andere auch tun. Guido Westerwelle spielt Volleyball am Strand, Horst Seehofer tollt mit Kindern in einer Hüpfburg, und Frank-Walter Steinmeier besorgt seiner Familie einen Weihnachtsbaum. Da er ihn offenkundig selbst gefällt hat, streicht er nebenbei Pluspunkte für Mannhaftigkeit ein, inszeniert sich also zwischen Krieger und Papa. Ungezählt sind die Fotos, auf denen Politiker lieb mit Tieren sind, vor allem von Helmut Kohl; auch sie fallen in die Kategorie der harmlosen Normalität. Helmut Kohl war ein Meister der Streichelsymbolik: Wer nett zum Rind ist, ist auch nett zum Volk. Aber das alles ist natürlich nicht authentisch, sondern soll nur nach echtem Leben aussehen. Und keine dieser Inszenierungen gelingt. Was hergestellt wird, um normal auszusehen, sieht in besonders drastischer Weise hergestellt aus.

Wirklich authentische Momente präsentieren Bilder, die Politiker in einem unachtsamen Moment erwischen, also beim Gähnen oder beim verstohlenen Lesen von SMS auf der Regierungsbank im Bundestag. Hier zeigt sich manchmal eine sympathische Menschlichkeit, aber interessanterweise achten Politiker darauf, sich so nicht zu zeigen. Wollen sie nicht menschlich wirken, sondern königlich? Zum Teil mag das stimmen. Wichtiger ist etwas anderes: Sie fürchten die Symbolkraft der authentischen Bilder. Wer beim Gähnen abgeschossen wurde, findet dieses Bild in der Zeitung, sobald ein Journalist meint, der betreffende Politiker würde nicht hart genug arbeiten. Wer sich die Ohren zuhält, weil es laut ist, wird das Bild bei passender Gelegenheit neben der Schlagzeile »XY missachtet die Meinung der Bürger« finden. So jagen die Fotografen nach authentischen Bildern, die dann symbolhaft eingesetzt werden, also nicht auf den authentischen Moment bezogen. Das ist eine der Absurditäten des Berliner Betriebs.

Den öden und albernen Bildern von Politikern stehen zu wenig gute Fotos eines ernsthaften Regierens gegenüber. Die Amerikaner können das besser. Ihre Präsidenten gewähren Fotografen ihres Vertrauens fast jederzeit Zugang, so dass eine fotografische Erzählung aus den Zimmern der Macht entstehen kann. Auch sie ist sicherlich zu einem Teil inszeniert, bringt aber wunderbare Momente von Authentizität hervor.

Eines der schönsten Bilder zeigt Barack Obama beim Lesen an seinem monumentalen Schreibtisch, während sich seine Tochter Sasha hinter einem Sofa anschleicht. Der Abend dämmert, Papa, zwischen zwei großen Flaggen sitzend, war heute lange mit den Vereinigten Staaten von Amerika und der Welt befasst, nun will das Kind sein Recht. Man ahnt, dass ihm dieses Recht nicht verwehrt wird. Obama ist hier König und

Mensch unter Menschen, und das ist genau die Rolle, die ein demokratischer Spitzenpolitiker einnehmen sollte: würdevoll, weil Träger von Staatlichkeit, zugleich dem normalen Leben nicht entrückt.

Obama telefoniert, Obama ballt die Fäuste, Obama hört seinen Beratern zu, Obama verfolgt am Bildschirm, wie Osama bin Laden erschossen wird. Dabei vergisst er den Fotografen oder vertraut ihm. So sieht man nicht eine Maske, sondern Emotionen, die vermitteln, dass es in diesen Momenten um viel geht. Man sieht der Geschichte beim Gemachtwerden zu. Und man sieht einen Mann, der für sein Volk schuftet. Auch das ist, bei aller Kritik, eine Wahrheit über die Arbeit vieler Politiker. In Deutschland fehlt diese fotografische Kultur der Authentizität und damit ein komplettes Bild von der Politik.

Ein Bild verschwindet allmählich, und das ist ein bisschen schade. Denn woher wissen wir, dass unsere Politiker führen, dass sie das Staatsschiff lenken können? Wir wissen es von Fotos, die sie an den großen Steuerrädern von echten Schiffen zeigen. Ich habe viele Politiker begleitet, und auf ein Motiv waren fast alle scharf, das Steuerrad. Ich sah die gewichtigen Mienen, den wegweisenden Blick, den unsere Politiker bei dieser Gelegenheit aufsetzten, ob nun Franz Müntefering oder Friedrich Merz. Das Problem unserer Zeit ist, dass die neuen Schiffe keine großen Steuerräder mehr haben. Sie werden mit kleinen Hebeln gelenkt. Zwar besuchen Politiker immer noch gern die Brücke von Schiffen, aber die Bilder machen nicht mehr viel her. Ein kleiner Hebel sieht nicht nach großer Lenkung aus, und die Blicke sind nicht mehr ganz so wegweisend, die Mienen nicht mehr ganz so gewichtig. Das wichtigste Symbol für Führung wird allmählich verschwinden, zufällig in der Zeit von Merkel, aber irgendwie auch passenderweise.

Ein neues Problem ist, dass manche Bilder nicht mehr verschwinden, jene kleinen Filme, die bei YouTube auftauchen.

Die Politiker von heute haben mehr Angst als früher, etwas Dummes zu sagen oder peinlich auszusehen, zum Beispiel beim Essen einer Bratwurst. Irgendeiner macht bestimmt einen Handyfilm, und der wird dann über YouTube verbreitet. Da ist er dann ewig abrufbar.

Wie ist es mit Worten und Authentizität? Das ist eines der traurigsten Kapitel der Politik. Es gibt sie kaum. Ein Interview in einer Zeitung oder Zeitschrift entsteht so: Man stellt Fragen und bekommt Antworten. Man tippt das Band und ist erst einmal entsetzt, wie unleserlich die gesprochene Sprache ist. Man kürzt, stellt um, formuliert prägnanter und spitzt vielleicht hier und dort ein bisschen zu. Am Ende hält der Journalist ein leserliches und vielleicht sogar aufregendes Interview in Händen. Das schickt er dem Pressesprecher des Politikers. Der entscheidet mit seinem Chef, ob man die Bürger und Kollegen aufregen will oder nicht. Wenn ja, ist die Autorisierung bald abgeschlossen. Wenn nein, wird es kompliziert. Der Pressesprecher beugt sich über den Text, nimmt die Zuspitzungen raus, bügelt alles glatt, was die Parteifreunde oder Koalitionspartner des Politikers aufregen könnte, auch wenn es genau so gesagt worden war. Der Politiker schaut sich die vom Pressesprecher bearbeitete Fassung an und bügelt noch einmal drüber. Während des Interviews war er mutig, jetzt regiert die Vorsicht. Dieses Interview, das so aufregend ist wie ein frisch gemangelter Bettbezug, geht zurück an die Redaktion. Der Journalist fällt fast in Ohnmacht, ruft den Pressesprecher an, und es beginnen zähe Verhandlungen, ein Gefeilsche um Sätze und Wörter. Am Ende steht manchmal ein interessantes, manchmal ein uninteressantes Interview im Blatt. Authentisch ist es in beiden Fällen nicht.

Etwas freier reden Politiker in sogenannten Hintergrundgesprächen mit Journalisten. Meist ruft der Pressesprecher vorher »unter Drei«. Die Journalisten wissen dann, dass sie keinen Satz aus diesem Gespräch zitieren dürfen. »Unter Zwei« heißt: Zitate sind erlaubt, aber ohne Namen. Da reden dann die sogenannten »Vertrauten« oder die »gut unterrichteten Kreise«. »Unter Eins« ist der Code für das Paradies eines Journalisten. Er darf seinen Lesern alles weitererzählen. Dieses Paradies kommt selten vor, jedenfalls wenn es um interessante Dinge geht.

So gibt es in der Beziehung von Politik und Öffentlichkeit drei Welten. Die eine Welt ist die des Politikers, das sind seine Gedanken und Gespräche. Die zweite ist die des Journalisten, der nur einen Ausschnitt der Gedanken und Gespräche mitbekommt. Die dritte Welt ist die des Bürgers. Er erfährt noch weniger als der Journalist, weil dem eine Menge »unter Drei« anvertraut wurde. In die Welt des halbwegs Authentischen, also die »Unter-Drei-Welt«, erhält er nur Einblicke, wenn Journalisten die Regeln brechen.

Warum soviel »unter Drei« erzählt wird, ist schwer zu verstehen. Der Souverän ist ja nicht der Journalist, sondern das Volk. Das Volk sollte möglichst viel von dem erfahren, was in der Politik passiert. Es heißt immer, die Journalisten bräuchten diese Informationen, um das Geschehen richtig einschätzen zu können. Zum Teil ist das richtig, und wenn es um außenpolitische Dinge geht, leuchtet ein, dass die deutschen Journalisten die Hintergründe der deutschen Verhandlungsposition kennen sollten, diese aber nicht vorab vermelden, da die Gesprächspartner sonst leichtes Spiel hätten. Zu einem anderen Teil geht es aber um Vereinnahmung, um Nähe. Die Journalisten werden in gewisser Weise zu Komplizen gemacht. Das Volk bleibt draußen.

Allerdings kann man sich darauf verlassen, dass bei wirklich wichtigen Dingen mindestens ein Journalist die Vertraulichkeit brechen wird. Frank-Walter Steinmeier deutete in einem Hintergrundkreis im Herbst 2012 an, dass er nicht Kanzlerkandidat der SPD werden wolle. Dies war ein nahezu authentischer Moment. Steinmeier spielte nicht mehr vor, dass er über die Kanzlerschaft nachdenke, sondern ließ die Wahrheit ans Licht, ein Juwel für Journalisten. Die Nachricht fand blitzschnell ihren Weg in die Medien, und Steinmeier wird kaum angenommen haben, dass es anders sein könnte, weil der Hintergrundkreis groß war. Vielleicht wollte er seine Botschaft auf diese Weise plazieren. Man kann sich auch das als Spiel vorstellen, als Spiel zwischen Politikern und Medien. Man bewegt sich in einer Grauzone, und mal wird mehr, mal wird weniger verraten.

Ich habe das Gesetz der Vertraulichkeit hin und wieder gebrochen, zum Beispiel im Herbst 2009. Die Finanzkrise verschattete die Welt, aber man konnte den Eindruck haben, dass die Bundeskanzlerin und der Chef der Deutschen Bank, damals Josef Ackermann, an einem Strick ziehen würden, um Deutschland vor schwerwiegenden Folgen zu bewahren. Innerhalb einer Woche besuchte ich Hintergrundgespräche mit Merkel und Ackermann und hörte zu meiner Verwunderung, dass sie sich nicht einig waren, dass sie schlecht übereinander redeten. Beide Gespräche waren »unter Drei«, also vertraulich. Ich habe das trotzdem geschrieben, weil ich dachte, dass dies eine zu wichtige Information ist, um sie unter der Decke halten zu können. Wenn zwei der wichtigsten deutschen Akteure in der Finanzkrise mehr gegeneinander kämpfen als miteinander handeln, sollten die Bürger das wissen. Ich trug mir eine Menge Ärger mit der Deutschen Bank ein, Beschwerden beim Chefredakteur und so weiter. Das Kanzleramt verhielt sich still, ich nehme an, weil der Text günstiger für Merkel ausgefallen war als für Ackermann. Das eigentliche Problem dabei ist, dass ich mich nicht fair gegenüber den anderen Journalisten verhielt. Sie hätten die Nachricht auch gern gebracht, hielten sich aber an die Vereinbarung. Es ist immer eine schwierige Abwägung, und oft sollte man das wirklich nicht machen.

Wirklich authentisches Reden hört man von Politikern bei Ausbrüchen der Wut. Ein Beispiel ist die Suada, die Christian Wulff als Bundespräsident auf die Mobilbox von »BILD«-Chef Kai Diekmann sprach. Er fühlte sich von den Berichten der Zeitung über seine privaten Geschäfte bedroht. Legendär ist auch Horst Seehofers große Schimpferei gegen Umweltminister Norbert Röttgen nach dessen Wahlniederlage in Nordrhein-Westfalen. Einem Kamerateam des ZDF zählte er dessen Fehler auf, was in dieser Deutlichkeit unüblich ist für die Politik. »Sie können das alles senden«, sagte Seehofer am Ende des Gesprächs. Das ZDF sendete alles. Es war aber wohl eher ein kalkulierter Wutausbruch, also eine Inszenierung. Steinmeiers Wüterei gegen Protestrufe bei einem Wahlkampfauftritt im Mai 2014 wurde ein Hit bei YouTube. Dies steht für die Sehnsucht nach Authentizität in der Politik.

Wenn es um das Verhältnis von Politikern und Medien geht, muss man auch über Personalisierung reden. Der Politiker steht im Mittelpunkt der Berichte, nicht der Inhalt der Politik. Die Personalisierung wird den Medien oft vorgeworfen. Die Journalisten kümmerten sich nicht genug um Inhalte, sie kümmerten sich zu sehr um die Akteure und ihre Performanz, ihre Psychologie. Ich halte das zum Teil für verlogen. Menschen interessieren sich für Menschen. Wenn wir vor allem über Sachfragen berichten würden, würden nur noch die, die sich intensiv mit Politik befassen wollen, unsere Texte lesen, unsere Filme sehen. Historiker greifen oft zum selben Mittel. Sie schreiben Biographien der Könige und Spitzenpolitiker, erzählen aus deren Leben und transportieren dabei die Sachfragen, um die es in jenen Zeiten ging. Das ist eine Personalisierung der Geschichte, und die ist weit verbreitet. Ohne die Biographien zu Bismarck wüssten die Deutschen weit weniger über die deutsche Einheit 1871. Natürlich stehen wir, Historiker und Journalisten, so mit einem Bein im Unterhaltungsfach, aber ich fürchte, dass das so sein muss, um das Interesse an der Politik zu bewahren.

Ich glaube zudem, dass es tatsächlich stark auf den Menschen ankommt. Um Adenauers Politik zu verstehen, muss man den Menschen Adenauer verstehen, seine Prägungen. Dies gilt heute noch mehr als früher. Dass nicht Kurt Schumacher, sondern Konrad Adenauer die Wahl 1949 gewonnen hat, macht einen riesigen Unterschied, weil sie im Grundsatz verschiedene Konzepte hatten: Adenauer die Westbindung und die soziale Marktwirtschaft, Schumacher die Einheit auch um den Preis der Neutralität und einen demokratischen Sozialismus. Dass sie verschiedene Typen waren, spielte eine untergeordnete Rolle.

Nimmt man die Kontrahenten der Wahl von 2013, gilt etwas anderes. Ob Merkel oder Steinbrück regieren, macht inhaltlich nicht so einen gigantischen Unterschied. Sie hätten die Schwerpunkte ein bisschen anders gesetzt, aber bei Steinbrück wäre nicht eine andere Bundesrepublik herausgekommen als bei Merkel, schon gar nicht mit einer Großen Koalition. Merkel und Steinbrück sind verschiedene Typen, die eine gelassen bis zur Unterkühlung, der andere aufbrausend bis zur Hitzigkeit. Deshalb hätte eine Kanzlerschaft Steinbrück ganz anders ausgesehen. Die Personalisierung ist notwendig, um Unterschiede erkennen und Wahlentscheidungen treffen zu können.

Eine Unterabteilung der Personalisierung ist die Privatisierung der Politik in den medialen Berichten. Wenn es wichtig ist, welcher Mensch regiert, dann ist ebenfalls interessant, wie dieser Mensch lebt und mit wem.

Schon Kanzler Willy Brandt zeigte sich mit seiner Familie, genauso Helmut Schmidt und Helmut Kohl. Auch früher wurde gemunkelt über Krisen oder Liebschaften, aber die Journalisten waren weitgehend diskret, obwohl Alice Schwarzer proklamiert hatte: »Das Private ist politisch.« Einen Schritt weiter ging Gerhard Schröder, an dessen Seite es erstmals eine echte First Lady gab (falls diesen Titel nicht die Gattin des Bundespräsidenten beanspruchen darf). Schröder zeigte sich gern mit Doris Köpf, er hörte auf ihren Rat, zum Beispiel soll der Name »Agenda 2010« von ihr stammen. Im Wahlkampf 2005 griff sie politisch ein, als sie sagte, Merkel könne jungen Müttern nichts sagen, weil sie keine Mutter sei. Auch so ein hinterhältiger Angriff, in dem Merkel ein Nicht-Leben vorgeworfen wurde. Zudem ist sie Stiefmutter und Stiefgroßmutter, hat also durchaus Eindrücke vom Leben mit Kindern.

Als sie Kanzlerin wurde, musste man zunächst den Eindruck haben, hier sei ein Mensch ausschließlich Politiker. Sie schottete ihr Privatleben ab. Wohl noch nie hat ein Journalist ihre Wohnung betreten, und sie war einmal sehr böse, als einer ihrer Freunde einem Kollegen von mir geschildert hat, wie es bei Angela Merkel zu Hause aussieht; sie war nicht nur böse, auch verletzt. Ihr Ehemann, Joachim Sauer, tauchte nicht einmal bei ihrer ersten Vereidigung im Bundestag auf. Er blieb ein Phantom, gab keine Interviews und war selten bei Auslandsreisen dabei. Als Obama der Bundeskanzlerin in Washington die Freiheitsmedaille verlieh, kam Sauer mit und wurde prompt von seiner Gattin vergessen. Sie stieg aus dem Auto und wollte die Treppe hinaufeilen zu den Obamas, und erst nach ein paar Schritten fiel ihr ein, dass ihr Mann mitgekommen war, aber erst noch um das Auto herumgehen musste. Es sah so aus, als sei Joachim Sauer für Merkel genauso phantomhaft wie für die Öffentlichkeit. Aber das ist wohl eine falsche Deutung. Manchmal, ganz selten, sagt sie, dass sie dies oder jenes mit ihrem Mann besprochen habe. Einmal erzählte sie, er habe sie, als sie abends nach Hause gekommen war, gefragt, ob sie »jetzt verrückt geworden sei«. Da ging es um eine bestimmte Entscheidung, aber Merkel legt großen Wert darauf, dass geheim bleibt, um welche Entscheidung. Ich will mich daran halten.

Wenn nicht alles täuscht, ist er ein wichtiger Berater für sie. Insofern hat er eine politische Rolle, und man wüsste gern, wie er denkt und was seine Standpunkte sind. Das Private ist hier politisch. Aber dann erfuhr man von Sauer, er finde es bedauerlich, dass seine Frau so wenig Streusel auf ihren Pflaumenkuchen macht.

Im Wahlkampf 2013 rang sich Merkel zu einer erstaunlichen Offensive durch, sie wurde privat. Sie erzählte von den Streuseln, sie sagte, dass sie an Männern vor allem die Augen liebe und präsentierte in einem Berliner Kino ihren Lieblingsfilm, »Die Legende von Paul und Paula«. Auf dem Programm stand die Verniedlichung der Kanzlerin zu Wahlzwecken. Ihr Gegenkandidat Peer Steinbrück rüstete ebenfalls privat auf, nahm eine Tochter zu einem Termin mit, spielte für ein TV-Porträt Billard mit seinem Sohn und präsentierte sich mit seiner Frau auf einem Familienkonvent der SPD. Hierbei wurde es so persönlich, dass er in Tränen ausbrach.

Relativ neu ist die Rolle, die kleine Kinder in der Politik spielen. Einige Frauen haben es in Spitzenpositionen geschafft, und die sind zum Teil Mütter oder werden Mütter. Die Nation verfolgt dann das Wachsen der Bäuche, zum Beispiel 2011 bei der damaligen Generalsekretärin der SPD, Andrea Nahles. Familienministerin Kristina Schröder gebar im selben Jahr das erste Kabinettskind der Bundesrepublik. Wirtschafts- und Energieminister Sigmar Gabriel nimmt sich mittwochs am Nachmittag frei, um seine Tochter aus der Kita abzuholen. Seine üble Kindheits- und Jugendgeschichte hat er der »ZEIT« erzählt.

Da ist es dann nicht weit bis zur Inszenierung. Ursula von der Leyen präsentierte sich zunächst gern als Frau, die sieben Kinder aufziehen und Bundesministerin sein kann. Sie machte sich zum Rollenmodell: Seht her, es geht, was ich kann, könnt ihr auch, ihr lieben Mütter, also geht arbeiten und macht Karriere. So hat sie ihr Leben politisch instrumentalisiert, das aber später zurückgefahren, weil es ein bisschen dicke war. Kristina Schröder dagegen fand von Anfang an einen angemessenen Umgang mit ihrer Bundes-Mutterschaft. Sie machte kein Aufhebens darum, erzählte das, was nötig war, damit man sie in ihrer Mutter- und Ministerinnen-Rolle verstehen konnte.

Der CDU-Bundestagsabgeordnete Wolfgang Bosbach berichtete in der vergangenen Legislaturperiode von seinem Prostatakrebs, sein Fraktionskollege Klaus Spahn von seiner Homosexualität. Soviel Intimität, soviel Privatheit war nie in der Politik. Das ist nicht verkehrt. Erstens, wie gesagt, ist es immer interessant, wo Politik herkommt, und sie kommt natürlich auch aus dem privaten Leben eines Politikers. Ein kleiner Einblick macht das Bild runder. Zweitens entspricht diese Offenherzigkeit einer gesellschaftlichen Entwicklung. Früher war die Familie eine Sonderzone im Leben von Politikern. Da waren ihre Frauen, die Hausfrauen waren, da waren ihre Kinder, es handelte sich um einen intimen Raum, der geschützt werden musste. Heute gehen privates und berufliches Leben stärker ineinander über. Man teilt sich die Kinder, man teilt sich den Haushalt, im gerechtesten Fall 50:50, aber der dürfte selten sein. Alle stehen mitten im Leben, das Gebilde Familie ist robuster geworden. Die Frauen sind nicht Heimchen am Herd, der Mann als Beschützer dankt allmählich ab. Ein bisschen Öffentlichkeit können diese Familien vertragen. Wenn sie das wollen. Ich finde, die Entscheidung, ob ein Teil des Familienlebens öffentlich wird, muss bei den Politikern liegen, nicht bei den Journalisten. Da ist eine Grenze. Was aber nicht geht: dass Politiker die leuchtende Seite ihres Privatlebens darstellen und dann empört sind, wenn Journalisten auch von dunkleren berichten. Entweder es gibt kein Bild oder das ganze. Alles andere wäre PR.

Allerdings existiert eine Asymmetrie, die Berichterstattung schwierig macht. Familie ist schön, rührt ans Herz, und sie wird oft eingesetzt, um einen Politiker sympathisch wirken zu lassen. Es gehört zu den Aufgaben von Journalisten, solche Inszenierungen zu hinterfragen, sich kritisch mit ihnen auseinanderzusetzen. Das fällt aber schwer, wenn ein Politiker mit seiner Frau auftritt. Sie schlüpft dann allerdings in eine politische Rolle und müsste dementsprechend kritisiert werden können. Peer Steinbrück war verletzt, als ich seinen Auftritt mit seiner Gattin im Wahlkampf in ein kritisches Licht gerückt hatte. Ich verstehe das in gewisser Weise, nur muss ein Journalist hier ein kaltes Herz haben können. Wer sich und den Seinen das nicht antun möchte, sollte seine Lieben aus der Politik fernhalten. Das würde ich immer respektieren.

Anders als amerikanische oder französische Medien berichten deutsche in der Regel nicht von den Affären der Politiker, außer »BUNTE« oder »BILD«. Einmal hatte ich eine Ausnahme zu verantworten. Bei der Wahl 2009 trat Oskar Lafontaine als einer der beiden Spitzenkandidaten der Linken an. Er wollte wieder in den Bundestag einziehen, wollte wieder Fraktionschef werden. Hat er jedenfalls gesagt. Doch dann trat er das Mandat nicht an, sondern blieb in Saarbrücken. Kollegen von mir erfuhren, dass Lafontaine eine Affäre mit Sahra Wagenknecht hatte und dass dies der Grund gewesen sei, warum er nicht nach Berlin kam. Seine Frau habe diese räumliche Nähe zur Rivalin nicht gewollt. Wir haben das in der Redaktion lange diskutiert und waren uns am Ende einig, dass wir darüber berichten würden. Viele Wähler, vor allem im Westen, hatten die Linke auch wegen Lafontaine gewählt, womöglich nur wegen Lafontaine. Sie waren getäuscht worden, und damit war das Private politisch. Lafontaine hat uns dann beschämt, indem er kurz darauf eine Krebsdiagnose öffentlich machte, und das wirkte, als würde er deswegen in Saarbrücken bleiben. Wir standen dumm da. Es war ein geschickter Schachzug von ihm. Heute weiß jeder, dass Lafontaine und Wagenknecht ein Paar sind.

Politiker inszenieren sich gern als Familienmenschen. Es gibt dabei drei Muster:

Das erste: Sie bedanken sich bei ihren Familien auf Parteitagen oder in Wahlkämpfen. Sie sprechen von den großen Opfern, die Frauen und Kinder auf sich nehmen. Das sind oft rührende Momente, alle klatschen.

Das zweite: Wenn Politiker eine Wahl verlieren, rausgeschmissen werden oder zurücktreten müssen, sagen sie gern: Nun habe ich mehr Zeit für die Familie. So machte es Norbert Röttgen, nachdem ihn Angela Merkel als Umweltminister entlassen hatte.

Das dritte: Wenn Politiker ihr Amt aufgeben, weil ihnen Verfehlungen vorgeworfen werden, sagen sie oft: Ich kann es meiner Familie nicht länger antun, im Amt zu bleiben. So machte es Helmut Linssen, Schatzmeister der CDU, als entdeckt worden war, dass er privates Geld erst auf den Bahamas und dann in Panama gebunkert hatte. »Ich habe mich im Interesse der Partei und meiner Familie entschlossen, die Parteivorsitzende zu bitten, auf dem kommenden Parteitag im April einen neuen Schatzmeister zu wählen«, sagte Linssen.

Im Interesse der Familie hätte er natürlich auch ein Konto in Deutschland einrichten können, dann wäre ihr das Ganze erspart geblieben. All diese Muster haben einen faden Beigeschmack, da sie die Familie in nützlichen Momenten in den Vordergrund rücken, während Politiker sonst meistens gegen Familieninteressen handeln, schon durch ständige Abwesenheit.

Diese extreme Lebensweise eines Spitzenpolitikers sorgt dafür, dass nur noch Profipolitiker diesen Job machen können. Die anderen scheitern in der Regel, weil sie die Gesetze des Jobs nicht beherrschen, vor allem die Gesetze der Inszenierung. Die letzten Quereinsteiger, die sich für eine Weile in der Bundespolitik halten konnten, waren Minister unter Bundeskanzler Schröder, der ehemalige Gewerkschaftsführer Walter Riester und der ehemalige Manager Werner Müller. Merkel trat im Wahlkampf 2005 mit dem Finanzexperten und ehemaligen Verfassungsrichter Paul Kirchhof an, aber der war nicht geschmeidig genug für die Politik und wurde von Schröder lustvoll als »Professor aus Heidelberg« diffamiert. Merkel gab ihm kein Amt.

Die Quereinsteiger scheitern meist an Worten. Sie haben nicht gelernt, ihre Sätze so abzuklopfen, so zu behüten, dass sie damit nicht anecken. Da nützt es nichts, dass manche als Menschen des Wortes in die Politik gehen, zum Beispiel die »ZEIT«-Redakteurin Susanne Gaschke, die 2012 zur Oberbürgermeisterin von Kiel gewählt wurde. Ich kenne sie gut aus unseren gemeinsamen Jahren bei der »ZEIT«, und ich wünschte ihr alles Gute, war aber skeptisch, weil ich sie kenne. Sie ist ein emotionaler Mensch, der seine Gefühle schwer zurückhalten kann, sondern sie in Worten auslebt. Sie ist spontan und kann sich kaum kontrollieren, wenn ihr etwas nahegeht.

Als Oberbürgermeisterin erließ Susanne Gaschke einem Kieler Arzt ohne Rücksprache mit dem Stadtrat einen Teil seiner erheblichen Steuerschuld. Das mag ein Fehler gewesen sein oder nicht. Die Stadt verlor Geld, aber sie gewann auch etwas, weil der Arzt den anderen Teil seiner Steuerschuld endlich bezahlte. Gaschke hätte deshalb nicht zurücktreten müssen, aber in der Debatte über ihr Handeln war sie bald von ihren Emotionen überwältigt, schlug mit Worten um sich, konnte kaum reden vor Zorn, zeigte Tränen. Ihr fehlte der Panzer, um die Angriffe abprallen zu lassen. Das war nicht auszuhalten, und sie trat zurück.

Michael Naumann, einst ebenfalls Journalist und Verleger, scheiterte im Hamburger Wahlkampf 2008 auch deshalb, weil er sich beim TV-Duell im Schlussstatement komplett verhedderte. Hinterher sagte er zu seinem Kontrahenten Ole von

Beust: »Damit haben Sie die Wahl gewonnen.« Auch Paul Kirchhof ist ein Rhetoriker, einer der besten des Landes, aber in der Politik wird ein eigenes Sprechen erwartet. Man muss sich das früh antrainieren und lange üben, um es zu beherrschen. Quereinsteiger werden mit hoher Wahrscheinlichkeit scheitern, weil sie zu wenig vom politischen Sprechen verstehen, zu wenig von der politischen Inszenierung. Sie unterliegen oft dem Missverständnis, dass sie mit Authentizität gut ankommen. Sie werden sagen, was sie denken, sie werden vielleicht ihren Gefühlen Ausdruck geben, und damit sind sie schon so gut wie gescheitert. Sie bringen Leute gegen sich auf, sie werden von den Medien in der Luft zerrissen und sind bald erledigt. Nur die politischen Profis können überleben.

Es gibt allerdings eine Quereinsteigerin, die beherrscht dieses System nahezu perfekt, und das ist Angela Merkel. Wenn man das oben Beschriebene zusammenfasst, ist Politik ein ständiger Fluss von Botschaften, ein reißender, wirbelnder Fluss. Ein Chaos. Es kommt darauf an, die eigenen Botschaften, ob durch Worte oder Bilder, so zu setzen, dass man nicht durch die Entwicklung widerlegt werden kann, nicht die falschen Leute gegen sich aufbringt, keine Geheimnisse offenbart, Vertrauen erweckt, sich so inszeniert, dass man authentisch wirkt.

Es geht, mit einem Wort, um Kontrolle. Man muss seine Worte und Gesten so kontrollieren können, dass einem keine Unachtsamkeit passiert. Niemand kann das so gut wie Angela Merkel, obwohl sie erst spät in die Politik eintrat. Warum ist das so? Die Antwort ist: Sie hat es früh geübt. Sie war eine Pfarrerstochter, ihr Vater war nicht im Widerstand und trotzdem manchmal über Kreuz mit der SED. Der jungen Angela wurde eingeschärft, dass sie auf ihre Worte aufpassen soll, dass sie in der Schule nicht alles erzählen darf, was zu Hause besprochen wurde. Auch später, an der Universität und in Adlershof, hütete sie sich zu sagen, was sie wirklich dachte. So konnte man in der SED-Diktatur überleben – und so kann man in einer Mediendemokratie überleben. Angela Merkel hat in der DDR gelernt, was ihr im politischen System der Bundesrepublik nützt: Kontrolle, Selbstkontrolle.

Kontrolle der Bilder: Ihre Streits mit den Fotografen sind legendär. Sie erlässt genaue Vorschriften, wo die Fotografen zu stehen haben, welche Perspektiven möglich sind. Sie will nicht von hinten abgelichtet werden, und sie will nicht in unbedachten Momenten erwischt werden. Deshalb zwingt sie sich meist zu einer starren Maske, lieber kein Gesichtsausdruck als den falschen.

Kontrolle der Sprache: Eine der schwierigsten Aufgaben im deutschen Journalismus ist ein Interview mit Angela Merkel. Alle gehen mit einer minimalen Hoffnung ins Kanzleramt, dass sie etwas Ungewöhnliches sagen oder wenigstens griffig formulieren wird. Alle wissen, dass sie höchstwahrscheinlich enttäuscht werden. So ist es dann auch. Es gibt dabei drei Stufen des Entsetzens, und zwar aufsteigend. Die erste Stufe ist das Gespräch selbst, in ihrem Büro.

Es beginnt freundlich. Das ist ein Fortschritt gegenüber dem späten Schröder. Der bellte einen an: »Was gibt's? Was wollt ihr wissen?« Die zweite Person Plural ist eine gängige und herablassende Art von Politikern, Journalisten anzusprechen. Merkel macht das nicht. Sie bittet an ihren Arbeitstisch, der neben dem Eingang steht. Sie bietet Kaffee oder Tee an und gießt selbst ein. Dann kommen die Fragen, und man weiß nach ein paar Minuten, dass einen die minimalen Hoffnungen wieder getrogen haben. Die zweite Stufe des Entsetzens kommt, wenn man das ausgeschriebene Interview liest. Geschrieben wirkt das noch fader als gesagt. Man setzt sich dran, verwendet große Mühen darauf, das Gespräch halbwegs lesbar zu machen und schickt es ins Kanzleramt. Dann beginnt das große Bangen, das mit der dritten Stufe des Entsetzens endet. Das überarbeitete Interview wirkt noch fader als das Gespräch im Büro der Kanzlerin. Das Leben ist raus, lahme Sätze, bürokratische Formulierungen und natürlich nicht das geringste Risiko. Jedes Wort ist so abgeklopft, dass sich weder Koalitionspartner noch die Opposition aufregen können. Nun wird verhandelt, und manchmal gelingt es, einigen Passagen Leben einzuhauchen. Einmal hat die Chefredaktion des »SPIEGEL« angekündigt, das Interview im Mülleimer verschwinden zu lassen, wenn nicht sämtliche bürokratische Formulierungen rausgenommen werden. Es hat geholfen. Ein Knüller war das Interview trotzdem nicht.

Was man in ihren Interviews hört und liest, ist eine komplett inszenierte Sprache, eine betäubte und betäubende Sprache, deren Funktion es ist, Ruhe zu verbreiten oder zu vertiefen. Sie versucht diese Sprache auch sonst anzuwenden, aber nicht einmal Merkel kann sich in jeder Sekunde kontrollieren. Es gibt in ihrem Reden hin und wieder auffällige Formulierungen, die ihrer Bewachung entgangen sind, die aus einem Gemüt zu kommen scheinen, also authentisch sind. Ich habe solche Formulierungen über ein paar Jahre gesammelt. So ist mein Eindruck von einer Lingua Merkelae entstanden, einer Sprache der Bundeskanzlerin.

Hier sind die Hauptelemente:

Merkel redet oft in verrutschten Formulierungen. Einen Streit mit der CSU nannte sie »kleine Ausbuchtungen«. Über ihre Jahre als Bundeskanzlerin sagte sie einmal, man werde mit der Zeit »stumpfsinniger«. Gemeint war wohl: Man stumpft ab.

Merkel greift gern zu seltsamen Wörtern oder Neologismen. Sie sprach vom »Wohlfühlgefühl«. Wenn etwas schwach ist, nennt sie es »unterausgeprägt«.

Merkel zeigt Unsicherheit bei Emotionen. Ihre Gefühle hält sie fast immer im Zaum, und wenn es dann doch um Gefühle geht, drückt sie sich seltsam aus. Als Osama bin Laden von einer amerikanischen Elitetruppe erschossen wurde, sagte sie: »Ich freue mich darüber, dass es gelungen ist, bin Laden zu töten.« Ein anderes Beispiel ist ihr Satz zum Rücktritt von Bundespräsident Horst Köhler: »Ich bedaure diesen Rücktritt aufs Allerhärteste.« Hier kombiniert sie in geradezu einmaliger Weise das sanfte Wort »bedauern« mit einem Kampfbegriff. Sie war zornig über diesen Rücktritt, und womöglich war dieser Satz ein ungewollter Ausdruck dieses Zorns.

Merkel verirrt sich in Tautologien. Sie sprach vom »Alleinstellungsmerkmal, das nur bei den Grünen vorhanden ist«, oder sagte, ihr Team tue etwas »mit aller Kraft, die wir haben«.

Merkel verfällt in den Straßenjargon. Manchmal tut sie Dinge »wie bekloppt« oder rennt rum »wie'n Vollidiot«. Eines ihrer Lieblingswörter ist »nüscht«. Sie nimmt auch den allgemeinen Sound auf, Redewendungen, die stark verbreitet sind. Sie sagte: »Das geht gar nicht«, als sie öffentlich kommentieren sollte, was sie davon hält, dass die Amerikaner ihr Handy angezapft hatten.

Merkel neigt zu bürokratischer Ausdrucksweise. So war sie »bei der Entstehung der Zurückziehung nicht beteiligt«. Über einen Urlaub sagte die Bundeskanzlerin: »Ich glaube, dass, insbesondere wenn man sich körperlich betätigt, zum Beispiel auf Berge steigt, es eine interessante Durchlüftung auch der jeweiligen Gehirnformation ist, und dass das insgesamt der politischen Arbeit guttut.«

Merkel redet in Anglizismen. Das hat wohl damit zu tun, dass sie häufig auf internationalen Konferenzen weilt. So sagt sie schon mal »See you« zum Abschied. Oder wenn jemand viel Geld ausgibt, wie der ehemalige zyprische Präsident, ist er bei der »spending party«.

Merkels Versprecher sind legendär. Sie nannte sich selbst »Staatsoberhaupt« (das ist in Wahrheit der Bundespräsident), sie kündigte vor der Wahl 2005 an, eine Koalition mit der SPD bilden zu wollen, meinte aber die FDP. Einmal sagte sie: »Und so werde ich dann morgen zurücktreten, äh, zurückfliegen.«

Der Sound von Merkels Sprache findet sich sehr schön in folgendem Satz wieder: »Die Vorfreude auf die Frauen-WM, die ist groß, und sie wird jeden Tag auch größer.« Das klingt herzig, ist aber auch ein Sound der Umständlichkeit, der Distanz. Sie hätte sagen können: Ich freue mich riesig auf die Frauen-WM. Aber so sagt sie es nicht, mit der Freude ist es ein Problem bei ihr. Dieser Sound korrespondiert mit vielen ihrer Sprachmarotten, vor allem den verrutschten Formulierungen, den Tautologien und Bürokratismen. Auch sie schaffen Distanz, verschleiern, verrätseln. Merkel geht sprachlich gern Umwege. Besonders gefällt mir, dass sie die Koalitionsverhandlungen 2013 »nicht überschnell« führen wollte. Das ist die hohe Kunst der politischen Sprache. Gemeint ist »langsam«, aber das könnte nach Trägheit klingen, nach Faulheit sogar. Also nimmt sie das Gegenteil von langsam und bastelt es so in eine Wortkonstruktion hinein, dass sie das Wort schnell sagen kann, aber langsam meint.

Man kann es auch so sehen: Merkel ist es nicht gewohnt, etwas direkt zu sagen. Da ist es kein Wunder, dass es schiefgeht, wenn sie mal anhebt: »Ich freue mich ...«

Immerhin kann sie ihre Sprache soweit kontrollieren, dass sie selten etwas Dummes sagt, etwas Schädliches. Ihr größter Fehler war, dass sie die Urlaubszeiten der Europäer verglichen hat: »Wir können nicht eine Währung haben, und der eine kriegt ganz viel Urlaub und der andere ganz wenig. Das geht auf Dauer nicht zusammen.« Dies war ein seltener Moment von Populismus bei ihr. Dem einen oder anderen Deutschen dürfte sie damit aus dem Herzen gesprochen haben. Bei den europäischen Partnern kam der Satz nicht gut an.

Ein faktisch falscher Satz war, finde ich: »Scheitert der Euro, scheitert Europa.« Der Euro ist wichtig, aber Europa ist weit mehr als seine Währung, und Merkel weiß das auch. Da dies ihre größten Fehlgriffe waren, die aber als relativ harmlos gelten können, lässt sich sagen, dass Merkel ihre Worte recht gut im Griff hat.

Nach neun Jahren mit dieser Bundeskanzlerin weiß man, dass sie nicht etwa auf Inszenierungen verzichtet, sondern dass ihre Kanzlerschaft eine Großinszenierung ist, aber in einer anderen Weise als bei ihren Vorgängern. Was sie nicht mag und kaum macht, ist die Regierungs-Show, die Spezialität Schröders, oder der symbolische Auftritt, die Spezialität Kohls. Als sie sich einmal an einem symbolischen Bild versuchte, ging das schief und lieferte einen bildhaften Eindruck davon, was ihre Inszenierung ausmacht. Dieses Bild entstand in Grönland, vor den Eisbergen. Dort stellte sie sich 2007 mit ihrem damaligen Umweltminister Sigmar Gabriel malerisch hin, in roten Jacken, und erweckte den Eindruck, als sei ihr die Klimapolitik eine Herzenssache. Ich glaubte ihr das. Und täuschte mich.

Es ist ein Allgemeinplatz zu sagen, dass Angela Merkel keine Standpunkte hat, dass sie Politik nach Umfragen macht, dass sie schaut, wohin der Hase läuft und dann hinterherhechelt. Kohl wurde der gleiche Vorwurf gemacht, Schröder auch. Zum großen Teil stimmte das. Aber beide haben sich auch Ziele gesetzt, die sie aus Überzeugung und gegen Widerstände erreichen wollten. In den ersten neun Jahren Merkel findet sich nichts dieser Art. Sie macht Politik mit dem Wind. Es gibt viele Beispiele dafür, das deutlichste ist die Klimapolitik. Es ist ein Lehrstück über Merkels politische Inszenierungen.

Im Februar 2007 veröffentlichte der Verband der internationalen Klimaforscher IPCC neue Zahlen zur Erderwärmung. Sie waren alarmierend. Seit 1995 habe sich der CO_2-bedingte

Treibhauseffekt in der Erdatmosphäre um zwanzig Prozent verstärkt. In den fünfzig Jahren davor sei die durchschnittliche Temperatur um 0,13 Grad pro Dekade gestiegen. Das sei deutlich mehr als in der ersten Hälfte des zwanzigsten Jahrhunderts. Merkel nahm diese Daten sofort auf und setzte sie in Politik um. Das Thema kam ihr entgegen: Es ging um die Ergebnisse naturwissenschaftlicher Arbeit, da ist sie zu Hause. Zahlen sagen ihr etwas. Die Welt, auch Deutschland, war damals schockiert von dem Bericht der Klimaforscher. Sie musste nicht mit großem Widerstand rechnen. Es ging um Schonung. Die Erde schonen, damit sie lange lebenswert bleibt. Merkel mag Schonung.

Ich war auf dem EU-Gipfel in Brüssel im Frühjahr 2007. Merkel setzte für Europa relativ anspruchsvolle Klimaziele durch, vor allem gegen den französischen Präsidenten Jacques Chirac. Ich hielt das für eine gute politische Leistung und schickte einen relativ positiven Bericht nach Berlin. Ich dachte, Merkels Kanzlerschaft habe ihr Thema gefunden. Für »BILD« war Merkel nun die »Klimakanzlerin«. Beim G-8-Gipfel in Heiligendamm überzeugte sie den amerikanischen Präsidenten George W. Bush davon, ein kleines Zugeständnis zu machen und wurde dafür in den heimischen Medien gefeiert.

Ein Problem war allerdings, dass ihre Schonpolitik für die Erde schon im folgenden Jahr in Konflikt geriet mit ihrer Schonpolitik für die Bürger. Klimaschutz kostet Geld und macht die Energie erst einmal teurer. Als 2008 die Ölpreise stiegen, war Merkels Begeisterung für die Klimapolitik beendet. Für Stimmungen im Volk verfügt sie über einen empfindlichen Seismometer. Noch ehe jemand einen Aufstand macht, nimmt ihm Merkel den Grund, einen Aufstand zu machen. Der Ausbruch der Finanzkrise sorgte endgültig dafür, dass sie als Klimakanzlerin abdankte und Krisenkanzlerin wurde. Sie hat sich mit diesem Thema nicht mehr verbunden, im Gegenteil: In der Europäischen Union setzte sie für Automobile höhere Grenzwerte als geplant durch. Das schont die deutsche Industrie, die große und schnelle Autos mit vergleichsweise hohem Verbrauch baut. Sie inszenierte sich als Klimakanzlerin, als ihr das nützlich vorkam. Aber das hatte nichts mit Überzeugungen zu tun, entsprang nicht einem Kern der Bundeskanzlerin.

Zwei andere Beispiele: Im Jahr 2004 inszenierte sie sich als neoliberale Reformerin. Heute ist sie parteiübergreifend Deutschlands oberste Sozialdemokratin. In den ersten Jahren ihrer Kanzlerschaft verfocht sie die Menschenrechte auch in China. Nun hat sie eine klare Priorität für die Wirtschaft und flüstert nur noch für das Thema Menschenrechte.

Dies ist eine flüssige Kanzlerschaft. Was ist dann Merkels Kern? In den ersten Jahren ihrer Amtszeit wurde viel darüber spekuliert, wer diese Kanzlerin ist und was sie antreibt. Ein Geheimnis wurde vermutet. Aber es gibt keins. Sie ist eine hochintelligente, neugierige und überaus ehrgeizige Frau mit einem Interesse für das Gesellschaftlich-Politische. In der DDR konnte sie diese Eigenschaften nur begrenzt ausleben. Als die Mauer fiel, sah sie die Chance, ein neues Feld für ihren Ehrgeiz zu erschließen, ein gesellschaftliches Feld.

Es gibt keinen politischen Kern, mit Ausnahme einer hohen Wertschätzung für Freiheit, aber für Freiheit muss man in der Bundesrepublik nicht mehr groß kämpfen. Was sie antreibt, ist ihr Ehrgeiz. Sie wollte ganz nach oben und will die Aufgaben, die sich ihr stellen, lösen. Je schwieriger ihre Aufgaben, desto interessanter findet das Merkel. Sie will eine Lösung. Wie die Lösung aussieht, spielt für sie eine nachgeordnete Rolle. Das ist ihr wissenschaftlicher Ansatz.

In diesem Ansatz ist sie authentisch. Es ist eine mobile Authentizität. Merkel ist Merkel, wenn sie an ihren Aufgaben arbeitet, Lösungen sucht. Dabei schleppt sie nicht Standpunkte mit sich herum, sondern praktiziert Verfahren, um zu einer

Lösung zu kommen. Für ihre Gegner ist das unangenehm. Gegner wollen einem das Leben so schwer wie möglich machen, damit man irgendwann scheitert. Wenn man Merkel das Leben schwer macht, stachelt sie das an, Lösungen für diese Lage zu finden.

Merkels Verhältnis zu Journalisten ist distanziert. Sie hat nicht ihre Lieblinge so wie Willy Brandt, Helmut Kohl oder Gerhard Schröder. Eine Ausnahme ist nur Kai Diekmann, der Chefredakteur von »BILD«. Wenn er in der Nähe ist, wird sie ultraaufmerksam und umgarnt ihn flötend. Das aber steht so gegen den Charakter, den sie sonst zeigt, dass die Inszenierung daran allzu augenfällig ist. Sie braucht Diekmann, so wie sie dessen Oberaufseher Matthias Döpfner und Friede Springer braucht, den Vorstandsvorsitzenden des Springer-Verlags und die Mehrheitsaktionärin. Zu denen gibt es direkte Drähte. Zu anderen kaum.

Ich halte diese Distanz für richtig, für wohltuend, fände es aber fairer, würde sie auch den Springer-Verlag einbeziehen. Als ich jenen munteren Abend bei den Schröders verbrachte, war ich auf der falschen Spur. Wenn ich auf Podien sitze, trifft mich immer der Vorwurf, Journalisten und Politiker seien einander zu nahe. Alles eine Mischpoke. Ich glaube, dass es nicht mehr so schlimm ist, wie es einmal war in Bonn. Ich persönlich halte eine extreme Distanz. Ich duze keinen Politiker, ich gehe mit niemandem trinken oder gar saufen. Verbrüderungen liegen mir fern. Wenn ich jemanden gut kenne, reden wir eingangs kurz über die Familie, über die Kinder, dann wird es politisch. Es kann sein, dass mir deshalb manche Informationen entgehen, Informationen, die aus persönlicher Gefälligkeit gegeben werden, aber mir ist meine Unabhängigkeit lieber. Ich würde das aber nicht zur Empfehlung machen. Manche Informationen sind nur über Nähe zu bekommen, und wer diesen Weg geht, muss deshalb kein schlechter Journalist sein, solange er die Kontrolle behält.

Mein Verhältnis zu Merkel ist extrem distanziert, weil sie distanziert ist, und ich bin es auch. Ich empfinde es als angenehm, dass sie nie etwas zu meinen Texten sagt, denn Lob wäre die erste Stufe der Korrumpierung, Kritik ein Mittel der Beeinflussung. Das heißt auch, dass sie souverän mit Kritik umgeht. Manchmal musste sie sonntags im »SPIEGEL« einige unangenehme Sätze von mir lesen, und dann flogen wir am Montag gemeinsam auf einen Staatsbesuch nach China oder in die USA. Sie war immer gleichbleibend freundlich, ein Händedruck, ein neutraler Blick. Nur einmal wurde diese Souveränität überstrapaziert.

Auf den Flügen führt sie Hintergrundgespräche, in einem kleinen Loungeabteil mit sechs Sitzplätzen, die sich auf zwei gut gepolsterte Bänke verteilen. Es sind aber bis zu zwanzig Journalisten dabei. Man steht, liegt, sitzt mehr oder weniger aufeinander. In der Mitte des einen Sofas wird ein Platz für die Bundeskanzlerin freigehalten. Dort liegt das Mikrofon. Einmal landete ich zufällig auf einem der Plätze daneben. Ich hatte besonders harsch über sie geschrieben. Merkel kam, und ihr Blick sagte, dass sie überhaupt keine Lust hatte, so eng neben mir zu sitzen, verständlicherweise. Aber was blieb ihr übrig? Sie quetschte sich auf ihren Platz, und dann saßen wir eine Dreiviertelstunde in allergrößter Nähe nebeneinander. Man kann sich eine Menge einbilden, aber ich glaubte zu spüren, dass ihr das unangenehm war, so wie mir.

Als ich mich von ihr verabschiedete, weil ich mein Amt als Chef des Hauptstadtbüros aufgab, sagte sie nur einen Satz zu mir: »Ja, ja, Doktor Murkes gesammeltes Schweigen.« Ich verstand das zunächst nicht. Ich kenne und liebe diese Erzählung von Heinrich Böll, aber wir hatten nie darüber geredet. Ihr Sprecher Steffen Seibert sagte mir dann, dass sie mich als großen Schweiger wahrgenommen habe. Ich bin nicht der Berater der Bundeskanzlerin, ich bin nicht ihr Unterhalter, ich bin ein Journalist, der Fragen stellt und ansonsten zuhört.

Was ich an Merkel respektiere ist, dass sie öffentlich nicht unterhaltsam sein will und sich in diesem Punkt den Mediengesetzen verweigert. Das ist eine fast paradoxe Lage. Denn die folgenden Sätze gelten gemeinhin als wahr: Wir leben in einer Mediendemokratie. Wir leben in einer Bilderwelt. Wir leben in einem gigantischen Unterhaltungsbetrieb. Wenn man sich einen Menschen vorstellen soll, der im Widerspruch zu diesen drei Sätzen steht, dann ist das Angela Merkel. Sie hält Distanz zu den allermeisten Medien. Es ist ihr verhasst, fotografiert zu werden. Sie will auf keinen Fall unterhaltsam sein. Wahr sind aber auch die Sätze: Merkel ist bei den Deutschen sehr beliebt. Neunundsechzig Prozent der Deutschen waren mit ihrer Arbeit im Februar 2014 »zufrieden« oder »sehr zufrieden«. Sie wirkt wie ein Anachronismus. Aber wahrscheinlich ist sie eher eine Antwort auf die Zustände.

Merkels Inszenierung wirkt wie eine Nicht-Inszenierung. Sie ist eine karge Kanzlerin, sie regiert unauffällig, beherrscht, nüchtern und mit einer unpompösen Staatlichkeit. Sie wirkt wie eine Politikerin, die über den Dingen steht, sich aber doch kümmert und dabei achtsam und seriös vorgeht. Als Privatmensch tritt sie nur hin und wieder im Wahlkampf auf, wenn sie kleine Einblicke in ihr Leben gibt. Gefühle hält sie unter Kontrolle, Worte sind abgezirkelt. Sie drängt sich nicht vor, sie fällt nicht auf, und wahrscheinlich wollen viele Leute genau das. Es ist ja nicht so, dass sich alle rasend für Politik interessieren, dass sie ständig etwas von Politikern sehen und hören wollen. Merkel nervt nicht, sie provoziert keine Ablehnung. Willy Brandt war Konservativen verhasst, zum Teil wegen der Emigration, zum Teil wegen seines Lebenswandels und seiner Weichheit, die es unverständlicherweise und unverdienterweise an die Macht geschafft hatte, wie mancher Holzkopf dachte. Helmut Schmidt war Pazifisten und vielen Linken verhasst, weil er so schneidig und selbstbewusst auftrat und kein bisschen links war. Helmut Kohl war vielen Intellektuellen verhasst, weil er zum Teil blamabel auftrat. Gerhard Schröder war Linken und Gewerkschaftern verhasst, weil er den Sozialstaat reformierte. Angela Merkel ist niemandem verhasst. Das ist viel wert für den Machterhalt.

Hat sie Charisma? Auf den ersten Blick nicht. Sie hat anfangs eifersüchtig nach Amerika geschaut, als Barack Obama seinen Siegeszug begann. Sie kann nicht reden wie er, sie kann keine Massen begeistern. Aber sie rechnete damit, dass einer, der so viele Hoffnungen weckt, scheitern wird, weil sie die Politik kennt, weil sie weiß, dass die Zauberer hier alsbald entzaubert werden, weil sie im komplexen System der Politik nicht das durchsetzen können, was sie versprochen haben. So kam es dann auch. Obama hatte und hat große Probleme mit der Gesundheitsreform, er hat das unsägliche Gefangenenlager auf Guantanamo nicht auflösen können. Das Charisma hat ihm nicht geholfen, es machte die Enttäuschung nur größer. Aber es gibt auch ein Charisma der Stille, es entwickelt sich langsam, wenn jemand lange wirkt, wenn sich an jemanden die Vermutung knüpft, dass er die Dinge durchdenkt und im Griff hat, ohne das hinausposaunen zu müssen. Merkel hat ein solches Charisma.

Und sie erfüllt den Wunsch nach Authentizität, weil sie keine Show abzieht, und das schon authentisch wirkt, weil so viele eine Show abziehen. Dass diese Authentizität zweifelhaft ist, fällt da nicht ins Gewicht. Authentizität setzt voraus, dass jemand in seinem Verhalten einem wahren Kern entspricht. Bei Merkel ist dieser Kern eher eine Flüssigkeit, so dass man nicht entscheiden kann, ob sie in ihren politischen Haltungen authentisch ist.

Allerdings drängt sich die Frage auf, ob die klassischen Vorstellungen von Authentizität und Inszenierung noch lange gelten werden. Auch in der Gesellschaft fließt beides zunehmend ineinander, so dass bei manchen Bürgern nicht mehr ganz klar ist, was sie spielen oder was sie in einem herkömmlichen Sinn »wirklich« leben. Auch »normale Menschen« haben inzwischen die Möglichkeit, für sich eine Öffentlichkeit zu finden, und das ändert eine Menge an ihrem Verhalten.

Eine Möglichkeit ist das Fernsehen. Der Trend ist seit Jahren, dass die »Realität« hoch im Kurs steht, also der »echte Mensch«. (Die Begriffe gehören in Anführungszeichen, weil ihre ursprüngliche Bedeutung allmählich verloren geht.) Ein Medium dafür sind die Talkshows am Nachmittag, in denen Menschen von ihrem Alltag erzählen, meist von Problemen, die sie mit Partnern oder in der Familie haben, je intimer, desto besser. Auch hier ist der »authentische« Moment besonders willkommen, also Überwältigungen, Gefühle, Tränen, Schreierei, Umarmungen. Die heimische »Realität« soll möglichst »echt« rüberkommen, am liebsten als Entblößung. Meist ist das zum großen Teil eine Inszenierung von Gefühlen.

In Casting-Shows wie »Deutschland sucht den Superstar« für Sänger oder »Germany's Next Top Model« für Schönheiten lassen sich normale Menschen dabei beobachten, wie sie die Auftritte von Stars einüben und imitieren. Eine Sonderform ist das »Dschungelcamp«, in dem ehemalige Beinahe-Stars für ein paar Wochen zu aktuellen Stars aufsteigen, indem sie Dinge tun, die niemand sonst tun würde, sich ekligen Insekten aussetzen oder diese verspeisen. Dies ist die hohe Schule der Konstruktion von Authentizität. Das »Echte« liegt in dem unabweisbaren, spontanen Ausdruck von Ekel oder Angst, wenn die Teilnehmer in schwierige und vollkommen lebensferne Situationen versetzt werden.

Schauspieler des eigenen »Lebens« sind die »normalen Menschen«, die für Sendungen wie »Berlin Tag & Nacht« ständig ihren »Alltag« spielen und dabei versuchen, alles möglichst »echt« aussehen zu lassen. Dies kommt der permanenten Beobachtung von Politikern recht nahe.

Das Internet ist eine noch größere Möglichkeit, sich eine eigene Öffentlichkeit zu verschaffen. Niemand ist mehr darauf angewiesen, dass er ausgesucht, also gecastet wird. Der Gatekeeper fällt weg. Jeder kann Ausschnitte seines »Lebens« filmen und über YouTube oder andere Kanäle verbreiten. Jeder kann aus seinem »Leben« eine Erzählung machen, indem er das, was er tut oder denkt, auf Facebook postet. Hier gilt auch: Die Erzählung für eine Öffentlichkeit verändert das Leben. Man fängt an, für die Erzählung zu leben, also das zu tun oder jedenfalls das zu schreiben, was man in seiner Erzählung haben möchte, und das ist vielleicht das, was viel Applaus der Form »Gefällt mir« generieren kann.

Prominenz ist also möglich, für jedermann, und nicht nur für fünfzehn Minuten, wie Andy Warhol gedacht hat. Die Belohnung für Prominenz ist die Multiplikation. Viele kennen einen, viele interessieren sich für einen, viele spenden Applaus. Leider gilt das auch im Negativen. Auch Schelte, Häme und Spott werden multipliziert. Es droht der Shitstorm. Manchmal reicht eine Nachricht auf Twitter, um den Zorn der halben Welt auf sich zu ziehen. Bevor Justine Sacco von Amerika nach Afrika reiste, schrieb sie, dass sie hoffe, kein HIV zu bekommen. Dann: »War nur ein Scherz, ich bin ja weiß.« Damit bediente sie das Klischee vom Aids-Kontinent Afrika, und entsprechend zornig waren die Reaktionen. Sacco verlor ihren Job.

Wir leben in einer Zeit der Rollenspiele. Wir sind die Hauptdarsteller unserer Internet-Erzählung, wir sind auf dem Weg zum Sängerstar oder zum Topmodel, wir spielen Computerspiele, in denen wir Krieger oder Prinzessinnen sind. Die Identitäten werden multipel. Ich war erstaunt, in der »ZEIT« über die ehemalige Geschäftsführerin der Piraten, Marina

Weisband zu lesen, dass sie in ihrer Freizeit bei mittelalterlichen Spielen in die Rolle einer Trosshure schlüpft. Politikerin, Trosshure, Privatmensch zu Hause. Wer ist Marina Weisband und wie viele? Die multiple Identität breitet sich aus.

Das Leben wird theatralisiert, wird zum ständigen Schauspiel. Was ist dann noch authentisch? So wie manche Schauspieler bei intensivem Spiel kaum noch zwischen Ich und Rolle unterscheiden können, wird das vielen Menschen passieren, die eine Erzählung über sich im Fernsehen oder im Internet oder im mittelalterlichen Tross anbieten. Sie sind authentisch im Willen zu erzählen, in ihrer Vorstellung von sich, in ihren Phantasien, im Wechsel zwischen den Rollen. Die Frage ist deshalb, ob es noch sinnvoll ist, von Authentizität zu reden, oder Authentizität und Inszenierung in einen Widerspruch zu setzen. Authentisch ist das, was man lebt, und wenn das Leben ein Spiel ist, dann ist eben das authentisch. Insofern wäre Merkel authentisch in ihrem flüssigen Dasein.

Noch lebt nicht jeder so. Aber die Entwicklung geht in diese Richtung, und auch die Millionen Zuschauer der Ich-Shows gewöhnen sich ja an neue Konzepte von Realität. Deshalb ändert sich gerade etwas bei der Stellung von Politikern in der Gesellschaft. In den ersten Jahrzehnten der Bundesrepublik war es so, dass sich die Leben von Bürgern und Politikern voneinander entfernt haben, dass die Politiker in einem Sonderraum gelebt haben und zu Darstellern eines politischen Lebens geworden sind. Nun aber holen die Bürger die Politiker in ihre Mitte zurück. Sie machen selbst die Erfahrungen von Öffentlichkeit und leben ein teilöffentliches Leben, mit den Belohnungen und Bestrafungen, die das mit sich bringt. Bürger und Politiker sind zu einem großen Teil Selbstdarsteller in einer Selbstdarstellungsgesellschaft.

Kürzlich haben mich Schüler der Deutschen Journalistenschule in München gefragt, ob mein Beruf meinen Charakter verändert habe. Ja, sagte ich, dieser Beruf hat meinen Charakter verändert: Ich bin überaus misstrauisch geworden. Ich vermute überall Inszenierungen, Verdunkelungen, Lügen. Ich fahnde bei jedem Satz eines Politikers nach dem Hintersinn, der wahren Absicht. Das ist der Preis meines Berufs.

Dann wurde es bitter: Die Journalistenschüler erwiesen sich als guter Nachwuchs, indem sie mich listig fragten, ob ich das von meinem Privatleben fernhalten könne. Ich musste schlucken, ich war, ehrlich gesagt, versucht zu lügen. Nein, wollte ich sagen, mein Misstrauen ist auf die Politik beschränkt. Aber so ist es nicht. Ich muss zugeben und habe das auch gegenüber den Journalistenschülern getan, dass mich mein Beruf insgesamt misstrauischer gemacht hat. Mir ist das manchmal unangenehm. Aber so ist das, wenn man in einer Welt lebt, in der die Worte selten ohne Hintersinn daherkommen und fast alles eine Inszenierung sein könnte.

Noch eine Bemerkung, weil es in diesem Kapitel um Symbole ging: Merkel hat ohne Absicht ein kleines, aber wirkmächtiges Symbol in die Welt gesetzt, und das ist die Raute, die Formation ihrer Hände, wenn sie steht. Während des Wahlkampfes zeigte die CDU am Berliner Hauptbahnhof ein gigantisches Plakat, auf dem nur Merkels Raute zu sehen war. Gerade im Vergleich zu Steinbrücks Mittelfinger stand es für die Gelassenheit dieser Kanzlerin.

DIE MACHT – VIEL FÜR WENIG

Kaum ein politischer Begriff ist so im Verruf wie »Macht«. Wenn Bürger ihre Verachtung oder ihre Abscheu gegenüber Politikern ausdrücken wollen, sagen sie: »Die wollen nur die Macht.« Zum Glück, müsste man erwidern. Wobei: nur die Macht wollen, ist zu wenig, ist unanständig. Die Macht wollen, das muss sein. Eine der überzeugendsten Definitionen für Politik hat der Soziologe Max Weber geliefert: Sie sei das »Streben nach Machtanteil oder nach Beeinflussung der Machtverteilung«. Wenn ich diese Definition auf Veranstaltungen zitiere, sind die Zuhörer zunächst unangenehm berührt. Wenn ich mit jungen Journalisten über das Arbeitsfeld Politik rede, sage ich: Wer politischer Journalist werden will, muss hinter allem, was geschieht, die Machtfrage sehen können, hinter jedem Satz, jeder Handlung. Er sollte sich damit auch versöhnen können, das also nicht nur furchtbar finden.

Man kann das am besten, wenn man sich anschaut, was passiert, wenn niemand genug Macht hat, um ordentlich zu regieren, wenn die Machtfrage ungeklärt ist, wenn es ein Vakuum gibt. Für Monarchien war es gefährlich, wenn die Thronfolge nicht geklärt war. Die Menschen hatten Angst vor diesem Fall, weil sie wussten, dass es einen Krieg oder einen Bürgerkrieg geben könnte, wenn mehrere Adelshäuser nach der Krone greifen wollen. Der deutsch-französische Krieg von 1870/71 brach auch deshalb aus, weil sich beide Länder nicht über die spanische Thronfolge einigen konnten. Das nahm der französische Botschafter zum Anlass, Wilhelm II. bei seiner Kur in Bad Ems anzusprechen.

Die Weimarer Republik ist auch daran gescheitert, dass die zentrale Regierungsinstanz, also der Reichskanzler, zu wenig

Macht hatte. Die Parteienlandschaft war zersplittert, die Kanzler stützten sich auf wacklige Koalitionen und standen unter Aufsicht des Reichspräsidenten, der sie jederzeit abberufen konnte. So kam es häufig zu Regierungswechseln, und eine klare politische Linie war kaum möglich. Zudem entfalteten die radikalen Parteien, also Nationalsozialisten und Kommunisten, ihre Macht auf den Straßen, zunehmend gewalttätig. Es war niemand da, der sie in die Schranken weisen konnte. Die Folge war Adolf Hitler. Der wiederum griff entschlossen nach der Macht und schaltete alle Kräfte aus oder gleich, die seine Alleinherrschaft hätten beeinträchtigen können, Parlament, Parteien, Verbände, Länder, die SA. Der Führerstaat entstand, beinahe totale Macht für den einen. Das war weit schlimmer als die Machtzersplitterung zuvor.

In diesem Spektrum ist die Machtfrage zu bewerten. Zu wenig Macht für die entscheidenden Leute führt ins Chaos, zu viel Macht in die Katastrophe. Die Väter des Grundgesetzes standen unter dem Eindruck dieser beiden Extreme. Generell ist in Demokratien das Verhältnis zur Macht gespalten. Sie ist notwendig, um zu regieren. Sie darf sich aber nicht verfestigen, da sonst der Wechsel unwahrscheinlich wird und die Rechte der Minderheiten bedroht sein könnten. Macht ist daher so willkommen wie verdächtig. In diesem Sinne ist das Grundgesetz eine Reaktion auf die Weimarer Republik und den Führerstaat. Die Grundsätze sind: Nie mehr zu wenig Macht. Nie mehr zu viel Macht.

Vielleicht kann man sich darauf einigen, dass Macht notwendig ist, um politisch handeln zu können, um etwas zu verändern, zum Besseren natürlich. Dafür braucht es einen Machtwillen von einer ausreichend großen Anzahl von Leuten, von mindestens zweien also, die unbedingt ins Kanzleramt einziehen wollen. Demokratie lebt von der Alternative, von der Konkurrenz. Wenn nur einer wirklich Kanzler sein will, nur einer die dafür notwendige Kraft aufbringt, erlahmt die politische Kultur, kommt es zu Machtverkrustungen. Machtkampf ist also durchaus nützlich, in zivilen Maßen natürlich. Und der Machtwille sollte immer an ein Programm geknüpft sein, an das Wollen, etwas Gutes für das Land zu tun. Im besten Fall gibt es sogar eine große Idee, eine Vision, wie sich die Dinge grundlegend ändern können. Auch das ist unter Machtaspekten interessant. Wer eine große Idee hat, wird viel dafür tun, sie umzusetzen. Er wird seine Macht einsetzen, wird aber auch bedroht sein in seiner Macht, da eine große Idee große Widerstände generiert. Man wird zudem verwundbarer, wenn man sich leidenschaftlich an ein Ziel knüpft.

Ein weiterer Aspekt dieses Kapitels ist der Machteinsatz nach innen, also die Machtdemonstration des Staates gegenüber seinen Bürgern, die Frage von Repression oder Liberalität. Zu welcher Seite neigten die jeweiligen Kanzler?

Vor diesem Hintergrund erzähle ich zunächst eine kleine Machtgeschichte der Bundesrepublik. Danach wird es wieder um Angela Merkel gehen.

Bei der ersten Wahl zum Bundestag standen sich zwei Konkurrenten mit starkem Machtwillen gegenüber, Konrad Adenauer und Kurt Schumacher. Sie konnten sich nicht sagen, dass es nicht so schlimm ist, wenn der andere gewinnt, dass es dann auch irgendwie weitergeht und sich so viel schon nicht ändern wird, wie es heute bei Wahlen der Fall ist. Adenauer wusste, dass die Republik ganz anders aussehen würde, als er sich das vorstellt, wenn die SPD gewinnt. Schumacher wusste das umgekehrt auch. Er wollte einen demokratischen Sozialismus, und für ihn hatte die deutsche Einheit Vorrang vor einer Westbindung. Adenauer stand für die soziale Marktwirtschaft und die unbedingte Westbindung. Beide hatten also eine große Idee, eine Vision.

Adenauer gewann die Wahl und setzte sein Programm entschlossen um. Er regierte so, dass nach einiger Zeit von einer »Kanzlerdemokratie« die Rede war. Er war das Zentrum und bestimmte zunächst über die wichtige Frage, wie sich die Bundesrepublik zu den anderen Völkern stellt. Bis 1955 war er auch Außenminister, und bis 1956 gab es keinen Verteidigungsminister. Die Westbindung war Adenauers Sache, natürlich unterstützt von seiner Regierung und den Regierungsfraktionen. Sein autoritärer Stil tat ein Übriges.

Als Kurt Schumacher 1952 starb, fehlte ein starker Oppositionsführer, der Adenauer herausfordern konnte. Schumachers Nachfolger Erich Ollenhauer hatte nicht die Statur dafür und verlor die Wahlen 1953 und 1957 deutlich. 1961 trat Willy Brandt an, verlor ebenfalls und blieb dann nicht in Bonn, um den Fraktionsvorsitz zu übernehmen. Ollenhauer machte bis 1963 weiter. Von ihm ging keine Gefahr für Adenauer aus.

In seinen beiden ersten Legislaturperioden musste Adenauer auf Koalitionspartner Rücksicht nehmen. Doch bei den Wahlen von 1957 waren die Deutschen so angetan von seinem Kurs und den Erfolgen von Erhards Wirtschaftspolitik, dass sie der Union die absolute Mehrheit zusprachen.

Das politische System war in den ersten Jahren der Bundesrepublik institutionell noch nicht gefestigt, so dass es Spielräume gab für einen Mann, der die Persönlichkeit hatte, sie zu nutzen. Die Deutschen waren zufrieden damit. Sie hatten ein Grundgesetz, das die Macht gut verteilte, aber einen Kanzler, der so auftrat, als sei er ein Kaiser. Dies war für den Übergang in eine Demokratie gar nicht so schlecht. Das Grundgesetz verkörperte das Neue und Adenauer ein wenig von dem Alten, dem guten Alten, wie viele Deutsche immer noch fanden. Unterm Kaiser war es angeblich so schlecht nicht gewesen.

Auch Adenauer hatte keine absolute Macht. Auch er musste auf Stimmungen im Volk Rücksicht nehmen, auf Verbände und Strömungen seiner Partei. Eine Gesundheitsreform konnte er nicht durchsetzen. Zudem vertrat er ein machtloses, ein nicht-souveränes Land. Das wollte er ändern. Im Juni 1951 sagte Adenauer in einem Hintergrundgespräch: »Wenn ich wieder Großmacht werden will – und das müssen wir Deutsche werden –, muss ich anfangen aufzutreten, wie eine Großmacht auftritt.« Das berichtet sein Biograph Peter Koch. Interessant ist zunächst einmal das »ich«. Diese Selbstverstaatlichung, diese Identität von Staat und Ich kommt aus dem absoluten Königtum. »L'etat, c'est moi« – mit diesem Satz konnte Adenauer eine Menge anfangen. Interessant ist zudem die Hybris, der Anspruch, die Bundesrepublik müsse wieder Großmacht werden, nur sechs Jahre nachdem die Großmacht Deutschland vernichtet worden war, nur kurze Zeit, nachdem sie halb Europa zerstört hatte. Adenauer irrte, seine Spielräume blieben äußerst begrenzt. Er konnte ausschließlich Integrationspolitik betreiben und sein Land in den Westen führen. Großmacht ist die Bundesrepublik bis heute nicht geworden, nicht im Weltmaßstab jedenfalls.

Ein Mann wie er hatte es naturgemäß schwer, sich von der Macht zu verabschieden. Er dachte sogar an einen kleinen Putsch, wollte 1959 Bundespräsident werden, aber nicht im Sinne des Grundgesetzes, sondern in einem eigenen Sinne. Am 8. April sagte er im Rundfunk: »Die Stellung, die Aufgabe und die Arbeit wird in der deutschen Öffentlichkeit zu gering eingeschätzt. Sie ist viel größer als man schlechthin glaubt.« Die Öffentlichkeit sah das schon richtig, aber Adenauer wollte das Amt größer machen als es war. Vor allem wollte er als Bundespräsident weiter über die Außenpolitik bestimmen, und die war damals das wichtigste Feld. Er wäre eine Art Überkanzler geworden. Bald merkte er, dass er sich verstiegen hatte, am 4. Juni zog Adenauer seine Kandidatur zurück. Von da an erodierte seine Macht. FDP und Teile der Union wollten ihn loswerden, aber das gelang erst 1963, nach der »SPIEGEL«-Affäre.

Bis dahin war der polizeiliche Machtgestus des jungen Staats relativ zurückhaltend gewesen. Zwar hatte man nach Ausbruch des Korea-Krieges Angst vor kommunistischen Aufständen, aber man war noch nicht gut gerüstet, um den Staat zu verteidigen. Adenauer ließ einen Mitarbeiter beim Verbindungsoffizier zum amerikanischen Hochkommissariat anfragen, ob er zweihundert Maschinenpistolen haben könne, um das Palais Schaumburg, den Sitz des Bundeskanzlers, gegen Kommunisten zu verteidigen. Die Amerikaner wollten daraus ein Geschäft machen und verlangten 14,23 Dollar pro Stück. Erst behaupteten die Deutschen, sie hätten nicht genug Geld, dann zahlten sie. Die Waffen verschwanden in einem Waffenschrank.

Die »SPIEGEL«-Affäre zeigte 1962 einen repressiven Staat. Das Nachrichtenmagazin hatte unter der Schlagzeile »Bedingt abwehrbereit« über das Nato-Manöver »Fallex 62« berichtet und dabei erhebliche Mängel bei der Bundeswehr und bei Verteidigungsminister Franz Josef Strauß offengelegt. Der Bericht speiste sich aus bekannten Informationen und zu einem Teil aus Geheimmaterial. Adenauer wollte darin einen »Abgrund von Landesverrat« erkennen. Fünfzig Polizisten stürmten nachts die Redaktion und beschlagnahmten eine große Zahl von Dokumenten. Der Herausgeber des »SPIEGEL«, Rudolf Augstein, musste für hundertdrei Tage in Haft.

Der Historiker Hans-Ulrich Wehler war damals mit seiner Familie in Stanford: »Die Affäre wurde zum Dauergespräch mit den amerikanischen Kollegen. Unsere Empörung hielt sich auf hohem Niveau. Wir litten unter der Abwesenheit vom Schauplatz der Ereignisse, spürten die Ohnmacht von Leserbriefschreibern. Schließlich beschlossen wir, in Amerika zu bleiben, wenn die Krise keinen positiven Ausgang nähme, und das blieb wochenlang ganz ungewiss.« Diese Sätze belegen die Wucht der Affäre. Es ging nicht nur um die journalistische Freiheit eines Magazins, es ging auch um die Frage, ob die

Bundesrepublik ein autoritärer oder ein freiheitlicher Staat sein würde.

Der Rechtsstaat siegt über den Machtstaat. Die Öffentlichkeit stand hinter dem »SPIEGEL«, Augstein und seine Kollegen wurde nicht belangt. Strauß verlor sein Amt, weil er Gesetze gebrochen hatte. Die FDP trat aus der Regierung aus und erst wieder ein, nachdem Adenauer zugesagt hatte, dass er sich Ende 1963 zurückziehen würde. Die junge Demokratie hatte sich bewährt. Die Lektion für Politiker war: Wer seinen Machtanspruch überzieht, verliert die Macht.

Adenauers Nachfolger war Ludwig Erhard, der das Konzept einer »Volkskanzlerschaft« verfolgte. Das war das Gegenteil von Adenauer. Der bezog seinen Machtanspruch aus sich selbst heraus, aus der eigenen Kompetenz, die er für überragend und unvergleichlich hielt. Erhard wollte sich die Macht vom Volk holen, indem er es über die Medien direkt ansprach. Das hat nicht funktioniert. Erhard war beliebt, er holte 1965 ein sehr gutes Wahlergebnis für die Union, wurde aber bald von eigenen Parteifreunden und dem Koalitionspartner FDP zum Rücktritt genötigt. Das zeigt, dass damals Öffentlichkeit und Volk noch nicht die Rolle spielten, die sie heute spielen, über Umfragen, über die Medien, über den Anspruch von Bürgern, ernst genommen zu werden. Die Machtanteile wurden nahezu ausschließlich in politischen Zirkeln ausgekämpft und verteilt.

Mit Kurt Georg Kiesinger müssen wir uns hier nicht ausführlich befassen, da er nur kurz im Amt war. Doch die Zeit der Großen Koalition, die von 1966 bis 1969 regierte, ist in machtpolitischer Hinsicht interessant. Nominell vereinigte keine andere Regierung so viel Macht auf sich wie diese. Die parlamentarische Opposition stellte allein die FDP, die nur neun Prozent der Stimmen vertrat und kaum eine Rolle spielte. Doch der Kampf um die Macht beschränkte sich nun nicht mehr auf den Raum der professionellen Politik. Studenten organisierten eine Außerparlamentarische Opposition, APO, und damit begann eine Zeit der Machtproben zwischen Politikern und Aktivisten, die sich über zehn Jahre hinziehen sollte.

Am 2. Juni 1967 demonstrierten Studenten und andere Bürger gegen des Besuch des persischen Schahs in Berlin. Sie lieferten sich Handgemenge mit der Polizei, und in dieser hysterischen Stimmung erschoss der Polizist Karl-Heinz Kurrass den Studenten Benno Ohnesorg, obwohl der ihn nicht bedroht hatte. Dies wurde zum Auslöser für Achtundsechzig, für den Aufstand der Studenten gegen das Autoritäre in Politik, Staat und Gesellschaft. Manche hofften, eine Revolution könne gelingen, aber so war es nicht. Es war eine Zeit der Blockaden und Straßenschlachten und der Brutalität auf beiden Seiten, aber der Aufstand hatte nicht die Wucht, um den jungen Staat zu gefährden.

Später tauchten Bilder auf, wie der junge Joschka Fischer in Frankfurt auf einen Polizisten einprügelt. Der Polizist kniet schon am Boden, andere haben ihn niedergezwungen, dann kommt Fischer angerast und schlägt zu. Die Bilderserie zeigt den ganzen Hass gegen den Staat, aber auch die Unbeholfenheit der Attacke. Die Revolution verpuffte, auch weil es nicht gelang, die Arbeiter dafür zu mobilisieren. Fischer stellte sich eigens dafür ans Band von Opel, gewann aber keine bedeutende Anhängerschaft. Wer die Machtfrage stellt, braucht idealerweise eine fanatische Entschlossenheit und die Massen. Die Massen blieben ungerührt, und fanatisch entschlossen waren nur die wenigen, die Terroristen wurden. Die forderten dann ausgerechnet zwei sozialdemokratische Bundeskanzler heraus.

Willy Brandt galt als weich und zauderlich, aber er hatte den Ehrgeiz, Bundeskanzler zu werden. Als ein Mitarbeiter Brandt

1960 auf einem Spaziergang erzählte, der nächste Kanzlerkandidat der SPD heiße wohl Carlo Schmid, blieb der damalige Regierende Bürgermeister von Berlin stehen und sagte:
»Warum eigentlich nicht Brandt?« So berichtet es sein Biograph Peter Merseburger. Brandt setzte sich in seiner Partei
durch, verlor aber gegen Adenauer. 1965 trat er gegen Erhard
an, verlor wieder. Danach sagte er: Nie wieder. Aber 1969 ging
Brandt erneut ins Rennen. So hartnäckig war kein anderer
Kandidat in der Geschichte der Bundesrepublik. Die meisten
versuchten es nur einmal vergeblich, dann räumten sie das
Feld oder wurden weggeschoben. Brandt wollte wirklich an die
Macht, jedenfalls in den entscheidenden Phasen. In der Wahl-
nacht 1969, als ein Bündnis von SPD und FDP möglich wurde,
griff er beherzt zu. »Auch Helmut Schmidt wich vor Brandts
geradezu wilder Entschlossenheit zurück«, schreibt Merseburger.

Als Brandt Kanzler wurde, war er sofort bereit, die Macht
trotz einer hauchdünnen Mehrheit zu nutzen und damit aufs
Spiel zu setzen. Er verfolgte zwei große Ideen. Eine war die
Ostpolitik, die Aussöhnung mit der Sowjetunion, Polen, der
Tschechoslowakei und der DDR. Die andere: Mehr Demokratie wagen. So überschrieb er seine erste Regierungserklärung
als Bundeskanzler. Er wollte die Gesellschaft demokratisieren,
mehr Rechte für Frauen und Homosexuelle durchsetzen sowie die Bildungschancen verbessern. Jedes Arbeiterkind sollte
die Möglichkeit haben, zu studieren, aufzusteigen und über die
Bildung zum kompetenten Staatsbürger zu werden. Brandts
eigentliches Feld aber war die Ostpolitik, weshalb er spöttisch
»Teilkanzler« genannt wurde.

Brandt war der Kanzler, der es mit der härtesten Opposition zu tun hatte. Seine parlamentarische Mehrheit beschränkte
sich auf sechs Stimmen, und mit Franz Josef Strauß und
Rainer Barzel stellte die Union entschlossene Gegner. Brandt
überstand 1972 ein konstruktives Misstrauensvotum und holte

danach einen grandiosen Wahlsieg. Damit hatte er die Opposition abgeschüttelt, hatte ein Mandat, das ihm eine Menge Macht hätte geben können. Doch die interne Opposition setzte ihm weiter zu. Brandt hatte in der SPD zwei Widersacher, die ihn als schwächlich verachteten, der Fraktionsvorsitzende Herbert Wehner und Finanzminister Helmut Schmidt. Von beiden sind hässliche Sätze zu Brandt überliefert. Schmidt spottete angeblich über den »Scheißdemokraten« Willy Brandt, »der immer erst andere fragen muss, bevor er sich entscheidet«. Wehner höhnte: »Der Herr badet gern lau – so in einem Schaumbad.« Brandt fand, die beiden seien »Arschlöcher«.

1974 forderte ihn die Gewerkschaft Öffentliche Dienste, Transport und Verkehr (ÖTV) zur Machtprobe und setzte eine Lohnerhöhung von elf Prozent durch, ein Wahnsinn. Als im selben Jahr enthüllt wurde, dass die Staatssicherheit der DDR den Spion Günter Guillaume in sein engstes Umfeld gepflanzt hatte, trat Brandt zurück. Das wäre nicht unbedingt nötig gewesen, aber er war zermürbt von den internen Machtkämpfen, für die er nicht gut gerüstet war.

Deshalb ergibt sich ein seltsames Machtprofil bei Willy Brandt. Er wollte, wollte, wollte Bundeskanzler werden, und als er es war, hatte er den Willen und die Vision für die Ostpolitik. Doch dann fehlte ihm der Panzer, um die Zumutungen aus dem eigenen Lager aushalten zu können.

Seltsamerweise ist dieser Mann für eine besonders repressive Maßnahme verantwortlich, den sogenannten Radikalenerlass, der Bewerber mit »verfassungsfeindlicher« Gesinnung vom Staatsdienst ausschloss. Es reichte, einer »verfassungsfeindlichen« Partei anzugehören, zum Beispiel der DKP, und es konnte auch Briefträger treffen. Alle Bewerber mussten sich fortan einer Gesinnungsprüfung unterziehen, damit wurde jeder unter Verdacht gestellt. Wer nicht bestand, fiel aus dem Leben heraus, das er für sich vorgesehen hatte. 1976 kassierte die Regierung Schmidt den Radikalenerlass wieder. Brandt nannte ihn später einen großen Fehler. Er hatte die Gesellschaft auf anderen Gebieten liberalisiert und stand schon unter dem Druck des Terrorismus, da wollte er beweisen, dass er auch für eine wehrhafte Demokratie steht.

Helmut Schmidt war ein Bundeskanzler, der den Machtgestus außerordentlich gut beherrschte. Ihm war eine Schneidigkeit zu eigen, die an den Frontoffizier erinnerte, er kannte seine Fähigkeiten und wollte, dass andere sie auch kennen. Waren sie dann eingeschüchtert, hatte er nichts dagegen. Seine Aura war die des Staatsmannes, und er war der erste Bundeskanzler, der im Ausland als Machtmensch auftrat, der bei internationalen Treffen nicht die Rolle spielte, die der Größe und den historischen Lasten seines Landes entsprach, sondern die er aus seiner persönlichen Bedeutung ableitete. Wenn er dem amerikanischen Präsidenten begegnete, traf nicht die Bundesrepublik Deutschland auf die Vereinigten Staaten von Amerika, sondern Helmut Schmidt auf Jimmy Carter. Und Schmidt ist größer, dachte Schmidt. Für Carter war das nicht angenehm.

Eine Vision verfolgte Schmidt nicht, und zwar bewusst nicht. Wer eine Vision hat, soll zum Arzt gehen, sagte er. Schmidt war ein Kind der Moderne, hatte erlebt, was die großen Ideen des Kommunismus und Faschismus anrichteten und war ein Anhänger Karl Poppers geworden. Der Philosoph plädierte für piecemeal social engineering, eine Politik der kleinen Schritte.

Schmidt bewährte sich, als Terroristen der Roten Armee Fraktion (RAF) die Machtfrage stellten. Nach einigen tödlichen Anschlägen entführten sie Hanns Martin Schleyer, den Präsidenten der Bundesvereinigung der deutschen Arbeitgeberverbände, und forderten, Andreas Baader, Gudrun Ensslin und andere Terroristen aus der Haft zu entlassen. Ein palästinensisches Kommando kaperte zur Unterstützung eine Maschine der Lufthansa.

Schon 1975 hatten Terroristen den Spitzenkandidaten der CDU in Berlin, Andreas Lorenz, entführt, um Gefährten freizupressen. Damals gab Schmidt nach, was ein Fehler war. Er machte ihn nicht zweimal. Zwei Jahre später blieb der Bundeskanzler hart und schickte die Spezialeinheit GSG 9 hinter der entführten Maschine her. In Mogadischu griffen die Elitekämpfer zu und befreiten die Geiseln. Schleyer wurde daraufhin ermordet. So furchtbar das war, so geboten war Schmidts Kaltblütigkeit. Er wäre entmachtet gewesen, wäre er noch einmal in die Knie gegangen. Der junge deutsche Staat hätte sich der Lächerlichkeit preisgegeben, mit schwerwiegenden Folgen für die Regierbarkeit nach innen und die Stellung nach außen. Schmidt hatte sich im extremsten Machtkampf, den ein Bundeskanzler hat aushalten müssen, bewährt.

Allerdings ging der Kampf gegen den Terrorismus auch zu Lasten der inneren Freiheit. In der zweiten Hälfte der siebziger Jahre herrschte Hysterie auf der Jagd nach Terroristen. Ich bin selbst da hineingeraten, gerade einmal vierzehn Jahre alt, aber schon recht groß und vom Rudern breit. Ich lebte damals in Essen, ich trug eine Lederjacke, ging von der Schule nach Hause, als ein Polizeiwagen neben mir abrupt hielt. Die beiden Beamten sprangen heraus, warfen mich zu Boden und durchsuchten mich. Als sie mein milchiges Gesicht wahrnahmen, wurde ihnen der Irrtum klar. Sie haben sich entschuldigt. Das passierte in jenen Wochen, als Terroristen Schleyer in ihrer Hand hatten. Essen lag innerhalb des Rings, den der damalige Präsident des Bundeskriminalamts, Horst Herold, als Zone des Verstecks identifiziert hatte. Tatsächlich hielt die RAF Schleyer innerhalb dieser Zone fest, ein kleiner Fehler verhinderte aber, dass die Polizei das Versteck fand.

Später, lange nach seiner Pensionierung, habe ich Herold besucht. Er lebte auf dem Gelände einer Kaserne in Rosenheim. Dort hatte er ein Haus gebaut, als er einer der meistbedrohten Männer des Landes war. Nun war er nicht mehr gefährdet, aber sein Haus war unverkäuflich. Wer will schon auf einem Kasernengelände leben? Er wirkte wie der letzte Gefangene der RAF.

Herold hatte die Rasterfahndung erfunden. Er ermittelte Kriterien, die angeblich darauf hinweisen, dass man Terrorist ist. Vereinte man einige dieser Kriterien auf sich, hatte man ein Problem. Das war ein ähnlicher Ansatz wie beim Radikalenerlass. Im Prinzip ist jeder ein Verdächtiger. Das kann einem egal sein, wenn man nie in die Fahndung gerät, wie die allermeisten Bürger, aber es ist einem nicht egal, wenn einem politische Freiheit etwas wert ist. Ein wichtiger Teil der Freiheit ist das Gefühl der Freiheit, dass es sie gibt, obwohl man sie nicht in Anspruch nimmt oder gar ausreizt, dass es sie für andere gibt, die sie ausreizen und die sich eventuell damit verdächtig machen, obwohl sie niemandem schaden wollen. Dieses Gefühl wurde in der zweiten Hälfte der siebziger Jahre beeinträchtigt, durch die Rasterfahndung, durch verschiedene Anti-Terror-Gesetze, zum Beispiel das Kontaktsperregesetz, das den Kontakt zwischen Häftlingen und ihren Anwälten für dreißig Tage unterbinden konnte. Das war genau so ein Fall: Auch wenn es für mich selbst unwahrscheinlich ist, dass ich als Terrorist im Gefängnis sitze, möchte ich nicht, dass andere, egal was sie getan haben, keinen Kontakt zu ihren Anwälten haben. Das beeinträchtigt mein Gefühl von Freiheit, von Rechtsstaatlichkeit. Leider hat sich der Staat damals auf einen falschen Weg begeben. Und dort ist er immer noch.

Ich habe später zwei ehemalige Terroristen getroffen. Der eine war Horst Mahler, einer der Gründer der RAF. Ich besuchte ihn in seinem Häuschen in Kleinmachnow bei Berlin. Er empfing mich auf Socken, ein freundlicher Mann, dem Habitus nach ein Kleinbürger, der ein Rechtsextremist geworden war und unsägliches Zeugs erzählte. Der andere war Peter-Jürgen Boock, einer der Entführer von Schleyer. Boock war schmal, unsicher, ein in sich verbogener Mensch, der als Häftling die liberale Öffentlichkeit für sich eingenommen hatte, mit Lügen, wie sich später herausstellte. Nach unserem Gespräch wollte er Geld.

Ich fragte mich nach beiden Treffen, wie sich ein Staat von zwei solchen Männern hatte treiben lassen können. Wie es möglich war, dass sie uns einen Teil der inneren Liberalität gekostet haben. Ich konnte sie mit dem Wort Macht nicht verbinden. Aber das waren naive Gedanken. Macht ist eine Frage der historischen Umstände. Und Macht entsteht auch durch die Ängste und Hysterien der anderen. Cool bleiben ist daher immer ein guter Leitsatz, auch für einen Staat und dessen Politiker. Schmidt war als Kommandeur des Kampfeinsatzes gegen die Terroristen cool, aber nicht als Gesetzgeber.

Auf anderen Gebieten der Politik gelang ihm nicht viel. Mit der Opposition hatte das kaum zu tun. Fraktionschef der Union im Bundestag war Helmut Kohl, den Schmidt nicht ernst nahm. So wie bei Willy Brandt war seine Macht stark aus dem eigenen Lager herausgefordert. Der linke Flügel von Fraktion und Partei opponierte mehr oder weniger offen gegen die Nachrüstung und Überlegungen, die Staatsfinanzen wieder in Ordnung zu bringen. Schmidt fehlte die Geschmeidigkeit, diese Leute bei der Stange zu halten. Mit Arroganz war da nichts zu machen. Der Koalitionspartner FDP, schon länger wechselwillig, provozierte mit Vorschlägen zu Sozialkürzungen. Helmut Schmidt saß in der Klemme. Der Machtmensch war von zwei Seiten herausgefordert und hatte nicht mehr die Macht zu regieren. Als Wirtschaftsminister Otto Graf Lambsdorff im September 1982 ein harsches Reformpapier vorlegte, entließ er ihn und die anderen Minister der FDP. Helmut Kohl nutzte die Chance, um mit den Liberalen eine neue Koalition zu schmieden. Darauf hatte er, von Schmidt unterschätzt, schon länger hingearbeitet.

Schmidts Machtprofil ist vor allem im Vergleich mit dem von Willy Brandt interessant. Der Melancholiker Brandt hat Großes gewagt und gewonnen. Seine Ostpolitik trug ihm den Friedensnobelpreis ein. Der Machtmensch Schmidt unternahm keinen Anlauf zu großer Politik. Er provozierte so viel Gegnerschaft, dass er zu Reformen nicht kam. Sein Machtwille blieb aber ungebrochen und zeigt sich noch im hohem Alter darin, dass er dort raucht, wo es verboten ist.

Als der CDU-Vorsitzende Helmut Kohl 1976 von Mainz nach Bonn wechselte, war er sofort mit der Machtfrage konfrontiert. Er hatte bei der Bundestagswahl ein sehr gutes Ergebnis für die Union geholt und nur knapp gegen Schmidt verloren. Er gab das Amt des Ministerpräsidenten in Rheinland-Pfalz auf und wollte den Fraktionsvorsitz im Bundestag übernehmen, um Helmut Schmidt weiter herauszufordern. Doch zunächst war er selbst der Herausgeforderte. Auf Druck von Franz Josef Strauß beschloss die Landesgruppe der CSU auf einer Klausurtagung in Wildbad-Kreuth, die Fraktionsgemeinschaft mit der CDU aufzulösen. Man überlegte sogar, die CSU auf die gesamte Bundesrepublik auszudehnen, als konservativere Konkurrentin der CDU. Mit viel Mühe erreichte Kohl, dass dieser Beschluss wieder aufgehoben wurde.

Kohl hatte einen Vorgeschmack bekommen, was ihm in den nächsten dreizehn Jahren bevorstand. Bis 1989 lebte er die meiste Zeit im Machtprekariat, erst sechs Jahre als Oppositionsführer, dann sieben Jahre als Bundeskanzler. Die Gegner schossen aus vier Ecken.

Da war Franz Josef Strauß, CSU-Vorsitzender und seit 1978 auch bayerischer Ministerpräsident. Er verachtete Kohl und konnte nicht verwinden, dass der als Vorsitzender der größeren Unionspartei nominell mehr Macht hatte als er selbst. 1976 überließ er Kohl die Kanzlerkandidatur, weil er, Strauß, sich mit einer aufrührerischen Rede in Sonthofen unmöglich gemacht hatte, aber 1980 scheuchte er Kohl vom Feld und trat selbst gegen Schmidt an.

Damals spürte ich zum ersten Mal, was die Macht der Straße bedeuten kann. Ich war siebzehn Jahre alt, durfte noch nicht wählen, war aber selbstverständlich gegen Strauß, so wie fast alle von meiner Schule. Wir hatten Angst vor ihm, wir glaubten, dass er eine andere Republik anstrebe, ein Land, das sich nach rückwärts bewegt, irgendwie in Richtung 1933 bis 1945. Als Strauß in Essen redete, ging ich hin, aber nicht um zuzuhören. Es wurde so viel geschrien, geträllert und gepfiffen, dass kein Wort zu verstehen war. Ich schrie mit. Es war nicht gerade das Ideal des politischen Diskurses. Strauß verlor die Wahl und holte dabei ein schlechteres Ergebnis als Kohl vier Jahre zuvor. Das hielt ihn nicht davon ab, Kohl weiter zu triezen, auch als der Kanzler war. Der Machtkampf endete erst 1988 mit dem Tod von Strauß.

Da waren Kohls Gegner in der CDU, die sich erst um Kurt Biedenkopf und dann um Heiner Geißler gruppierten. Sie hielten sich für die intelligenteren Politiker und beobachteten mit Naserümpfen die häufigen Pannen und das ungeschickte Auftreten Kohls. Als Generalsekretäre der CDU sahen sie sich als »heimliche Parteivorsitzende«. In den Bundesländern saßen zudem einige Ministerpräsidenten, die sich für bessere Kanzler hielten, Franz Josef Strauß in Bayern, phasenweise auch Ernst Albrecht in Niedersachsen und Lothar Späth in Baden-Württemberg. Nach der Wende übernahm Biedenkopf in Sachsen diese Rolle. Hier zeigte sich die Machtaufteilung in der föderalen Struktur der Bundesrepublik. Wer Ministerpräsident ist, genießt genug Aufmerksamkeit, um sich für das Amt des Bundeskanzlers profilieren zu können. Helmut Kohl hatte es selbst so gehalten.

Im Frühjahr 1989 bildete sich eine Fronde um Generalsekretär Geißler. Dazu zählten Bundesarbeitsminister Norbert

Blüm, Bundestagspräsidentin Rita Süßmuth und Lothar Späth. Sie planten, Kohl auf dem Parteitag in Bremen zu stürzen. Doch Späth hatte nicht den Mut, die Kanzlerschaft zu fordern. Die Intrige brach in sich zusammen. Dann fiel die Mauer, und Kohls Machtprekariat war fürs erste beendet.

Da war Richard von Weizsäcker, einst Kohls politisches Ziehkind und von 1984 bis 1994 Bundespräsident. Auch er zählte zu denen, die sich für intelligenter und besser hielten als der Bundeskanzler und ihm schwer zusetzten, durch gute Reden, durch Verachtung und durch ein Gesprächsbuch, in dem Weizsäcker die »Machtversessenheit« und »Machtvergessenheit« von Politikern geißelte. Der Name Kohl fiel nicht, aber jeder wusste, dass er gemeint war. Weizsäcker bildete eine geistige Gegenmacht zu Kohls Kanzlerschaft.

Da waren die damals noch linksliberalen Blätter, vor allem »SPIEGEL«, »Stern«, »Süddeutsche Zeitung« und »Frankfurter Rundschau«, die Kohl gern als Machttrottel abmalten, als ewigen Pfälzer, der tumb und ungeschlacht durch die Weltläufte wankt und dabei eine Menge Porzellan zerschlägt.

Was waren Kohls Gegenstrategien? Er hatte nicht die Autorität Adenauers, auch Erhards Machtkonzept der Volkskanzlerschaft konnte er nicht verfolgen, da es ihm nie gelang, beliebt zu werden, nicht einmal als Kanzler der Einheit. In der Zustimmungstabelle krebste er um Platz acht herum. Da er die breite Unterstützung der Parteispitzen nicht durchgehend gewinnen konnte, wandte er sich an die zweite und dritte Ebene. Kohl hielt ständig Kontakt zu den Kreis- und Bezirksvorsitzenden, rief an, lud ein, kam vorbei. So hörte er, was an der Basis los war und konnte seine Politik daran ausrichten. Hier lag auch ein Fehler in der Wahrnehmung der Journalisten, und da schließe ich mich mit ein. Wir haben eine Schwäche für intelligente und aufrührerische Politiker. Also halten wir gern Kontakt mit denen. Dabei entgeht uns mitunter die Stimmung bei den Funktionären darunter oder an der Basis. Man hätte sich einige Abgesänge auf Kohl sparen können, hätte man die zweite und dritte Ebene der CDU genauer beobachtet.

Als Kohl das Kanzleramt übernahm, hat er sofort Standfestigkeit bewiesen, indem er Schmidts Projekt der Nachrüstung umsetzte, gegen kräftigen Widerstand aus der Friedensbewegung, gegen eine pazifistische Grundstimmung im Volk, gegen die Umfragen. Seine Vision von einer »geistig-moralischen Wende« nahm er allerdings nicht in Angriff. Kohl wagte bis 1989 innenpolitisch keine großen Reformen. Er war niemand, der seine Macht entschlossen einsetzte, der führte. »Aussitzen« wurde das Wort zur frühen Phase seiner Kanzlerschaft. Wenig machen, Pannen aushalten, warten, bis sich die Stürme gelegt haben.

Anders war das beim Thema Europa. Hier verfolgte Kohl eine große Idee, er wollte einen Bundesstaat schaffen und arbeitete daran, in enger Abstimmung mit dem französischen Präsidenten François Mitterrand. Das war visionäre Politik. In der Bundesrepublik dagegen kam er aus dem Klein-Klein nicht heraus.

Dann fiel die Mauer, und die Welt sah einen anderen Kohl. Er packte beherzt zu, als er die Chance sah, schnell die Einheit schmieden zu können. Zehn-Punkte-Plan, Währungsunion, Zwei-Plus-Vier-Verhandlungen: Unterstützt von einer ungeduldigen DDR-Bevölkerung, die schnell die Wonnen des Westens erleben wollte, peitschte er die Vereinigung der beiden deutschen Staaten voran, gegen den Widerstand Frankreichs, gegen den Widerstand Großbritanniens, gegen einen anfangs zögerlichen Gorbatschow und mit der Hilfe des amerikanischen Präsidenten George Bush. Das war große Politik, entschlossene Politik, eine Machtdemonstration ohne viel politische Macht. Deutschland war in dieser Frage nicht souverän, aber Kohl, der Geschichtsmensch, nutzte die Macht der Geschichte. Die Deutschen hatten zueinander gehört, wollten zueinander gehören, und niemand konnte ihnen verwehren, in einem gemeinsamen Staat zu leben, sobald sie dies wünschten. Mit der Geschichte im Rücken hat Kohl die Einheit durchgesetzt.

Er konnte das nicht lange genießen. Die Einheit war teuer und wurde über die Staats- und Sozialkassen finanziert. Bald tauchten eine Menge Probleme auf, und Kohl war nicht der Mann, der diese Probleme lösen konnte. Gleichwohl hat er sich noch acht Jahre nach der Wiedervereinigung im Amt gehalten. Seine Macht wurde auch dadurch gesichert, dass die SPD lange keinen starken Konkurrenten aufbauen konnte. Erst trat Hans-Jochen Vogel gegen Kohl an, dann Johannes Rau, dann Oskar Lafontaine, dann Rudolf Scharping. Die Herausforderer kamen, verloren und gingen. Niemand konnte sich nachhaltig profilieren. Von der Schwäche der Opposition im Bundestag hat Kohl stark profitiert.

Er wurde zu einer deutschen Selbstverständlichkeit, er war der Vater der Einheit und der pater familias. So war auch sein Machtgestus. Ich sehe ihn vor mir, wie er auf Wahlkampfreise bei einer Brotzeit inmitten seiner Entourage sitzt, das große Wort führt, am Brot und an der Salami säbelt, Rationen zuteilt, gravitätisch duzt, ein Ausbund unterdrückender Fürsorglichkeit. Wer seine Gnade hatte, musste sich das gefallen lassen, wurde aber verlässlich gestützt. Wer in Ungnade fiel, wurde abgesägt, so wie Generalsekretär Heiner Geißler. Nur Arbeitsminister Norbert Blüm durfte trotz gelegentlicher Aufsässigkeit sein Amt die ganze Kohl'sche Ära hindurch behalten. Als Anführer des linkskatholischen Flügels hatte er eine eigene Hausmacht und wurde vom Herrscher gebraucht.

Für die Machtpolitik gegenüber der Bevölkerung war bis

1989 Innenminister Friedrich Zimmermann von der CSU zuständig. Er war der klassische Law-and-Order-Mann, grimmig und entschlossen, den Staat stark sein zu lassen. Er sorgte für das Vermummungsverbot bei Demonstrationen. Trotzdem lässt sich nicht behaupten, dass Kohls Regierung innenpolitisch repressiver vorging als die sozialdemokratischen Vorgänger und Nachfolger.

In seiner Endphase erlebte Kohl die Machtverteilung des deutschen Föderalismus. Lange hatte er dringend notwendige Steuer- und Sozialreformen hinausgezögert, aus Angst vor den Wählern. Erst in seinen letzten Jahren war er entschlossen, das Steuer- und Sozialsystem umzubauen. Doch nun hatten die Sozialdemokraten die Mehrheit im Bundesrat. Sie konnten daher eine Steuerreform verhindern, und Parteichef Lafontaine tat das auch.

Kohl spielte in seinen letzten Jahren als Kanzler mit dem Gedanken, gegen Ende der Legislaturperiode 1998 abzudanken und Fraktionschef Wolfgang Schäuble zu seinem Nachfolger zu machen. Er spekulierte öffentlich darüber, unternahm aber nichts. Das hat beide beschädigt. Schäuble kam nicht zum Zug, und Kohl wirkte wie ein Kanzler, der abgelöst werden müsste. So wie Adenauer fand er nicht den richtigen Zeitpunkt, um sich einen guten Abgang und seiner Partei eine langfristige Machtperspektive zu sichern. Bei der Wahl 1998 bezog er gegen Gerhard Schröder eine klare Niederlage.

Den Euro hatte er zuvor noch durchgesetzt, gegen den Wunsch der Deutschen. Kohl wagte hier eine Politik gegen das Volk, eine der größten Machtproben, die es gibt. Aber als Kanzler der Einheit genoss er ein Vertrauen, das die Bürger folgsam machte. Ein anderer als Kohl hätte diese Macht wohl nicht gehabt. Er nahm das als Grund, sein Amt nicht an Wolfgang Schäuble abzugeben. Allerdings zeigte sich in der Euro-Politik auch eine Schwäche des großen Wollens. Kohl glaubte an den Euro, wollte ihn unbedingt haben, und das machte ihn schwach gegenüber seinen Verhandlungspartnern in Europa. Die wollten den Euro auch, aber nicht ganz so unbedingt wie Kohl, und deshalb konnten sie dem Bundeskanzler immer wieder Zugeständnisse abtrotzen. Die deutschen Unterhändler erkannten zwar, dass die Partner wenig Interesse daran hatten, die Stabilitätskriterien einzuhalten und die Finanz- und Wirtschaftspolitik aufeinander abzustimmen, aber es musste ihnen im Auftrag Kohls egal sein, um den Euro möglich zu machen.

Als Gerhard Schröder Bundeskanzler wurde, stand zunächst nicht er im Mittelpunkt, sondern das Projekt. Schröder war kein Mann großer Visionen, eher ein pragmatischer Politiker. Im Wahlkampf 1998 griff er einen Satz Willy Brandts auf: »Wir wollen nicht alles anders, aber vieles besser.« Doch die Medien und viele Bürger sahen in Rot-Grün die Möglichkeit für eine andere, bessere Gesellschaft. So war Schröder zunächst ein Kanzler ohne Vision, der es aber mit zwei Visionen zu tun hatte. Die eine forderte ihn sofort als Machtmenschen.

Das war Oskar Lafontaines Idee einer neuen Wirtschafts- und Finanzordnung, einer forcierten Nachfragepolitik, die er mit einer Fesselung des Finanzkapitalismus verbinden wollte. Lafontaine war Vorsitzender der SPD und Bundesfinanzminister, er und seine beiden Staatssekretär legten furios los und brachten bald halb Europa gegen sich auf, vor allem die Briten, aber auch heimische Unternehmen. Schröder schaute sich das eine Weile an, dann nahm er den Machtkampf auf und setzte Signale des Widerstands, die Lafontaine nicht lange aushielt. Er trat im März 1999 von beiden Ämtern zurück und fuhr beleidigt nach Hause.

Vision Nummer zwei war die grüne. Ökosteuer, Atomausstieg, dazu weitere Liberalisierung, zum Beispiel die Homo-Ehe, aus der dann die eingetragene Lebenspartnerschaft wurde.

Das waren keine Herzensthemen von Schröder, aber er ließ die Grünen gewähren, zumal ihre Vision seine Macht nicht bedrohte. Es sah zunächst nach einer eher lässigen, einer weitgehend herrschaftsfreien Kanzlerschaft aus.

Das änderte sich in Schröders zweiter Legislaturperiode. Die Finanz- und Wirtschaftsdaten waren schlecht, Schröder musste etwas tun, und er tat etwas. Er ließ die »Agenda 2010« ausarbeiten, ein Reformprogramm vor allem für den Arbeitsmarkt. Dieses Programm entwickelte sich zur Machtprobe für Schröder. Die Angriffe kamen von zwei Seiten. Damals herrschte eine neoliberale Grundstimmung in vielen Medien. Der Schlachtruf hieß: Weniger Staat, mehr Markt, oder plumper: weniger Bevormundung, mehr Freiheit. Für diesen Flügel, den der »SPIEGEL« anführte, war die »Agenda 2010« zu mickrig. Die Opposition unter Angela Merkel und Guido Westerwelle sah das genauso.

Auf der anderen Seite standen die Gewerkschaften und die Linken in der SPD, vor allem die in der Fraktion, denn deren Stimmen brauchte Schröder. »Noch nie zuvor hatte ein Bundeskanzler seiner Partei so viel Selbstaufgabe zugemutet«, schreibt der Historiker Edgar Wolfrum in seinem Buch »Rot-Grün an der Macht«. Ein harter Machtkampf brach aus, von den Medien haarklein dokumentiert, aber auch befeuert. Die sogenannten Abweichler in der Fraktion wurden von Fraktionschef Franz Müntefering und anderen ständig bearbeitet, wohl auch unter Druck gesetzt. In der Partei startete man eine Petition gegen die Agenda. Sigrid Skarpelis-Sperk, eine der Rebellinnen, sagte: »Eine Führung ist gut beraten, auf die Argumente der Mitglieder zu hören, sonst reitet unter Umständen der Feldherr allein auf den Hügel, mit aufgezogener Flagge.« Schröder gab hier und dort nach, setzte sich aber insgesamt durch. Die Petition scheiterte kläglich.

Dann musste er sein Programm noch durch den Bundesrat bringen. Dort hatte die Union die Mehrheit, also musste das Agenda-Paket in den Vermittlungsausschuss, dem Gremium, in dem die Machtanteile in besonderer Weise ausgekämpft werden. Am 14. Dezember 2003 trafen sich dort die Spitzenpolitiker zur Elefantenrunde, großes Gefeilsche, bis in den frühen Morgen hinein. Ich war dort, im Gebäude des Bundesrats an der Leipziger Straße in Berlin. Es war eine der schlimmeren Situationen für einen Journalisten. Wichtiges passiert, und man sitzt nicht mit am Tisch. Hinterher haben wir mit einem »SPIEGEL«-Team den Verlauf der Sitzung rekonstruiert, über viele Gespräche mit Teilnehmern. Eine meiner Lieblingsstellen ist die, als es um Subventionen ging und Joschka Fischer sauer wurde.

Fischer: »Das ist feige.«

Merkel: »Herr Fischer, schreien Sie doch nicht so.«

Fischer: »Frau Merkel, gehen Sie nicht auf fremde Männer los.«

Wulff: »Sie sollten mal sehen, wie sie mit den eigenen Männern umgeht.«

Die Banalität des Politischen.

Machtkampf überlagert in solchen Situationen die Vernunft. Es geht nicht mehr um die Inhalte, sondern nur noch darum, wie man hinterher vor seine Anhänger und die Presse tritt, als Sieger, als Verlierer. Die SPD verhinderte Eingriffe in die Tarifautonomie, die Union setzte Lockerungen beim Kündigungsschutz durch. Um 3:47 Uhr sagte ein übernächtigter Bundeskanzler in die Mikrophone: »Das Ergebnis geht absolut in Ordnung.« Klar, anders kann es ja nicht sein. Der Historiker Wolfrum sieht ein Unentschieden: Beide Seiten mussten Abstriche machen. »Den unionsinternen Machtkampf indessen entschied Angela Merkel für sich, sie ging als Siegerin hervor.« Politik als sportlicher Wettkampf.

Für Schröder war der Machtkampf allerdings noch nicht vorbei. Im folgenden Jahr mobilisierten die Gewerkschaften und die Linke die Straße gegen ihn. Es gab sogenannte Montagsdemonstrationen, zum Teil mit Zehntausenden. Schröder ging zu Kundgebungen, wurde niedergepfiffen, niedergeschrien, stand aber seinen Mann und verdiente sich eine Menge Respekt. Aber seine Macht erodierte. Er gab den Parteivorsitz an Franz Müntefering ab. Und er hatte es nun mit widerspenstigen Landespolitikern zu tun, die ihm die »Agenda 2010« nicht verziehen, darunter Wolfgang Jüttner aus Niedersachsen und Andrea Ypsilanti aus Hessen. Schröder zermürbte das. Als im Mai 2005 die Wahl in Nordrhein-Westfalen verloren ging, kündigte er an, eine Neuwahl auf Bundesebene anzustreben. Die verlor er.

Auch für ihn ergibt das ein merkwürdiges Machtprofil, ähnlich wie bei Brandt. Schröder hatte sich mit den Jahren einen Herrschergestus zugelegt. Die Verbindlichkeit war dahin, er schnaubte Leute an, am liebsten Journalisten, aber auch Linke aus seiner Partei. Auf dem Parteitag in Bochum im November 2003 entfuhr ihm gegen Mitternacht der Satz: »Ich mach euch fertig.« Gemeint waren der Parteifreund Jüttner und andere, die ihm nicht folgen wollten und seinem Generalsekretär Olaf Scholz ein miserables Wahlergebnis beschert hatten, als Rache für die Agenda.

Ein anderer Herrschaftsgestus Schröders war das schenkelklopfende Lachen. Er und Fischer mochten kaum zuhören, wenn Merkel und Westerwelle für die Opposition im Bundestag redeten. Sie sind Männer, die nur echte Männer als Gegner akzeptieren, also solche, die sie für echte Männer halten, Männer wie sie selbst, testosterongeladen, raufboldhaft. Merkel und Westerwelle akzeptierten sie nicht in ihrer Klasse, der Königsklasse.

Für den stärksten Machtauftritt sorgte aber Innenminister Otto Schily. Er war ein Law-and-Order-Mann in der Nachfolge Friedrich Zimmermanns. Es ist seltsam oder auch nicht, dass gerade jene Politikergeneration, die vom nominell antiautoritären Achtundsechzig am stärksten beeinflusst war, später selbst autoritär auftrat, Lafontaine, Schröder, Fischer, Schily. Es war schrecklich, bei Schily im Ministerbüro zu sitzen, nicht weil er unverschämt oder herrisch gegenüber Journalisten war. Das habe ich nie erlebt. Es war etwas anderes. Bei unseren Gesprächen saß immer sein Pressesprecher dabei, ein schmaler Mann mit einem sorgenvollen Gesichtsausdruck, und den behandelte Schily wie einen Untertanen. Einmal hat dieser Mann gegähnt, und sofort herrschte Schily ihn an, er habe sich gefälligst auszuschlafen, und wenn er nicht ausgeschlafen sei, solle er früher ins Bett gehen oder gleich zu Hause bleiben. Es war oft unerträglich, aber leider habe ich Schily nicht aufgefordert, freundlicher zu sein, auch um dem armen Mann die Blamage fremder Fürsorglichkeit zu ersparen. Schily rauchte Zigarre, ich rauchte Zigarre, obwohl ich eigentlich nicht rauche, und wir redeten über die Anti-Terror-Gesetze, und ein Stück entfernt von uns saß jener Mann, ein kluger, anständiger Mann, und wartete schicksalsergeben auf die nächste Attacke.

Die Angriffe vom 11. September 2001 brachten Schily in eine Rolle, in der er ganz und gar den Law-and-Order-Mann geben konnte. Damals herrschte Hysterie, weniger in der Bevölkerung, die blieb cool, aber die Bundesregierung war wild entschlossen, neue Anti-Terror-Gesetze zu verabschieden. Schily hat die paranoide Stimmung jener Tage gut in dieser Szene zusammengefasst: »Ich habe irgendwann festgestellt, dass ein Scheinwerfer auf das Kanzleramt gerichtet war, und das gefiel mir nicht, weil ich sagte, warum muss jetzt dieses scharfe Licht da drauf? Es könnte sich daraus ein Sicherheitsrisiko ergeben. Ich habe dann festgestellt, dieser Scheinwerfer kam vom ARD-Studio. Ich bin da selbst hingefahren und habe mich bei dem Pförtner beschwert.« Der arme Pförtner.

Die Bundesregierung verabschiedete »Sicherheitspaket I« und »Sicherheitspaket II«. Danach hatten Verfassungsschutz und Bundeskriminalamt mehr Befugnisse, die Pässe und Personalausweise wurden um biometrische Daten ergänzt, es gab mehr »Sicherheitsüberprüfungen« für Leute, die in sensiblen Bereichen arbeiten, und Ausländern wurde es schwerer gemacht, nach Deutschland zu kommen. Mit den beiden Paketen war mehr Verdacht in der Welt, mehr Kontrolle, Überwachung und Abweisung. Auch hier könnte man sagen, dass die neuen Anti-Terror-Gesetze das Leben der allermeisten Menschen in Deutschland nicht beeinträchtigt haben. Aber der Staat hat sich wieder ein Stück mächtiger gemacht, das Gefühl der Freiheit ist auch für die, die nicht in den Grenzbereichen der Freiheit leben, ein Stück mehr beeinträchtigt.

Außenpolitisch ordnete Schröder Deutschland als »Mittelmacht« ein, also in der Etage unter der Supermacht USA, die damals der Hegemon der Welt war, und Russlands, das nur noch eine Großmacht war. China spielte ökonomisch schon eine wichtige Rolle, politisch aber nicht. Allerdings wurde der Begriff Mittelmacht nie in Politik umgesetzt, weil das hieße, dass man eine mittelwichtige Rolle im Weltgeschehen einnehmen will. Dem war aber nicht so. Deutschland machte in Afghanistan nur am Rande mit, im Irak gar nicht. Schröder wuchs nie in die Rolle eines außenpolitischen Staatsmannes hinein, der auf Gipfeln oder Konferenzen eine herausragende Rolle spielte oder Ideen für die Welt entwickelte.

Es ist erstaunlich, dass sich der Machttyp Schröder von den Jüttners und Ypsilantis, die er fertigmachen wollte, fertigmachen ließ. Seine Kanzlerschaft war im Mai 2005 nicht bedroht. Er hatte nicht so viele und so entschlossene Gegner in der Fraktion wie Helmut Schmidt, nicht so starke Gegner in der Partei wie Helmut Kohl, er hatte keinen Koalitionspartner, der abspringen wollte. Hätte er durchgehalten bis zur regulären Wahl von 2006, hätte er von der besseren Konjunktur profitieren und womöglich Kanzler bleiben können. Seinen

Machtwillen fand er erst im Wahlkampf wieder, bis hin zu dem denkwürdigen Fernsehauftritt, als er Merkel absprach, dass sie Kanzlerin werden könne. Zu spät.

Welches Machtbild bundesrepublikanischer Politik ergab sich daraus für Angela Merkel? Sie hat die Geschichte der Bundesrepublik nachgelesen und sich mit Sicherheit ihre Gedanken gemacht. Gibt es Muster, gibt es Lehren? Hier sind fünf:

Die Bedrohung kommt wahrscheinlich aus der Nähe. Adenauer, Erhard, Brandt, Schmidt und Schröder sind letzten Endes gestürzt, weil ihnen der Rückhalt der eigenen Partei oder maßgeblicher Leute aus der eigenen Partei fehlte. Bei Adenauer, Erhard und Schmidt war der Koalitionspartner am Sturz beteiligt, also auch ein Verbündeter. Von der Opposition allein droht dagegen kaum Gefahr. Das konstruktive Misstrauensvotum 1972 gegen Brandt scheiterte. Kiesinger und Kohl wurden von den Bürgern abgewählt.

Entscheidend ist der Wille zur Macht, nicht der Machtauftritt, also die nach außen gezeigte Autorität. Adenauer, Erhard, Brandt, Schmidt, Kohl und Schröder wollten unbedingt Kanzler werden. Brandt, Kohl und Schröder wurden es, obwohl sie innerparteilich Konkurrenten hatten, die größere Autorität ausstrahlten, Helmut Schmidt und Karl Schiller bei Brandt, Franz Josef Strauß und Gerhard Stoltenberg bei Kohl, Oskar Lafontaine bei Schröder. Der Wille zur Macht fördert Beharrlichkeit und Flexibilität, man muss sich nicht immer durchsetzen wollen, sondern immer so handeln, dass man bleiben kann. Gebraucht wird also der »Wille zur Macht«, den der Philosoph Friedrich Nietzsche mit diesem Wort gemeint hat: der Wille, Macht über sich selbst zu erringen, sich zu beherrschen, sich nicht von Gefühlen übermannen zu lassen.

Macht ist nicht verlässlich, ist eher flüssig als fest. Selbst große Erfolge stellen keinen stabilen Machtzustand her, so wie Brandts Wahlsieg von 1972 oder Kohls Verdienste an der deutschen Einheit. Es dauert nicht lang, bis man wieder umstritten ist.

Und, wie schon gesagt: Ein großes Projekt, mit dem man sich verknüpft, bedroht die Macht. Für Adenauer war das noch kein Problem, weil die Deutschen schnell einsahen, dass die Westbindung und die soziale Marktwirtschaft gut für sie waren. Für Brandt war das ein Problem; das konstruktive Misstrauensvotum, das seiner Ostpolitik folgte, scheiterte nur daran, dass zwei Stimmen gekauft waren. Kohl konnte den Euro mit seiner Autorität als Vater der Einheit durchsetzen, aber Schröder scheiterte an der Agenda 2010.

Wer bleiben will, kann lange bleiben, wahrscheinlich jedenfalls. Brandt und Schröder sind auch an sich selbst gescheitert, weil sie ihre bedrängten Situationen nicht mehr aushielten. Ihnen fehlte die nötige Härte. Kohl blieb im Frühjahr 1989, als es eng für ihn wurde, einfach sitzen. Er ließ die anderen kommen, aber sie kamen nicht, sie zuckten zurück. Dann rettete ihn der Lauf der Geschichte.

Das alles wusste Angela Merkel, als sie sich auf den Weg zur Macht begab. Ihren Willen dazu bekundete sie 1999. Mit einem Artikel in der F.A.Z. schob sie den Ehrenvorsitzenden der CDU, Helmut Kohl, im Zuge der Parteispendenaffäre auf das Abstellgleis. Von da an war sie im großen Spiel dabei. Nachdem Parteichef Wolfgang Schäuble über einen verdächtigen Geldkoffer gestürzt war, wählte die Union Merkel im April 2000 in der Essener Grugahalle zur neuen Parteivorsitzenden.

Ich war damals dort. Ich betrachtete die Gesichter der Männer, die daran glaubten, dass sie ihre Partei einst führen würden, die sich für kommende Bundeskanzler hielten, Roland Koch aus Hessen, Jürgen Rüttgers aus Nordrhein-Westfalen, Peter Müller aus dem Saarland, Christian Wulff aus Niedersachen, Friedrich Merz, Fraktionsvorsitzender im Bundestag. Ich dachte, dass sie in Merkel eine Zwischenlösung sehen und sie bald wegräumen würden. Niemand war begeistert von Merkel, niemand unterwarf sich ihr. Und alle sollten sich täuschen, auch ich. Nach zwei, drei Jahren ist sie weg, dachte ich in Essen.

Das schien sich zunächst zu bestätigen. In den folgenden Jahren wurde in der Union viel über Merkel gelästert. Sie kenne die Bundesrepublik nicht, sie sei naiv, ihr fehle das Unions-Gen, weil sie bei den großen Kämpfen nicht dabei gewesen war. Sie sei geschieden, sei kinderlos, das passe nicht zu einer Partei mit christlichen Werten. Zudem habe sie die falsche Frisur. Das war hässliches Gerede, natürlich nur hinter vorgehaltener Hand. Als die Union einen Kanzlerkandidaten für 2002 küren wollte, hatte Merkel kaum Freunde. Der bayerische Ministerpräsident und CSU-Vorsitzende Edmund Stoiber lud sie zu einem häuslichen Frühstück nach Wolfratshausen ein und eröffnete ihr, dass er ins Rennen gehen würde, nicht sie. Merkel schien entmachtet.

Aber sie schmiss nicht hin, sondern unterstützte Stoiber im Wahlkampf. Nachdem er verloren hatte, sah sie ihre Stunde gekommen und verdrängte Friedrich Merz vom Fraktionsvorsitz. Damals begann die Mär von der männermordenden Parteivorsitzenden, die erst Kohl weggeräumt hatte, dann Schäuble und dann noch viele mehr. Das ist Unsinn. Wie jeder andere Spitzenpolitiker in einer Demokratie musste sich Merkel gegen Konkurrenz durchsetzen, und da waren nur Männer. Viele Kanzlerkandidaten mussten Rivalen verdrängen. Bei Adenauer war es Jakob Kaiser, bei Erhard Heinrich von Brentano und Gerhard Schröder, bei Brandt Carlo Schmid, bei Kohl Rainer Barzel, bei Schröder Oskar Lafontaine, der das Feld allerdings frei-

willig räumte, nachdem Schröder im Frühjahr 1998 einen großen Wahlsieg in Niedersachsen eingefahren hatte.

Merkel etablierte sich nach und nach, machte aber 2004
machtstrategisch einen Fehler, als sie sich entschied, auf der
neoliberalen Welle ins Kanzleramt zu reiten. Sie inszenierte
sich als große Reformerin und wollte gemeinsam mit der FDP
das Land umbauen. Das kam bei den Wählern nicht gut an,
die Union wurde haarscharf stärkste Partei und konnte nur in
einer Großen Koalition mit der SPD regieren. Wäre sich die
Herrenriege aus der Essener Grugahalle einig gewesen, hätten
sie Merkel aus dem Weg räumen können. Aber sie war sich
nicht einig, Merkel blieb und wurde Bundeskanzlerin. Sie
hatte ein schwieriges erstes Jahr, in dem es manchmal so aussah, als würde sie noch kürzer regieren als Ludwig Erhard
und Kurt Georg Kiesinger. Seit 2007 ist sie mehr oder weniger
unangefochten Bundeskanzlerin. Das heißt nicht, dass sie die
Politik machen konnte, die sie machen wollte. Wenn sie denn
eine bestimmte Politik machen wollte.

Wir haben gesehen, dass vor allem die eigene Partei, der Koalitionspartner und die Opposition die Macht eines Bundeskanzlers beschneiden können. Wie ist das bei Merkel?

Nehmen wir uns zunächst die CDU vor, als Machtbasis von
Merkel. Wenn man sich eine Partei als einen Körper vorstellt,
eine Materie, dann hat sie es mit einem weicheren Körper zu
tun als ihre Vorgänger, also einem formbareren Körper. Das
hat mit der Entkoppelung zu tun. Dies ist ein wichtiger Begriff
für die moderne Politik.

Die Parteien haben ursprünglich Milieus repräsentiert. Die
SPD wurde als Partei für die Arbeiter gegründet, die CDU als
Partei für wertekonservative Christen, die FDP als Partei für
Liberale. In ihren Grundideen entspringen sie noch dem Zeit-
alter der Ideologien, also dem neunzehnten und zwanzigsten

Jahrhundert, als Sozialismus, Konservatismus und Liberalismus mit klar abgrenzbaren Ideen darum rangen, nach welchen Prinzipien man die Welt organisiert.

Für die CDU wäre es bis tief in die neunziger Jahre hinein undenkbar gewesen, einen Vorsitzenden zu haben, der nicht wertekonservativ denkt. Das galt für Adenauer, für Erhard, für Kiesinger, für Kohl, für Schäuble. Dann kam Merkel. Sie war nicht aus dem Urgestein der CDU geformt, sie war nicht ideologisch, nicht historisch eingebunden, sie war ziemlich frei. Sie fragte sich weniger, wo kommt die CDU her, sondern, wo komme ich mit der CDU hin? Wie kann ich die Partei so umformen, dass sie für den modernen Bürger wählbar ist, dass ich also Kanzlerin bleibe. Sie hat die Veränderung der Welt verstanden und rasch in Politik umgesetzt, zum Beispiel das gewachsene Selbstbewusstsein der Frauen und die neue Skepsis gegenüber Europa, die sich mit der alten Skepsis der Deutschen gegenüber dem Euro verband. So hat sie die CDU von zwei traditionellen Leitbildern gelöst: von der traditionellen Familie und von Europa. Die Partei folgte ihr. Die Partei folgte ihr auch, als Merkel vom Atomunglück in Fukushima so überwältigt war, dass sie den Atomausstieg von Rot-Grün kurzerhand wieder beschleunigte, nachdem sie ihn nur wenige Monate zuvor gebremst hatte. Das war Merkel allein, das wirkte wie Selbstherrlichkeit, wie die totale Macht über eine Partei.

Wie konnte ihr das gelingen? Die CDU ist traditionell folgsam, nicht so aufmüpfig wie die SPD. Sie ist nicht misstrauisch, sondern vertraut darauf, dass die Leute, die von der Partei nach oben gespült werden, die Partei auch verkörpern. Mit einem Satz: Die Partei formt sich ihre Vorsitzenden, wird also von ihnen repräsentiert. Merkel allerdings ist ein Fehler des Systems. Sie wurde in den Turbulenzen der Spendenaffäre nach oben gespült, ohne schon von der Partei ausreichend geformt worden zu sein, und hat sich dann auf den Weg gemacht, die Partei so zu formen, wie sie das braucht. Das System war nicht in der Lage, das rechtzeitig zu korrigieren. Die CDU wurde die neue CDU, Merkels CDU, und die wird von Merkel naturgemäß repräsentiert.

Merkel hätte das nicht schaffen können, wären die eher traditionellen Kollegen aus der Führungsspitze entschlossen und einig gewesen. Ein Teil von ihnen war zwar im sogenannten Andenpakt organisiert, der auch ein Machtbündnis war. Einer sollte durchkommen, einer sollte Kanzler werden. Aber wer? Ich. Ich. Ich. Ich. Das waren die Antworten. Es gab viele Ichs, aber kein Wir, das sich hinter ein Ich gestellt hätte, also zum Beispiel hinter Koch oder hinter Wulff. Merkels Rivalen taten einig, waren es aber nicht.

Inzwischen haben sich die Konkurrenten, ob Andenpakt oder nicht, aus der Politik verabschiedet. Friedrich Merz tritt nicht mehr in Erscheinung, Roland Koch ist Chef eines Baukonzerns, Jürgens Rüttgers wurde in Nordrhein-Westfalen abgewählt, Christian Wulff ist Altbundespräsident und damit für die Politik nicht mehr zu gebrauchen, Peter Müller sitzt im Bundesverfassungsgericht.

Merkel ist in der CDU praktisch alternativlos. Bis jetzt. In dieser Legislaturperiode wird sich das voraussichtlich ändern. Von den jüngeren Politikern der Union kamen bis 2012 drei als künftige Alternative in Frage. Einer war der niedersächsische Ministerpräsident David McAllister. Dann verlor er seine Landtagswahl und muss sich nun in der Europapolitik bewähren. Der zweite war Bundesumweltminister Norbert Röttgen. Er spielte in einer Hinsicht für Merkel eine ähnliche Rolle wie Geißler oder Biedenkopf für Kohl. Er hält sich für noch intelligenter als die schon ziemlich intelligente Bundeskanzlerin. Damit hielt er nicht hinterm Berg, sondern redete in Berlin viel über Merkels politisch-strategische Defizite. Das konnte der Bundeskanzlerin nicht entgehen.

Röttgen schaffte sich eine Hausmacht, als er 2010 Landesvorsitzender in Nordrhein-Westfalen wurde. Er wollte zum Ministerpräsidenten aufsteigen, ging aber bei der Wahl unter. Merkel zeigte nun eine Härte, die man bei ihr lange nicht gesehen hatte. Sie sagte Röttgen, dass er nicht mehr die Autorität habe, die Energiewende durchzusetzen und forderte ihn zum Rücktritt auf. Weil er sich weigerte, entließ sie ihn. Die Botschaft war: Wer einen Machtkampf haben will, kann ihn bekommen, soll sich aber nicht die Hoffnung machen, dass es dabei sanft zugeht.

Kandidat Nummer zwei war Thomas de Maizière, der ebenfalls sehr intelligent ist, aber auch loyal und die Kanzlerin nicht herausfordern würde. Als Verteidigungsminister machte er keine gute Figur, weshalb er sich nun als Innenminister bewähren muss, um eine Chance auf eine Nachfolge Merkels zu haben. Wille zur Macht ist bei ihm vorhanden, aber nicht übermäßig ausgeprägt.

Deshalb gibt es im Jahr 2014 nur eine Kandidatin, und das ist Ursula von der Leyen. Sie will unbedingt ins Kanzleramt und arbeitet seit Jahren konsequent darauf hin. Zunächst machte sie das Thema Familie groß und damit sich selbst, weil sie Familienministerin war. Als Arbeitsministerin hinterließ sie keinen starken Eindruck außer dem, dass eine Arbeitsministerin auch die wahre Familienministerin sein kann, und das ging zu Lasten von Kristina Schröder, der eigentlichen Familienministerin. Genial war ihr Zug, de Maizière 2013 aus dem Verteidigungsministerium zu schieben. Sie ist die erste Frau in diesem Amt, und das sichert ihr eine ungeheure Aufmerksamkeit, zumal die Bundeswehr immer noch eine zu stürmende Männerbastion ist. Es ist ein klassisches Ressort, ein internationales Ressort, aber auch ein Ressort, das einen Minister leicht in Bedrängnis bringen kann. Ihre unmittelbaren Vorgänger hatten alle dunkle Phasen, de Maizière, Guttenberg, Jung. Wer jedoch seinen Job gut macht und nicht von einem Skandal in die Knie gezwungen wird, gilt bald als Kanzlerkandidat, zum Beispiel Helmut Schmidt.

Im Verhältnis zu Merkel nimmt von der Leyen eine Position zwischen Röttgen und de Maizière ein. Sie fordert die Kanzlerin nicht so konsequent heraus, ist aber auch nicht konsequent loyal. Ich saß einmal knapp zwei Stunden mit Merkel, von der Leyen, de Maizière und Frau de Maizière zusammen. Merkel redete viel, Frau de Maizière redete kaum weniger, Thomas de Maizière redete so gut wie gar nicht, von der Leyen redete wenig. Interessant war, wie sie Merkel zuhörte. Sie beugte sich vor, machte große Augen, nickte und lachte schnell, wenn es etwas zu lachen gab. Sie war ganz Untertanin, während de Maizière einfach zuhörte und Frau de Maizière darauf wartete, dass sie wieder reden konnte.

Allerdings scheute sich von der Leyen später nicht, Merkel bei der Frauenquote herauszufordern. Die Bundeskanzlerin wollte eine freiwillige Quote, von der Leyen eine verbindliche. Am Ende gab es einen seltsamen Kompromiss, der von der Leyen nicht gut aussehen ließ.

Aber das ist vielleicht die Mischung, die es braucht, um Merkels Nachfolgerin zu werden, falls Merkel darüber bestimmen kann: eine gewisse Geschmeidigkeit, eine gewisse Aufmüpfigkeit.

Bis Mitte 2014 hat von der Leyen Merkels Macht nicht bedrängt. Aber sie ist da und wartet, und Merkel weiß das. Sie weiß auch, dass die Bedrohung für einen Kanzler aus den eigenen Reihen kommt, und sie weiß, dass man spätestens nach zehn Jahren, also 2015, darüber reden und schreiben wird, ob das nicht genug ist, ob nicht Merkel das Feld räumen sollte, damit sich ein Nachfolger oder eine Nachfolgerin bis zur Wahl 2017 im Amt profilieren könnte. Und sie weiß auch aus der deutschen Kanzlergeschichte, dass sie keinen guten Abgang mehr haben wird, wenn sie den guten Zeitpunkt verpasst, und der ist 2015. Adenauers Schicksal müsste ihr hier eine Lehre sein. Auch er war lange unangefochten, und dann hat man ihn doch beiseitegeschoben. Bislang aber ist die CDU eine exzellente Machtbasis für Merkel. Sie hat ihre Partei im Griff.

Ein Bundeskanzler der CDU muss spätestens seit Franz Josef Strauß Machtkämpfe mit dem Vorsitzenden der Schwesterpartei CSU austragen. Anders geht es offenbar nicht. Strauß war eine Heimsuchung für Kohl. Bei einer Rede im November 1976 an Mitglieder der Jungen Union Bayerns wetterte er gegen Kohl: »Er ist total unfähig. Ihm fehlen die charakterlichen, die geistigen und die politischen Voraussetzungen, ihm fehlt alles dafür.« Für die Kanzlerschaft, meinte Strauß.

Mit Stoiber hatte es Merkel insofern leichter, als er zivilere Umgangsformen pflegte, weniger trinkt und nicht zu größeren Anfällen neigt. Dann kam Erwin Huber, der Merkel das Leben angenehm machte, dann Horst Seehofer.

Er ist der Machtmensch schlechthin, der radikale Machtegoist. Die Hierarchie seiner Interessen ist diese: Ich, die CSU, Bayern, Deutschland. Schweflig, ungerade, unterhaltsam, das sind die Adjektive, die mir zu ihm einfallen. Er hat nicht diesen pompösen, schneidigen Machtauftritt eines Otto Schily, er ist süffisant, ironisch, aber nicht minder unerbittlich. Als ich ihn einmal in der Staatskanzlei besuchte, an einem schönen Sommertag, kam sein Pressesprecher etwas zu spät dazu, ohne Sakko. Wir unterhielten uns über die Abschaffung der Wehrpflicht, und ich sah, dass Seehofer häufig zu seinem Sprecher hinüberschaute, irgendwie ratlos, auch missbilligend. Es war klar, dass er etwas sagen würde. Die Frage war wann. Schily hätte sofort zugeschlagen, Seehofer wartete bis zum Ende des Gesprächs. Wir standen auf, standen da in unseren Sakkos, nur der Pressesprecher ohne, also irgendwie nackt. Seehofer sah ihn lange an. »Wo ist denn Ihr Sakko?« Der Pressesprecher sagte, er habe es zu Hause vergessen. »Vergessen?« Der Pressesprecher sagte, am Morgen sei so viel los gewesen, die Kinder, Hektik, und es sei warm gewesen, da habe er vergessen, sein Sakko anzuziehen. Seehofer sah ihn da schon nicht mehr an, sah mich an, ein feines Lächeln auf den Lippen. »Solange Sie nicht vergessen, sich zu rasieren«, sagte

Seehofer, ohne den Pressesprecher anzublicken. Auch eine Machtdemonstration.

Was Macht mit Menschen macht, zeigt sich im Umgang mit anderen Menschen. Die Pressesprecher sind die Leute, die am häufigsten mit den Spitzenpolitikern zusammen sind, weshalb sich Machtdeformationen gut am Umgang mit Pressesprechern ablesen lassen. Schily zeigte sich da als absolutistischer Typ. Er stauchte seinen Pressesprecher zusammen, ohne auf ein Publikum zu schielen. Er tat das für sich. Seehofer war eine Spur milder, machte aus der Angelegenheit aber eine Show für mich, was für seinen Pressesprecher besonders demütigend war.

Seehofer gewinnt sein Machtgefühl aus dem Publikum, er ist Populist. Er schaut, was in Bayern ankommen könnte, das versucht er dann im Bund durchzudrücken, zum Beispiel das Betreuungsgeld für Mütter, die ihre Kinder nicht in eine Kita gehen lassen. Er verfolgt die Strauß'sche Regel, dass die CSU in der Bundeshauptstadt auffällig sein muss, dass sie stören muss, damit sie daheim als mächtig wahrgenommen wird. Damit nervt Seehofer die Bundeskanzlerin, der nichts lieber ist als Ruhe, nützt ihr aber auch. Weil er dieses unberechenbare, schweflige Gebaren in die Bundespolitik trägt, tritt sie noch deutlicher als ruhende und ausgleichende Kraft hervor. Zudem wagt er es nicht, sie persönlich in Frage zu stellen. Er lobt ihre Qualitäten, wo er nur kann, wobei man immer eine gewisse Süffisanz herauszuhören meint, und setzt ihr in der Sache manchmal hart zu. Damit kann sie umgehen, er schafft einen großen Teil der Probleme, die sie lösen muss, und das ist die Rolle, die ihr liegt. Ihre Macht bedrohte Seehofer bislang nicht.

Ein Parlament setzt sich zusammen aus Koalitions- und Oppositionsfraktionen. Es ist ein Nullsummenspiel. Je größer die Koalition, desto kleiner die Opposition und umgekehrt. Deshalb werden Koalition und Opposition hier zusammen betrachtet. Ihre Rollen sind naturgemäß verschieden, es gibt aber Überschneidungen, was die Machtfrage angeht. Die Opposition dient der Beschränkung der Macht, logisch. Die Koalition organisiert Macht, auch logisch. Allerdings liegt in der Koalition auch eine Opposition, also eine Machtbeschränkung.

Das deutsche Regierungssystem ist auf Konsens angelegt, über den Föderalismus und über das Verhältniswahlrecht. Deshalb hat nie, fast nie, eine Partei die ganze Macht. Außer 1957 mussten immer mindestens zwei Parteien einen Konsens suchen. Die Union musste den Wirtschaftsliberalismus der FDP hinnehmen, die FDP den Wertekonservatismus und gemäßigten Sozialdemokratismus der Union, die SPD den Wirtschaftsliberalismus der FDP, die FDP den Sozialdemokratismus der SPD, die SPD das Grüne der Grünen, die Grünen den Sozialdemokratismus der SPD, die SPD den Wertekonservatismus der Union, die Union den Sozialdemokratismus der SPD. So ist es seit 1961. Paradoxerweise hat der kleinere Partner meist einen Machtvorteil. Das heißt, sein Einfluss ist größer, als dem Wahlergebnis entsprechen würde. Denn der Wahlsieger will unbedingt die Regierung bilden, sonst wäre der Sieg kein Sieg mehr. Also räumt er dem kleinen Koalitionspartner überproportional viele Ministerämter und größere programmatische Zugeständnisse ein.

In einer Großen Koalition arbeitet man meist mit der Fiktion der Augenhöhe. Der kleinere Partner wird so behandelt, als sei er genauso stark wie der größere. 2013 gewann die CDU 34,1 Prozent der Stimmen, die SPD 25,7 Prozent, die CSU 7,4 Prozent. Die CDU bekam sechs Ministerien, die SPD ebenfalls sechs, die CSU drei. Selbst wenn man berücksichtigt, dass die CDU die Kanzlerin stellt, ist das zahlenmäßig ungerecht. Die CDU schneidet schlecht ab. Zudem waren sich alle Kommentatoren einig, dass der Koalitionsvertrag in erster Linie die Handschrift der Sozialdemokraten trägt, obwohl die beiden Unionsparteien zusammen 41,8 Prozent holten, also deutlich mehr als die SPD. Ein Wahlergebnis drückt Machtverhältnisse daher nur unzureichend aus.

In der Koalition opponiert jeder Partner auch ein bisschen gegen den oder die anderen, beschränkt dessen programmatische und personale Machtentfaltung. Deshalb kann man nicht behaupten, dass sich die Macht einer Koalition gemäß der Zahl ihrer Stimmen addiert. In einer Großen Koalition ist die interne Opposition besonders groß. Dafür ist die externe Opposition besonders klein.

Merkels Regierungsform ist die Große Koalition. So regierte sie von 2005 bis 2009 und so regiert sie seit 2013. Dazwischen lag ein schwarz-gelbes Bündnis. Allerdings war es auch großkoalitionär geprägt, da diese Zeit vor allem von der Euro-Politik bestimmt wurde, und Merkel in dieser Frage immer den Konsens mit der SPD und den Grünen herstellen konnte. Merkels Kanzlerschaft ist deshalb bislang eine Gro-Ko-Kanzlerschaft.

Die parlamentarische Opposition, die externe parlamentarische Opposition, ist der edelste Teil der Demokratie. Es gibt sie wirksam nur in dieser Regierungsform. Die Regierungen von Diktaturen halten sich für alternativlos. Sie wollen den Willen des gesamten Volkes verkörpern, einen volonté generale, wie der Philosoph Jacques Rousseau das im achtzehnten Jahrhundert genannt hat. Der war deshalb, aus heutiger Sicht, kein lupenreiner Demokrat. Einen gemeinsamen Volkswillen kann man nur unterstellen, nicht belegen. Erfahrungsgemäß sind die Bevölkerungen zu vielen Fragen gespalten. Davon geht die Demokratie aus. Sie ist, wie der Name sagt, die Herrschaft des Volkes, akzeptiert aber, dass dieses Volk gespalten ist, dass also in Wahrheit nur ein Teil des Volkes herrschen kann, die Mehrheit. Die Minderheit, so halten es moderne Demokratien, muss daher geschützt werden, sie braucht Rechte, damit sie nicht unter die Räder kommt, damit sie Alternativen ausarbeitet, die irgendwann mehrheitsfähig sind. Die Existenz der Opposition ist ein Garant für den Wechsel, und der Wechsel ist ein Schutz vor den Korrumpierungen der Macht. Bis zum Wechsel soll die Opposition die Regierung kontrollieren, damit sie ihre Macht nicht missbraucht und die Rechte und Ansprüche der Minderheiten nicht unterdrückt.

In Zeiten Großer Koalitionen ist die externe Opposition zu klein, um wirksam zu sein. Von 2005 bis 2009 hatten Grüne, FDP und Linke zusammen 26,6 Prozent der Stimmen und 166 von 614 Sitzen. Seit 2013 halten Linke und Grüne zusammen siebzehn Prozent der Stimmen und 127 von 631 Sitzen. Die FDP ist aus dem Bundestag geflogen. Damit fehlen elementare Oppositionsrechte. Man braucht fünfundzwanzig Prozent der Sitze, um einen Untersuchungsausschuss installieren zu können, ein wichtiges Instrument der Regierungskontrolle. Man braucht auch fünfundzwanzig Prozent, um beim Bundesverfassungsgericht eine Normenkontrollklage anstrengen zu können. Zudem fehlt es an Redezeit, denn die bemisst sich nach der Größe der Fraktionen. Union und SPD waren so gnädig, der Opposition einige Verbesserungen zu gestatten, aber das macht ein Manko nicht wett: Wucht. Eine Opposition kleiner Parteien, die zudem Konkurrenten sind, hat keine Wucht. Ihre Argumente finden in den Medien nur geringe Aufmerksamkeit. Umgekehrt fehlt den Missständen und Skandalen, die die Medien aufdecken, der Resonanzkörper Parlament. Wenn dort keine starke Partei ist, die eine Geschichte aufgreifen kann, verpufft sie.

Das zeigte sich Anfang 2014, als durchsickerte, dass sich der SPD-Abgeordnete Sebastian Edathy im Internet Fotos von nackten Jungs gekauft hatte. Das ist nicht strafbar, aber ein Hinweis auf Pädophilie. Edathy gab sein Mandat zurück, bevor sich der Immunitätsausschuss des Bundestags mit seinem Fall befassen konnte. Offenbar war er gewarnt worden. Von wem? Landwirtschaftsminister Hans-Peter Friedrichs räumte ein, dass er im Oktober 2013, als er noch Innenminister war, von Ermittlungen gegen Edathy erfahren hatte. Er warnte Sigmar Gabriel während der Koalitionsverhandlungen, damit er Edathy kein Regierungsamt geben würde. Gabriel hat SPD-Kollegen von der Sache erzählt, und irgendwie ist die Information wohl bei Edathy gelandet. Womöglich hat er dann Festplatten von seinem Computer zerstört. Der Fall war bis zum Abschluss dieses Buches nicht geklärt. Er hat die Große Koalition durcheinandergeschüttelt, Friedrich trat zurück, die Union war empört über Gabriel und andere SPD-Politiker. Seehofer hatte eine Gelegenheit, ausgiebig zu schimpfen, doch in Wahrheit verlief dieser Fall glimpflicher als es angemessen wäre. Bei einer schwarz-gelben Koalition hätte die SPD alles mobilisiert, damit die Sache aufgeklärt wird und möglichst viel an der Bundeskanzlerin hängenbleibt. Da wäre viel Inszenierung im Spiel gewesen, aber dieses Gewitter hätte reinigen können.

Merkel scheint es also recht bequem zu haben. Sie macht ihre Politik weitgehend ohne externe Opposition. Da gab es nur eine Ausnahme. Das war 2007/2008, als sich in der Bevölkerung trotz eines Booms die Stimmung breit machte, es gehe in Deutschland besonders ungerecht zu. Das sagten die Umfragen, und dann brach noch die Finanzkrise aus, die zu beweisen schien, dass der Kapitalismus ein ruchloses Spiel ist, bei dem nur ein paar Eingeweihte sehr viel gewinnen können, während die anderen verlieren. Es begann die große Zeit des Oskar Lafontaine. Er nahm diese Stimmung auf, er war schon länger dafür, dem Finanzkapitalismus Fesseln anzulegen, und nun tobte er durch das Land und trieb die Regierung vor sich her. Hier gab es die Allianz eines wuchtigen Politikers mit einer Volksstimmung. Merkel war beunruhigt. Aber auch dieser Sturm legte sich.

Im Frühling 2014 traf ich Katrin Göring-Eckardt, eine der beiden Vorsitzenden der Grünen Bundestagsfraktion, also eine der Anführerinnen der Opposition. Sie erzählte mir erst einmal, dass bei ihren Reden auch Leute aus den Regierungsfraktionen klatschen würden und war ein bisschen stolz darauf. Es war merkwürdig, das von einer Oppositionspolitikerin zu hören. Sie analysierte dann, dass sowohl Union als auch SPD sich die Möglichkeit offenhalten wollen, beim nächsten Mal mit den Grünen zu koalieren und deshalb freundlich sind. Auch die Grünen hoffen, dass sie 2017 wieder regieren dürfen, ob nun mit der Union oder der SPD. Niemand will es sich mit den anderen verderben, und so kommt natürlich keine deutliche Konfrontation zustande. Die Grünen sind als Opposition viel zu lieb, um auffallen zu können. Auch die Linke findet diese Regierung ganz gut, stimmte nicht gegen das Rentenpaket, sondern enthielt sich.

In der Zwischenbilanz sieht das nach sehr viel Macht für Merkel aus. Die CDU auf ihren Kurs getrimmt, die CSU lautstark ungefährlich, die Opposition schwächlich, dazu eine Große Koalition, also ein großer Haufen Stimmen im Rücken. Merkel könnte sogar die Verfassung ändern, eine Zwei-Drittel-Mehrheit hat sie. Eine Große Koalition schaltet zudem den Bundesrat weitgehend als Gegenmacht aus. In allen Landesregierungen sitzt mindestens eine der beiden Volksparteien, weshalb sie nicht gegen ein Gesetz der Bundesregierung stimmen würden.

Angela Merkel könnte also große Dinge tun, aber sie tut das nicht. Sie kann gar nicht. Das liegt auch an der internen Opposition in einer Koalition. Sie beschränkt die Macht der Kanzlerin stark.

Die Perspektive einer Großen Koalition ist eine ganz andere als die einer kleinen. Kleine Koalition heißt: Man will miteinander regieren, jedenfalls zunächst, Schwarz mit Gelb, Rot mit Gelb, Rot mit Grün. Diese Bündnisse entsprangen jeweils einem starken Willen, manchmal sogar einem gemeinsamen Projekt. Große Koalition heißt: Man muss miteinander regieren. Das Wahlergebnis und die Sondierungsgespräche haben nichts anderes hergegeben. Muss heißt auch: Eine Große Koalition soll die nächste Wahl nicht überdauern, die Partner wollen wieder voneinander weg. Der kleinere Partner wird also jemanden aufbauen, der die Kanzlerschaft anstrebt. Noch während der Regierungszeit wird er zeigen wollen, dass er es besser kann, wird eifersüchtig darauf achten, dass sich die Kanzlerin nicht zu stark profiliert. So verhielt sich Steinmeier als Merkels Vizekanzler, so macht es Gabriel.

Man gönnt einander auch programmatisch wenig. Ein Erfolg für die Union könnte ihr Vorteil sein bei der nächsten Wahl. Nein, sagt die SPD. Und umgekehrt. Deshalb waren die Programme von Merkels Großen Koalitionen bislang tendenziell klein. Eine Ausnahme war das Anti-Krisen-Programm von 2009. Die Regierung tat erst nichts, aber dann war die Lage so gefährlich, dass sie etwas tun musste, und die gefährliche Lage trug dazu bei, dass man die üblichen Nickeligkeiten und Eifersüchteleien reduzieren konnte. Zudem brachte die Krise die Regierung in die glückliche Lage, dass sie Geld verteilen musste, für die Abwrackprämie oder für eine ausgedehnte Kurzarbeiterregelung. Das kommt der psychologischen Struktur einer Großen Koalition entgegen. Einstige Gegner machen nun gemeinsame Sache, und das ist eine Zumutung für die Parteimitglieder und Sympathisanten. Wenn noch der eigenen Klientel Belastungen zugemutet würden, wäre das zu viel. Eine Große Koalition macht das Gegenteil, schüttet Geld aus, damit alle beruhigt sind. Große Koalitionen sind tendenziell Schonregierungen.

Für Merkel sind sie eine gute Machtbasis, da sie sich als stabil erwiesen haben. Beide Volksparteien sind unbedingt staatstragend. Sie fürchten das Chaos, die Krise, während die

FDP eher bereit ist, einen Bruch zu riskieren. Sie hat das 1962, 1966 und 1982 getan. Auch Merkels größte Krise ging 2010 von den Liberalen aus. Merkel wollte Christian Wulff zum Bundespräsidenten machen, Grüne und Sozialdemokraten setzten auf Joachim Gauck, und den fanden auch Politiker der FDP interessant. Wir Journalisten spekulierten damals darüber, dass die Koalition am Ende wäre, würde Merkels Kandidat in der Bundesversammlung durchfallen. Zeiten der Machtkrise sind fiebrige Zeiten. Das Regierungsviertel schwirrt, Gerüchte, Spekulationen, die Frequenz der Hintergrundgespräche steigt, das »Cafe Einstein« Unter den Linden ist immer voll, der Verkehr schwarzer Limousinen nimmt zu. Ich hatte in dieser Zeit Hintergrundgespräche mit drei Bundesministern, alle redeten über das nahe Ende. Sonst sind Regierungsmitglieder eher optimistisch. Aber wenn die oberste Macht im Staat wackelt, wabert Pessimismus durch die Gemüter. Man zählt die Fehler auf, die Unzulänglichkeiten. Jeder ist plötzlich ein besserer Bundeskanzler. Und natürlich wird schlecht über den Koalitionspartner geredet.

An einem dieser Abende hatte ich ein Gespräch mit Ulrich Wilhelm, den damaligen Regierungssprecher. Unsere häufigen Treffen verliefen immer nach demselben Muster, Optimismus gegen Pessimismus. Er sah unerbittlich das Gute, ich das Schlechte. Es war ein warmer Abend, wir saßen an der Spree, aßen französisch, und der sonst so sonnige Mensch Wilhelm war an Düsternis nicht zu übertreffen. Ich begann, an ein Ende der Regierung Merkel zu glauben.

Bekanntlich setzte sich Wulff in der Bundesversammlung durch. In der Woche darauf war die Stimmung wie ausgewechselt. Im »Einstein« gab es wieder Plätze ohne Reservierung, die schwarzen Limousinen tröpfelten über die Straßen, und man konnte hören, wie fähig, wie geschickt die Bundeskanzlerin ist. Ihre Macht war gefestigt, und über dem Gemüt von Ulrich Wilhelm strahlte wieder die Sonne.

Merkels Große Koalitionen haben sich dieses Tänzeln am Abgrund bislang nicht geleistet. Die SPD war immer mit dem Argument einzufangen, dass Stabilität über alles geht. Und Stabilität im Machtwechsel wäre nur über ein konstruktives Misstrauensvotum zu sichern. Das wäre für die SPD in dieser Legislaturperiode nur von Erfolg gekrönt, würde sie mit den Linken paktieren. Es war Merkels Glück, dass die Sozialdemokraten dazu bislang auf Bundesebene nicht bereit waren. Aber das wird sich ändern.

Es lohnt, die spezielle Anatomie des Streits in einer Großen Koalition zu betrachten. Der Streit der Politiker wird von den Bürgern nicht geliebt, obwohl er eine der Grundlagen der Demokratie ist. Die Diktatur spielt die Einigkeit vor, und wenn Dissens auftaucht, rollen ein paar Köpfe. Das widerfuhr dem Onkel des nordkoreanischen Diktators Kim Jong Un. Er fiel in Ungnade, ein schneller Schauprozess, eine schnelle Hinrichtung. Danach sind sich alle angeblich wieder einig, die Macht des Diktators ist gefestigt, die Verhältnisse sind betoniert.

Demokratien sind dynamischere Gesellschaften, weil sie streiten. Der Ökonom Joseph A. Schumpeter hat für die Wirtschaft das Prinzip der »schöpferischen Zerstörung« beschrieben. Neue Unternehmen mit besseren Ideen setzen den alten, unbeweglich gewordenen Konkurrenten zu und verdrängen sie, bis sie ihrerseits von neuen Unternehmen verdrängt werden. Es gibt keinen Stillstand, keine Verfettung. Die Konkurrenz sorgt für Dynamik.

In Demokratien herrscht das gleiche Prinzip. Keine Regierung kann sich ihrer Macht sicher sein. Jederzeit können neue, bessere Ideen auftauchen, sich im Streit mit den alten Ideen durchsetzen. Dann wechselt die Regierung. Kein Stillstand, keine Verfettung. Das ist die schöpferische Kraft des Streits, des echten Streits um Programme, nicht des inszenierten

Streits für die Schlagzeilen. Allerdings ist Streit in der Bundesrepublik nicht entsprechend hoch angesehen. Da mag die Erinnerung an die Weimarer Republik eine Rolle spielen. Der Streit war uferlos, war aggressiv, zum Teil brutal, und es kam nichts Gutes dabei heraus.

Die Bundesrepublik wurde dagegen eine Konsensgesellschaft, ein *grand coalition state*, wie der Politikwissenschaftler Manfred G. Schmidt das genannt hat. Es begann zwar mit heftigen Streits, um die Westbindung, um die soziale Marktwirtschaft. Aber die Politik zeigte sich versöhnlich. Die SPD hat Adenauers Kurs spätestens mit dem Godesberger Programm von 1959 akzeptiert und übernommen. Ähnlich war das beim Streit um die Ostpolitik. Die Union wehrte sich heftig dagegen, aber als Helmut Kohl zehn Jahre später die Regierung übernahm, setzte er Brandts Linie fort und machte seinerseits eine versöhnliche Ostpolitik. Heftig wurde es wieder, als die Grünen die Ideen der Umwelt- und Friedensbewegung in die Parlamente trug. Aber auch das war bald integriert, die anderen Parteien übernahmen zum Teil die grüne Programmatik. In der Sozialpolitik sind die Unterschiede ohnehin sehr gering, wie wir noch sehen werden. Deshalb gibt es kaum noch große inhaltliche Auseinandersetzungen in der Bundesrepublik. Man kuschelt gern in der Mitte, und eine Große Koalition drückt genau dieses Bedürfnis aus. Das ist nicht Nordkorea, aber so richtig dynamisch ist diese Gesellschaft nicht.

Aber gibt es nicht trotzdem ständig Streit? Gibt es. Allerdings ist das nicht der Streit zwischen Regierung und Opposition, der schöpferische Streit der Demokratie, weil er Alternativen hervorbringt und den Machtwechsel vorbereitet. Dieser Streit ist während einer Großen Koalition mehr oder weniger ausgeschaltet, weil die Partner kaum über grundsätzliche Fragen streiten und die Oppositionsparteien nicht die Aufmerksamkeit finden, um mit ihren Alternativen durchzudringen. Und auch sonst spielt er keine so große Rolle, weil sich Union und SPD programmatisch sehr nahe gekommen sind. Die Kampfzone hat sich stark verengt.

Der Streit, der die Schlagzeilen füllt, ist meist kleinlicher Streit innerhalb einer Partei, innerhalb einer Regierung, Streit wie im Fall Edathy. Wer hat wann was gesagt? Das ist Streit, der deutliche Worte braucht, damit er wahrgenommen wird. Gurkentruppe. Wildsau. Abklingbecken. Geplapper. Unerreichtes Niveau an politischer Raserei. Peter Struck hat auf diesem Gebiet als Fraktionschef der SPD während Merkels erster Großer Koalition Maßstäbe gesetzt. »Die kann mich mal«, rief er aus und meinte die Union. Solcher Streit ist albern und bringt niemanden etwas, außer den Medien, die Freude an einer schrillen Nachricht haben. Er kommt bei den Bürgern auch nicht gut an. Sie wollen, dass sich Koalitionäre und Parteifreunde einig sind. Hier liegt ein weiteres Paradoxon der Mediendemokratie. Viele Journalisten sind gleichzeitig bellizistisch und pazifistisch. Nichts schreiben sie lieber als Kriegsberichte aus der Regierung oder einer Regierungspartei, aber natürlich beklagen sie nichts so wie den ständigen Streit.

Zu den Ambivalenzen der Politik gehört, dass sich in einer Koalition die Hinterbänkler und Generalsekretäre oft fürchterlich streiten, die Spitzenleute im Kabinett aber ganz gut zusammenarbeiten. Brandt und Scheel waren ein gutes Paar, zunächst auch Schmidt und Genscher, dann für ein paar Jahre Kohl und Genscher, dann Kohl und Kinkel, dann Schröder und Fischer, dann Merkel und Steinbrück, dann Merkel und Westerwelle. Das ist erst einmal gut, macht aber nach Großen Koalitionen den Wechsel schwieriger. Im Wahlkampf 2008 vermied es Kanzlerkandidat Frank-Walter Steinmeier, die Bundeskanzlerin anzugreifen. Das war anständig und redlich, da er als Außenminister der Großen Koalition ordentlich mit Merkel zusammengearbeitet hatte. Aber es fehlte dem Wahlkampf auch die Würze der Konfrontation, und das ist genau die Zeit, in der Streit hochwillkommen ist, damit die Alternativen deutlich werden. Steinmeier konnte, wollte das nicht. Am Ende wussten viele Deutsche nicht, warum dieser Steinmeier die Bundeskanzlerin ersetzen sollte. Er holte dreiundzwanzig Prozent für die SPD, ihr schlechtestes Ergebnis in der Bundesrepublik.

Peer Steinbrück erging es vier Jahre später nicht viel besser. Er hatte als Finanzminister der Großen Koalition noch besser mit Merkel zusammengearbeitet als Steinmeier und wollte sie ebenfalls nicht angreifen. Parteichef Sigmar Gabriel, Umweltminister im ersten Kabinett von Merkel, hatte sich einmal »erster Vorsitzender des sozialdemokratischen Fanclubs der Bundeskanzlerin« genannt. Diese höfliche Truppe ging 2013 wieder baden, diesmal mit 25,7 Prozent. Mit Nettigkeit ist in Wahlkämpfen nicht viel zu gewinnen.

Die SPD hat ohnehin ein Machtproblem. Als ein Kandidat für 2013 gesucht wurde, winkte zunächst Gabriel ab, weil er sich keine Chance ausrechnete. Dann mochte sich Steinmeier einen zweiten Wahlkampf nicht antun, so dass Peer Steinbrück übrigblieb. Der hatte sich inzwischen aus der ernsthaften Politik verabschiedet, tourte lustig mit seinen Vorträgen durch das Land und kassierte fürstliche Honorare dafür. Er hatte große Schwierigkeiten, in den Modus eines Kanzlerkandidaten hineinzufinden.

Was den Machtwillen angeht und die dazu gehörende Leidensbereitschaft hat Angela Merkel zu wenig Konkurrenz, in Wahrheit nur noch Ursula von der Leyen. Es muss aber ein paar Leute geben, die eine Kanzlerschaft für das Höchste halten, die unbedingt ins Kanzleramt hineinwollen und dafür eine Menge auf sich nehmen. Es ist ein brutal harter Job, man muss ihn wirklich wollen, man darf auch nicht ständig denken, dass ein anderes Leben schöner sein könnte. Kanzlerschaft verlangt alles. Und die Bürger dürfen erwarten, dass der, der das Amt bekommt, alles geben will. Deshalb ist es ja schön und sympathisch, dass sich Wirtschaftsminister Sigmar

Gabriel mittwochs am Nachmittag frei nimmt, um mit seiner Tochter zu spielen. Aber wenn er doch noch Kanzler werden will, müsste er darüber nachdenken, was ihm wichtiger ist: der Job und damit die Verantwortung für die Bundesrepublik Deutschland oder seine Familie. Niemand würde ihn schelten, entschiede er sich für die Familie. Es wäre allerdings bedenklich, stürben die Politiker aus, die den unbedingten Machtwillen haben.

Das Erstaunliche an Angela Merkel ist, dass sie die Macht haben will, die ihr Führung gestattet, dass sie aber nicht führt, jedenfalls nicht halbwegs durchgängig, nicht sichtbar. Macht ohne Führung, geht das? Was ist Merkels Machtstrategie?

Man muss hier zunächst unterscheiden zwischen autoritärem Auftreten und Führung. Manchmal wird es noch gleichgesetzt, aber das ist altes Denken.

Adenauer war ein autoritärer Typ. Zu seiner Zeit waren beide Begriffe nahezu identisch. Wer autoritär auftrat, übernahm die Führung, und umgekehrt: Wer das nicht tat, konnte nicht führen. Das entsprang dem Männerbild der monarchischen und militärischen Traditionen, die miteinander verwachsen sind. Für die junge deutsche Demokratie war das so riskant wie hilfreich. Der SPD-Abgeordnete Adolf Arndt sagte zu Adenauers Regime: »Wir glaubten, auf dem Weg zu einer parlamentarischen Demokratie zu sein und sehen uns auf dem Weg zu einer Monarchie ohne Konstitution.« Andererseits war es wohl zunächst ganz gut, dass Adenauer die Zügel fest in der Hand hielt, so dass niemand den Eindruck haben musste, die Bonner Republik sei so chaotisch wie die Weimarer. Aber das konnte nur für die ersten Jahre gelten.

Brandt, der die militärisch-monarchischen Traditionen nicht verinnerlicht hatte, trat schon ganz anders auf und hatte deshalb Probleme, war für Schmidt ein »Scheißdemokrat«. Er warf Bundeskanzler Brandt vor, dass er nicht führe. Brandt bezog das auf seine Art, »die eben keine Befehle austeilt und Menschen wie Menschen behandelt«. Schmidt kam aus der militärischen Tradition, und so wie Brandt seiner Zeit womöglich voraus war, hinkte Schmidt später, als er Kanzler war, der Entwicklung hinterher. Die Achtundsechziger hatten gesellschaftlich mit dieser Tradition gebrochen, ersetzten autoritär durch antiautoritär und konnten einen harten Knochen wie Schmidt nur schwer ertragen. Lafontaine warf ihm 1982 vor, dass er weiter von »Pflichtgefühl, Berechenbarkeit, Machbarkeit, Standhaftigkeit« sprach. »Das sind Sekundärtugenden. Ganz präzis gesagt: Damit kann man auch ein KZ betreiben.« Eine Unverschämtheit, aber auch ein Ausdruck für den Bruch, den Achtundsechzig bedeutete.

Merkel hat einmal zu mir gesagt, sie wolle eben nicht dauernd mit der Hand auf den Tisch hauen. Da ging es um die Frage, warum sie nicht führe. Das war wahrscheinlich ein bewusstes Missverständnis. Sie setzte Führung und autoritäres Auftreten gleich, um deutlich zu machen, wie albern es wäre, würde sie auf diese Weise führen. Aber das hatte ich gar nicht gemeint.

Hier und dort gibt es sicherlich noch Sehnsucht nach Autorität im alten Sinne. Peer Steinbrück hat noch etwas davon, er liebt die Polterei und die Rauferei und sagt Leuten gern, wo es langgeht, vor allem Leuten aus der SPD. In Wahrheit ist er aber schon ein aufgeweichter Anführer, mit Selbstzweifeln und einem Hang zum Angefasstsein. Die Wähler hatten jedenfalls nicht den Eindruck, sie seien bei ihm besser aufgehoben als bei Angela Merkel. Vor allem bei Frauen hatte er es schwer. Ihnen liegt das Polternde fern, das Durchgreifen, sie finden sich eher in einem kooperativen und sanften Führungsstil wieder. Steinbrück dürfte der letzte Mann vom alten Schlag gewesen sein, der einen Anlauf auf das Kanzleramt machen durfte. Gabriel, der mutmaßlich nächste Kandidat, hat zwar autoritäre

Anfälle, insgesamt aber keinen autoritären Charakter. Dieses Machtkapitel der Bundesrepublik Deutschland dürfte abgeschlossen sein.

Es geht also nicht um autoritäres Auftreten, autoritäres Führen. Es geht darum, wie Merkel ihre Interessen oder Anliegen durchsetzt, und ob überhaupt. Wenn man Merkels neun Kanzlerjahre betrachtet, werden verschiedene Führungsstrategien sichtbar. Das Bild ist insgesamt etwas seltsam, weil manche Führungsstrategien nicht nach Führung aussehen.

Situationismus: Dieser Begriff meint eigentlich eine Richtung des Sozialismus, in der Aktivisten spontan, aus der Situation heraus, ihre Aktionen machen, vor allem Protestaktionen. Merkels Situationismus funktioniert ähnlich. Sie nutzt bestimmte Situationen, um den Widerstand gegen ihre Anliegen kleinzuhalten. Ein anderer Name dafür ist Überfallpolitik. Die Rente mit 67, die einzig belastende Sozialreform in Merkels Kanzlerschaft, brachte sie unmittelbar nach der Wahl 2005 auf den Weg. Das ist klassischerweise die beste Situation für Gesetze, die weh tun. Bis zur nächsten Wahl ist der Schmerz nahezu vergessen. Arbeitsminister Franz Müntefering hat dieses Gesetz gemacht, aber natürlich mit Merkels Einverständnis. Als die Klimaforscher im Februar 2007 ihr Gutachten über die Erderwärmung vorstellten, nutzte Merkel den Schock der anderen Politiker und der Bürger, um der Europäischen Union ganz schnell einigermaßen strenge Klimaziele zu verordnen. In einer Kabinettssitzung im Juni 2010, als es um Sparpläne ging, sagte Verteidigungsminister Guttenberg, um sparen zu können, müsse er die Wehrpflicht abschaffen. Dann machen wir das eben, sagte Merkel. Und Guttenberg machte es. Sofort. Nominell ist sie nur ausgesetzt, aber in Wahrheit abgeschafft. Über die Wehrpflicht wurde da schon seit Jahrzehnten diskutiert, sie galt als ein Lieblingskind der Union und war deshalb auf dem normalen politischen Weg, über Debatten, über die Gremien nicht abzuschaffen. Als Merkel im Fernsehen die Reaktorkatastrophe von Fukushima sah, verabschiedete sie sich kurzerhand von der Atomkraft, nachdem die Union und sie, die Physikerin, immer großes Vertrauen in die Atomkraft gesetzt hatten. Mehr Situationismus geht nicht.

Auf den ersten Blick wirkt es überraschend, dass Merkel mit diesem Ansatz Politik macht. Sie gilt, auch weil sie Naturwissenschaftlerin ist, als kühle Planerin, als Strategin, handelt dafür aber erstaunlich oft aus dem Affekt. Der situationistische Politiker muss flexibel sein, braucht ein weiches Fundament. An diesem Punkt wird verständlich, dass gerade Merkel Situationistin ist.

Insgesamt wirkt Politik in der medialen Darstellung strategischer, planvoller, als sie in Wahrheit ist. Ich hatte einmal einen Chef, der schnappte hier und dort Hinweise auf, was Schröder vorhaben könnte und dann setzte er das zu einem Plan zusammen. Schröders Drei-Punkte-Plan. Schröders Fünf-Punkte-Plan. Natürlich kam nie ein Dementi aus dem Bundeskanzleramt. Dort freute man sich, dass die Politik so planvoll dargestellt wurde. In Wahrheit entsteht Politik oft chaotisch und zufällig.

So war das auch beim großen Reformwerk Agenda 2010. Ich habe die Entstehung gemeinsam mit meinem Kollegen Matthias Geyer rekonstruiert, und es war erstaunlich in welcher Hektik und Zufälligkeit entschieden wurde, was in Schröders Agenda-Rede hineinkommt und was nicht. In nächtlichen Sitzungen wurde geschrieben, gestrichen und geschrieben und gestrichen. Niemand hatte einen größeren Plan, es war kein durchdachtes Konzept, das mit einer politischen Strategie verknüpft war. Schröder strich alle Gedanken, die seinem Projekt eine Begründung gegeben hätten.

Deutsche Politik ist alles in allem unterkomplex. Ich bin nur zwei Politikberatern begegnet, die in der Lage sind, konsequent und hochintelligent machtstrategisch zu denken. Der eine ist Thomas Steg, ehemals Regierungssprecher von Schröder und Merkel, der andere Martin Neumeyer, einer der wichtigsten Berater von Stoiber. Sie können mehr als drei Schritte vorausdenken und den Machtaspekt jeder Handlung und jedes Satzes analysieren. Sie denken dabei nicht in moralischen Dimensionen, sondern in machiavellistischen. Es geht um den Machterhalt, Machtausbau, nicht um das Gute. Interessanterweise sind beide vom Typus des Dieners, sind unterwürfig in der Gegenwart ihres Auftraggebers, ihrer Auftraggeberin, und Steg war sogar in der Lage erst gegen Merkel zu arbeiten, dann für Merkel, schließlich wieder gegen Merkel, als Sprecher des Wahlkämpfers Steinmeier.

Folgsamkeit: Kann Folgsamkeit eine Führungsstrategie sein? Langfristig ja. Ein Beispiel ist die Kür des Bundespräsidenten Joachim Gauck. Nach dem Rücktritt von Wulff brauchte Merkel einen neuen Kandidaten. Sie hatte die Erfahrung gemacht, dass Gauck ihr als Gegenkandidat gefährlich geworden war. Als sie hörte, dass sich der Zug wieder in diese Richtung bewegte, auch in der eigenen Partei, wehrte sie sich nicht, sondern machte Gauck zu ihrem Kandidaten. In jenen Tagen sah sie schwach aus, wie entmachtet, aber sie weiß, dass am Wahltag niemand seine Entscheidung danach richten wird, wie der Bundespräsident installiert wurde. In einer Demokratie kann man nicht immer stark sein oder stark wirken. Es kommt darauf an, sich in seinen schwachen Momenten ertragen zu können. Das fällt dem autoritären Typus schwerer.

Bei Merkel ist eine Art der Folgsamkeit stark ausgeprägt, und das ist die Folgsamkeit gegenüber der Bevölkerung, also gegenüber den Umfragen und den Stimmungen, die sie zu spüren meint. Eine der schwierigsten Disziplinen der Demokratie ist die Politik gegen das Volk, also gegen die Mehrheitsmeinung. Das darf nicht zu oft vorkommen, da die Regierung vor einem Legitimitätsproblem stünde, würde sie dauernd gegen die Mehrheit handeln. Theoretisch darf sie das, da sie ein repräsentatives Mandat für vier Jahre hat, und die Politik nachträglich durch die Wahlen legitimiert oder verworfen werden kann. Praktisch ist das kaum zu machen, da die Regierungsparteien wahrscheinlich bei den Landtagswahlen, die in der Legislaturperiode liegen, abgestraft würden.

Es hin und wieder zu riskieren zeigt aber Weitsicht und Mumm. Denn auch das Volk hat nicht immer recht, kann irren, kann durch Bequemlichkeiten, Ängste und Sorgen blockiert sein.

Hier sind noch einmal wichtige Entscheidungen, die gegen starke Strömungen in der Bevölkerung durchgesetzt wurden:

Adenauer entschied sich, die deutsche Einheit auf unabsehbare Zeit preiszugeben, was ihm die Deutschen 1949 sicherlich nicht in einer Volksabstimmung genehmigt hätten.

Die Große Koalition setzte die Notstandsgesetze gegen den Protest der Straße durch.

Brandts Ostpolitik stieß auf harten Widerstand. Eine Umfrage zeigte, dass mehr Bundesdeutsche seinen Kniefall in Warschau schlecht fanden als gut.

Die Nachrüstung, die Helmut Schmidt initiiert und Helmut Kohl durchgesetzt hat, wäre bei einer Volksabstimmung wohl durchgefallen. Beide blieben gegen eine starke Protestkultur standhaft.

Die Deutschen hätten die Mark gern behalten, Kohl ersetzte sie durch den Euro.

Schröders Agenda 2010 trug stark zu seiner Abwahl bei. Bis heute leidet die SPD an diesem Bruch mit den eigenen Traditionen.

Es gibt keine endgültigen Urteile der Geschichte. Ob die Nachrüstung dazu beigetragen hat, die Sowjetunion in die Knie zu zwingen, lässt sich nicht hart belegen, aber auch nicht hart widerlegen. Der Nutzen der Ostpolitik ist heute umstritten. Der Euro wirkte erst wie ein großer Erfolg, nun bezweifeln viele, dass er nützlich ist für Deutschland. Von der Agenda 2010 sagen die einen, dass sie eine Menge zum Aufschwung der deutschen Wirtschaft beigetragen hat. Andere bezweifeln das. Unumstritten sind wohl nur die Notstandsgesetze, weil sie eine Lücke füllten, die sich auftat, als die Alliierten einen Teil ihrer Rechte aufgaben. Ich persönlich neige dazu, auch in den anderen Fällen die Entscheidungen der Politik für richtig zu halten. Auch deshalb bin ich der Ansicht, dass die Politik manchmal gegen die Stimmung der Bevölkerung entscheiden muss.

Stille: Stille ist das Machtinstrument, das Angela Merkel wohl am häufigsten anwendet. Als ihre Koalition über die Energiewende stritt, hörte man erst einmal nichts von ihr. Dann fiel der leise Satz: »Es wird Gleichstrom-Hochspannungsleitungen geben.« Präzise in der technologischen Bezeichnung, nichtssagend in den Folgen. Schon klar, dass es Gleichstrom-Hochspannungsleitungen geben wird, aber ihre Kollegen und vor allem die Menschen in den betroffenen Regionen wüssten gern, auf welcher Seite Merkel steht, auf der von Albig und Duin und Fahimi oder auf der von Seehofer. Das ist aber keine Position, die Merkel behagt, dass sie früh in einer Debatte auf einer Seite steht. Sie zieht es vor, zu schweigen, zu schweigen, zu schweigen, bis klar ist, welche Seite sich durchsetzen wird. Dann springt Merkel so, dass es aussieht, als hätte sie schon immer auf jener Seite gestanden. Warum Merkel so gut schweigen kann und warum das so nützlich ist, haben wir schon weiter oben geklärt, als es um ihre Herkunft ging.

Scheinhandeln: Anfang 2014 stritt die Große Koalition über die Zuwanderung. In einer Beschlussvorlage der CSU stand der Satz: »Wer betrügt, der fliegt.« Das wäre die Situation für ein Machtwort gewesen. Der Satz war eklig, weil er Klischees und Ressentiments aufgriff. Die SPD entrüstete sich, und die Bundeskanzlerin hätte sich von Seehofer distanzieren müssen. Was tat Merkel: Sie schwieg. Dann setzte sie einen Staatssekretärsausschuss ein. Er sollte über das Thema beraten. Es verschwand damit aus den Medien, und Merkel musste sich nicht auf eine Seite schlagen, musste niemanden verprellen. Die Sache war vertagt. Vielleicht beruhigen sich die Gemüter, vielleicht erledigt sich die Geschichte, vielleicht finden die Staatssekretäre einen Kompromiss. Die Verantwortung wird delegiert, und vielleicht löst sie sich einfach auf. Merkel hat scheinbar gehandelt, ohne dass die Frage behandelt wurde, was mit arbeitslosen Zuwanderern passieren soll.

Langeweile: Merkel ist nicht aggressiv. Sie kann sarkastisch sein, schadenfroh, aber sie greift nur selten jemanden an. Und wer nicht angreift, liefert weniger Grund, selbst angegriffen zu werden. Sie spitzt nicht einmal zu, eröffnet keine Debatten, sondern redet in der Regel neutral daher. Sie verbreitet die Aura der Aufregungslosigkeit um sich, der Langeweile. Das ist wirklich innovativ, diese Machtstrategie hat noch keiner versucht. Dabei ist Merkel persönlich gar nicht langweilig. Sie ist klug, gebildet, neugierig, witzig, aber sie zeigt das in der Öffentlichkeit nicht gern.

Steinbrück versuchte im Wahlkampf 2013 eine Gegenstrategie. Er versuchte sich an starken Sätzen, er machte bei seinen Auftritten ständig Witze und redete wie ein schnurrender Conferencier, er zeigte den Mittelfinger und sagte von sich: »Ich bin wenigstens nicht langweilig.« Das hielt er für einen Vorteil. Und das war einer seiner Irrtümer. Die Deutschen sind an Merkels Langeweile gewöhnt, sie wissen, dass sie mit ihr keine Aufregungen fürchten müssen, und das finden sie gut.

Indolenz: Das heißt Trägheit bis hin zur Untätigkeit und ist eines der wirksamsten Machtinstrumente überhaupt. Wer nichts macht, macht nichts falsch. Diese banale Regel aus dem Volksmund wird von Politikern gern praktiziert.

Es gibt im politischen System einige Faktoren, die zu einer beinahe strukturellen Untätigkeit führen. Dazu zählen:

Die Kürze der Legislaturperiode von vier Jahren. Das erste Jahr gilt als Zeit der Einarbeitung, das vierte Jahr ist für den Wahlkampf reserviert. Damit bleiben zwei Jahre in der Mitte, in denen der Bundestag und die Bundesregierung ordentlich an Gesetzen arbeiten können.

Die Macht des Bundesrates. Wenn die Mehrheiten im Bundestag und im Bundesrat verschieden sind, kommt es zur Blockade. Die Bundesregierung erspart sich dann gern Vorhaben, von denen sie weiß, dass sie in der Länderkammer chancenlos sind, oder sie fallen dort durch, wie Helmut Kohls Steuerreform von 1997.

Die Häufigkeit der Wahlen. Zwischen den Terminen der Bundestagswahlen liegen viele Landtagswahlen. Dabei gibt es große und kleine Termine. Wenn Bremen wählt, hat das wenig Einfluss auf die Bundespolitik. Das Land ist klein, und auf jeden Fall gewinnt wieder die SPD, womit sich die Mehrheitsverhältnisse im Bundesrat nicht ändern, zumal Bremen dort nur wenig Stimmen hat. Im Fall von Nordrhein-Westfalen, Baden-Württemberg, Bayern oder Hessen ist das anders. Oder wenn mehrere Bundesländer an einem Tag wählen. In den drei, vier Monaten vor diesen Terminen setzt sich die Politik in Berlin zur Ruhe. Wer jetzt etwas tut, kann Fehler machen, die für die anstehende Wahl entscheidend sind.

In all diesen Zeiten liegt die Macht brach, sie wird nicht genutzt. Ein mutiger, entschlossener Bundeskanzler könnte diese Widrigkeiten ignorieren und trotzdem handeln. Merkel ist ein solcher Typ nicht. Sie setzt auf einen indolenten Regierungsstil, nur kein Aktionismus. Wenn sie den Eindruck hat, dass etwas schwierig wird, weil der Koalitionspartner oder die Bevölkerung skeptisch sind, packt sie es nicht an. Das sichert Macht. Zeiten der Indolenz sind Zeiten der Sicherheit für die Bundeskanzlerin.

Sie hat diese Strategie auf eine geradezu infame Weise während des Wahlkampfes 2009 eingesetzt. Das Verfahren nennt sich asymmetrische Demobilisierung. Sie führte ihre Kampagne bewusst indolent, bewusst sanft und unauffällig, weil sie eine bestimmte Wählergruppe von den Urnen festhalten wollte. Das sind die Bürger, die der SPD zuneigen, aber nicht wählen gehen, wenn sie sich nicht ärgern, nicht aufregen, wenn sie nicht die Gefahr sehen, dass ihren Wünschen in unerträglicher Weise zuwidergehandelt wird. Diese Leute wollte Merkel demobilisieren. Sie sollten am Wahltag schön zu Hause bleiben. Asymmetrisch heißt dieses Verfahren, weil die eigenen Anhänger natürlich wählen sollen und dazu aufgefordert werden.

Für mich ist das Merkels große Versündigung an der Demokratie. Sie wollte die Wahlbeteiligung niedrig halten, um an der Macht bleiben zu können. Bislang war es das Ziel der Politiker, möglichst viele Bürger für die Demokratie zu interessieren, weil sie das Interesse und die Beteiligung der Menschen braucht.

Losgelöstheit: Diesen Punkt müssen wir nicht mehr behandeln. Wer sich mit nichts verbindet, gerät nicht in Gefahr, für etwas einstehen zu müssen und seiner Macht Gefahren auszusetzen.

Situationismus. Folgsamkeit. Stille. Scheinhandeln. Langeweile. Indolenz. Losgelöstheit. Das ist der wohl erstaunlichste Katalog von Machtinstrumenten in der Geschichte der Bundesrepublik, und für mich ist das kein ironischer Katalog. Merkel macht damit Politik. Sie konnte Elemente davon bei den anderen Kanzlerschaften entdecken, aber diese Bündelung ist einmalig. Ich möchte daraus jetzt aber keinen Sechs-Punkte-Plan machen. So strategisch ist Merkel nicht.

In ihrem Repertoire sind auch Klassiker wie Härte gegen sich und andere, zum Beispiel Norbert Röttgen. Ihr unbändiger Machtwille, diese Abwesenheit einer Vorstellung von einem anderen, besseren Leben. Einer der wichtigsten Faktoren ist ihre Beliebtheit. Seit Jahren steht sie ganz oben in den Ranglisten, erste, zweite, dritte Plätze. Solche Tabellen können einem wie Spielereien vorkommen, doch in Wahrheit sind sie immer wichtiger geworden. Ihre Parteifreunde und Koalitionspartner sehen sie nicht als Angela Merkel, sechzig Jahre alt, sondern als Angela Merkel, über sechzig Prozent schwer. In diesem Bereich liegt ihre Zustimmungsrate. Das hat Wirkung. Wer beim Volk ankommt, ist geschützt. Mit dem legt man sich ungern an.

Ludwig Erhard wollte seine Kanzlerschaft unter das Motto »Volksdemokratie« stellen, in Abkehr von Adenauers autoritärem Führungsstil. Er wollte in die Stimmungen der Bevölkerung hineinhorchen und mit ihrer Zustimmung regieren. Er hatte nicht die Zeit und die Fähigkeiten, das zu etablieren. Merkel hat das geschafft, ohne Plan, sogar ohne Anbiederungen im Gestus, sondern authentisch unbeholfen oder sperrig in ihren Auftritten, aber das kommt an.

Es ist schwer, Machtfülle miteinander zu vergleichen. In ihrer eigenen Partei hat Merkel sicherlich mehr Macht als alle anderen Vorsitzenden seit Konrad Adenauer. Kohl hatte ein paar machtvolle Jahre nach der Einheit, aber dann saß ihm schon Wolfgang Schäuble im Nacken. Sozialdemokraten können als Kanzler gar nicht unumstritten sein, weil Teilen der SPD die Macht an sich verdächtig ist, und es herrscht ein solcher Widerspruchsgeist, dass niemand auf Dauer in Frieden regieren kann. Insofern ist die SPD eine urdemokratische Partei. Die

CDU ist mit dem Machtgedanken versöhnt und kann sich damit abfinden, Kanzlerinwahlverein zu sein. Man kann es auch so sagen: In der CDU sind andere Spitzenpolitiker das Problem für den Vorsitzenden oder den Kanzler, in der SPD ist es vor allem die weit gefasste Basis, einschließlich den Hinterbänken der Bundestagsfraktion.

Ist Merkel damit die mächtigste Kanzlerin aller Zeiten? Die Partei hinter sich, das Volk hinter sich, die SPD weitgehend gezähmt. Die Antwort ist trotzdem nein. Mit Merkel verknüpft sich ein Machtparadox. Sie ist so mächtig, weil sie ihre Macht nicht einsetzt, und damit wiederum ist sie nicht mächtig. Bei ihr ist Macht vor allem etwas Nicht-Greifbares, auch Theoretisches. Es drückt sich aus in einem guten Wahlergebnis, sehr guten Umfragewerten, der Abwesenheit von innerparteilicher Konkurrenz, der machtpolitischen Erlahmung der SPD. Damit wirkt Merkel mächtig. Ob sie es tatsächlich ist, hat sie nicht ausprobiert. Dafür müsste sie einmal etwas wagen, müsste gegen Umfragen, gegen den Zeitgeist, gegen den Koalitionspartner oder gegen den Widerstand ihrer Partei etwas durchsetzen.

In gewisser Weise ist Merkel damit eine besonders machtlose Kanzlerin. Es gibt eine passive Macht und eine aktive Macht. Die passive Macht folgt daraus, dass niemand widerspricht, aus Angst oder aus Zufriedenheit, aus Indolenz. Aktive Macht heißt: Etwas durchsetzen können, gegen Widerstände, Ostpolitik, Nachrüstung, Euro, Agenda 2010. Bei der aktiven Macht steht Merkel auf der Rangliste ganz hinten.

Vergleichen wir noch einmal Adenauer und Merkel. Adenauer war in der Bundesrepublik sehr mächtig. In der Welt dagegen hatte er, trotz seiner Großmachtphantasie, wenig zu sagen. Die Bundesrepublik war nicht souverän, stand unter Aufsicht der West-Alliierten und konnte außenpolitisch nur als Teil eines Bündnisses und einer Union wirken, Nato und Montan-union. Adenauer hatte keine Macht nach außen.

Merkel regiert dagegen einen souveränen Staat. Er ist immer noch Teil eines Bündnisses und einer Union, Nato und EU. Aber die Dinge haben sich in zwei gegensätzliche Entwicklungen entwickelt. Die Bundesrepublik ist zugleich stärker vereinzelt und verflochten, mit Folgen für ihre Machtposition in der Welt.

Vor der Krise in der Ukraine sah das so aus: Das Gewicht der Nato war gesunken. Sie war nicht mehr die Gegenmacht zum Warschauer Pakt. Sie war nicht mehr so eindeutig das Schwert des Westens, weil es den Westen so nicht mehr gab. Die Führungsmacht USA hat einen großen Teil ihres Interesses auf Asien verlegt, Europa war nicht mehr so wichtig. Es ging nicht mehr so stark um politisch-militärische Interessen, sondern um wirtschaftliche. Da handelt jeder auf eigene Rechnung. Die USA und Deutschland sind in Asien Konkurrenten. Merkel sagte einmal in einem Hintergrundgespräch, dass sie in China nicht Interessen der USA vertreten würde, wenn das zur Folge hätte, dass sie es sich mit China verderben würde. Bedeutete diese Loslösung, die Vereinzelung nun mehr oder weniger Macht für die Bundesrepublik? Eher weniger. Das enge Bündnis mit den USA während des Kalten Krieges bedeutete auch, dass sich die Bundesrepublik einen Teil von deren Macht lieh. Jeder wusste, dass die Deutschen neben den Briten die engsten Verbündeten der Supermacht sind. Das sorgte für Respekt. Den muss sich Deutschland nun selbst erkämpfen, und das ist für ein relativ kleines Land nicht so leicht.

Die Ukraine-Krise hat den Westen enger zusammenrücken lassen. Aber das änderte zunächst nichts an der Machtlosigkeit. Da die Nato nicht bereit war, das Leben von Soldaten zu riskieren, konnte Wladimir Putin seine Interessen durchsetzen (Stand Mai 2014).

Mit Europa ist Deutschland heute weit mehr verflochten als zu Zeiten Adenauers. Noch vor zehn Jahren sah es so, als lebten wir eher in einer Brüsseler als in einer Berliner Republik. Die Kommission der EU schien das Machtzentrum des Kontinents zu sein oder zu werden, Tausende Richtlinien kommen von dort und bestimmen die Gesetzgebung der Nationalstaaten. Das ist im Prinzip immer noch so, doch in der Euro-Krise stellten die Regierungen der Länder ihre Interessen wieder in den Vordergrund. Brüssel spielt kaum noch eine Rolle, die Machtfrage in Europa wird unter den Nationalstaaten geklärt. Deutschland als größtes und wirtschaftlich stärkstes Land wirkte eine Zeitlang wie der Hegemon des Kontinents, wie eine kontinentale Großmacht. Gegen Merkel lief nichts. Aber bald hatten die anderen Staaten den Eindruck, dass Merkel nicht führe, dass sie der Politik keine klare Richtung gebe, wobei Führung in deren Sinne auch gemeint hätte: Deutschland zahlt für die Schwächen der anderen. Dazu war Merkel nur bedingt bereit. Sie schützte die heimischen Kassen. Deshalb sprang ein anderer in die Bresche, Mario Draghi, der Präsident der Europäischen Zentralbank. Er versprach den unbegrenzten Ankauf von Staatsanleihen, gegen Merkels Vorstellungen, aber da war nichts zu machen. Man kann daher nicht sagen, dass Deutschland machtvoll in Europa regiert.

Adenauer hatte ein Problem nicht, das Merkels Macht stark einschränkt. Das sind die multinationalen Konzerne. Die Wirtschaft war nicht so mächtig, weil sie nicht mit Arbeitsplatzabbau drohen konnte. Zu Adenauers Zeiten hatte mehr oder weniger jeder einen Job, und die Unternehmen konnten den Staat nicht so leicht erpressen. Das änderte sich mit Beginn der achtziger Jahre, als die Massenarbeitslosigkeit ausbrach und für einen partiellen Machtwechsel sorgte. »Das kostet Arbeitsplätze« wurde zu einem Argument, dem die Politik wenig entgegenzusetzen hatte. Bei den großen Reformdebatten und

Reformversuchen der Bundesrepublik 1981/82, 1996/97 und 2003/04 mischten die Interessenvertreter der Wirtschaft stark mit. Die Politik wurde entpolitisiert und ökonomisiert.

Auch Merkel hat immer ein offenes Ohr für die Industrie, vor allem die Autoindustrie. Martin Winterkorn, der Chef von Volkswagen, hat Zugang, sobald er das wünscht, und Merkel ist bereit, seine Forderungen zu erfüllen. Ich habe Winterkorn im vergangenen Jahr einige Tage lang begleitet, und interessant war, dass es in diesem Bereich noch Macht und Autorität im alten Sinne gibt. Er schnauzte seine Leute an und war von einem willfährigen Hofstaat umgeben, dessen Unterwerfungsbereitschaft an vordemokratische Zeiten erinnerte. Ein Freund von mir war dabei, als Merkel den VW-Chef und andere zu einem Abendessen ins Kanzleramt geladen hatte. Auch hier führte Winterkorn das große Wort, nicht etwa die Kanzlerin. Die hörte meistens zu. Winterkorn hat mir zufrieden erzählt, dass Merkel die Interessen der Autoindustrie sehr gut in Brüssel vertreten habe. Sie sorgte dafür, dass die Abgasvorschriften nicht so hart ausfielen, wie das ursprünglich geplant war. Auch eine Form von Folgsamkeit.

Der ganz große Machtverlust der Politik deutet sich allerdings gerade erst an. Amerikanische Konzerne wie Facebook, Google, Yahoo oder Apple nehmen von außen Einfluss auf das Denken und Handeln der Bürger, erziehen sie zu Konsumenten, wie es ihnen, den Konzernen, passt. Mit diesen Instrumenten können sie Bürger auch politisch beeinflussen. Das wäre der erste Schritt zur Machtübernahme.

Merkels Machtprofil ist alles in allem nicht beeindruckend. Es wirkt so, als vereine sie eine Menge Macht auf sich, aber genauer betrachtet, bleibt nicht viel übrig, zumal sie die Macht weitgehend ungenutzt liegen lässt. Das ist die zynische Form des Machtwillens: Macht zu sammeln, um sie zu haben, nicht um sie zu nutzen. Es geht dann nur noch um Machterhalt.

Ich habe lange über Merkels Machtgestus nachgedacht, da er einem nicht ins Auge springt. Ihre Regierungssprecher behandelt sie meistens fair. Sie hat sich zweimal gutaussehende Männer ausgesucht und scheint sich in deren Gegenwart wohlzufühlen, so wie sich auch Ulrich Wilhelm und Steffen Seibert mit ihr wohlgefühlt haben oder wohlfühlen. Ich habe nur einmal erlebt, dass sie einen Mitarbeiter vor Journalisten angepfiffen hat, und kurz danach entschuldigte sie sich.

Merkel wirkt auch nach neun Jahren zurückhaltend, hat nicht das Gravitätische, Bombastische angenommen wie Schröder, Fischer, Schily. Manchmal sagt sie »Ich«, wenn sie den Staat oder die Bundesrepublik Deutschland meint. Einmal sagte sie, es würde in Europa keine gemeinsame Schuldenhaftung geben, solange sie lebe. Da schien sie einen Ewigkeitsanspruch zu erheben wie Adenauer, Kohl oder, am Fernsehabend, Schröder. Wahrscheinlich hat sie nicht so genau darüber nachgedacht. Merkel tritt immer noch angenehm bescheiden auf. Manchmal, wenn sie eine Idee blöd findet oder einen Vorschlag ablehnt, wischt sie mit einer Hand kurz durch die Luft, zieht eine kleine Schnute der Missbilligung und schüttelt den Kopf. Da sieht sie dann ein bisschen nach Herrscherin aus.

EINE NATION IN DER WELT –
DIE GESCHONTEN I

Was interessiert die anderen an uns? Wie kommt Deutschland im Ausland vor? Umfragen in anderen Ländern zeigen, dass wir nicht so unsympathisch sind, wie wir selbst lange glaubten. Wir werden gemocht. Eine Umfrage der BBC im Jahr 2013 ergab, dass die Deutschen weltweit die beliebteste Nation sind.

Aber was ist interessant an uns? Was wird über uns erzählt? Hinweise kann der Film liefern. In der Filmbranche, in Hollywood und anderswo, entstehen die großen Erzählungen. Was sind dort die deutschen Themen?

Als Quentin Tarantino einen Film über und mit Deutschen gemacht hat, »Inglorious Basterds«, spielte der im Zweiten Weltkrieg. Die Deutschen konnten ihre Stars in Naziuniformen sehen, Daniel Brühl, Martin Wuttke, Till Schweiger. Der Österreicher Christoph Waltz spielte einen Judenjäger.

George Clooney interessierte an Deutschland der Kunstschatz der Nazis. In seinem Film »Monuments Men« lässt er eine kleine Truppe in den letzten Kriegsmonaten auf Schatzjagd gehen.

Ein weiterer Film mit deutschem Stoff ist »Valkyrie«. Tom Cruise spielte Claus Schenk Graf Stauffenberg, der am 20. Juli 1944 ein Attentat auf Hitler verübt hatte.

Für ihre Rolle in »Die Vorleserin« bekam Kate Winslet einen Oscar. Sie spielt eine ehemalige KZ-Aufseherin, die eine Liebesbeziehung zu einem jungen Mann unterhält. Der gleichnamige Roman von Bernhard Schlink war zuvor ein Riesenerfolg in den USA gewesen.

»Das Leben ist schön« gewann unter anderem den Oscar

für den besten Film. Die Komödie des italienischen Regisseurs und Schauspielers Roberto Benigni spielt zum großen Teil in einem deutschen KZ.

»Schindlers Liste« ist ein Film von Steven Spielberg über den Holocaust. Ein deutscher Unternehmer rettet Juden vor der Gaskammer.

Diese Liste ist nicht vollständig. Es hat sicherlich auch den einen oder anderen Spielfilm gegeben, der deutsche Stoffe jenseits der Nazizeit ins Bild setzte, aber viele sind es nicht.

Bei Romanen ist es nicht anders, soweit ich das überblicken kann. Die ausländischen Romane mit deutschen Stoffen, die ich gelesen habe, befassten sich sämtlich mit Nazis: »Europe Central« von William T. Vollmann, »Der Tunnel« von William H. Gass, »Vaterland« von Robert Harris, »Die Akte Odessa« von Frederick Forsyth, »Die Wohlgesinnten« von Jonathan Littell, »Das Attentat« von Harry Mulisch.

Einerseits ist das ein Indiz dafür, dass wir in einem langweiligen Land leben, politisch langweilig, aber auch ohne eine Aura, die jemanden anregen könnte, einen großen Liebesfilm in Deutschland anzusiedeln, so wie Woody Allen Liebesfilme in Frankreich, Italien oder Spanien angesiedelt hat.

Politisch ist in der Bundesrepublik offenbar nicht viel passiert, was Filmstoff für andere hergeben könnte. Es fehlen die spannenden Figuren, die großen Abenteuer. So sehen wir das selbst auch. Die abenteuerlichste Geschichte, die wir von uns kennen, ist die der RAF. Dazu gibt es ungezählte Filme aus Deutschland, nicht nur, weil das so außergewöhnlich spannend und wichtig war, sondern auch weil es praktisch konkurrenzfrei ist.

Wir sind interessant, weil es die Nazizeit gab. So muss man das wohl zusammenfassen. In den Augen der anderen sind wir ein Land, dessen Vergangenheit sich über die Gegenwart stülpt. Das heißt nicht, dass man uns nicht mögen kann, das heißt, dass man über uns fast nur das erzählen kann. Wir stecken im Bann der Nazigeschichte, nach außen, aber auch nach innen. Das bestimmt unser Bewusstsein, das politische Handeln im Inneren und Äußeren.

Es geht in diesem Kapitel um die deutsche Nation in der Welt. Wie steht sie da? Wie macht sie Außenpolitik? Wie steht Angela Merkel zur Nation und was macht sie daraus? Dafür muss man erst einmal klären, was Nation in Deutschland heißt. Fragen der Nation sind in besonderer Weise Fragen an die Geschichte. Wie hat sich ein Volk gebildet, wie ist der Staat entstanden, welche Traditionen fließen in die Gegenwart ein? Es gibt keinen anderen politischen Begriff, der so geschichtsgeladen ist wie »Nation«.

Die Wörter »deutsch« und »Nation« finden in dem Begriff »Heiliges Römisches Reich deutscher Nation« zusammen. Es entstand im zehnten Jahrhundert unter den Ottonen, aber es war kein Nationalstaat im heutigen Sinne. Dieses erste deutsche Reich hatte keine festen Grenzen, und das »Volk« war nicht annähernd homogen, sondern bestand aus vielen Volksgruppen und sprach viele Sprachen. Im Jahr 1806, nach den Niederlagen Österreichs und Preußens gegen Napoleons Armeen, endete dieses Heilige Römische Reich deutscher Nation. Die Geschichte danach lässt sich in sechs Phasen unterteilen, je drei Sehnsuchts- und drei Erfüllungsphasen, die einander abwechselten.

Sehnsuchtsphase I: Bis 1871 ist die deutschsprachige Welt zersplittert in viele Kleinstaaten sowie die beiden Großmächte Österreich-Ungarn und Preußen. Viele Deutsche sehnen sich nach Einheit, aber die ist schwer zu erreichen, weil das Kaiserreich im Süden über den deutschsprachigen Raum hinausgreift, nach Ungarn, nach Böhmen und Mähren, auf den Balkan. Österreich kann sich deshalb nicht mit den Kleinstaaten und Preußen vereinen. Zudem schwelt eine alte Feindschaft zwischen Preußen und Österreich-Ungarn. Gleichwohl ist die staatliche Einheit ein Traum vieler Deutscher. Er ist verbunden mit dem Wunsch nach Demokratie und Freiheit. So kommt es zur Revolution von 1848/49, die aber weitgehend erfolglos bleibt. Der preußische König lehnt die Reichskrone ab, die ihm die Revolutionäre der Paulskirchen-Versammlung anbieten. In Wien schießt das Militär die Barrikaden und ihre Verteidiger zusammen, Revolutionäre wie Robert Blum werden hingerichtet. Es geht weiter mit der Kleinstaaterei und dem preußisch-österreichischen Antagonismus, aber die Sehnsucht nach Einheit bleibt. Sie ist häufig begleitet von Hass gegen Frankreich oder Russland.

Erfüllungsphase I: Nach Kriegen gegen Dänemark, Österreich und Frankreich vereinen sich die Deutschen 1871 unter preußischer Führung im Kaiserreich, dem zweiten deutschen Reich, das bald einem expansiven Nationalismus frönt. Eilig werden Kolonien zusammengerafft, eine Hochseeflotte soll Herrschaft über die Weltmeere sichern. Nationale Hybris und Chauvinismus dominieren die Politik. Das Kaiserreich ist eine der Großmächte, die den Ersten Weltkrieg anzetteln und geht darin unter.

Sehnsuchtsphase II: Sie zieht sich durch die Weimarer Republik, dauert von 1918 bis 1933. Der Friedensvertrag von Versailles gibt den Deutschen die Alleinschuld am Ausbruch des Ersten Weltkriegs. Er nimmt ihnen einen Teil der Souveränität und des Territoriums. Elsass-Lothringen geht wieder verloren, die Rüstung wird begrenzt, Franzosen und Belgier besetzen 1923 das Ruhrgebiet. Die Deutschen sehnen sich bald nach alter Größe und Stärke und Souveränität und wollen die Schmach von Versailles tilgen. Hitler macht das zu seinem Programm und wird damit am 30. Januar 1933 Reichskanzler. Er ruft das »Dritte Reich« aus.

Erfüllungsphase II: Hitler trimmt Deutschland auf militärische und wirtschaftliche Stärke. Ein extremer Nationalismus macht sich breit, das Gefühl der Überlegenheit lebt sich wieder aus, Hass gegen andere grassiert, gegen Juden und die Sowjetunion, aber auch gegen die Nachbarn. Deutschland entfesselt den Zweiten Weltkrieg und will mit industrieller Tötung die Juden vernichten. Nach zwölf Jahren Nationalsozialismus liegt Europa in Trümmern, sechs Millionen Juden sind ermordet worden.

Sehnsuchtsphase III: Wieder ist Deutschland zersplittert. Einige Landesteile sind verloren, Ostpreußen, Pommern und Schlesien. Das Kernland ist gespalten, erst in Besatzungszonen, dann ab 1949 in zwei Staaten, die Bundesrepublik Deutschland und die Deutsche Demokratische Republik.

Die nationale Frage bestimmt zunächst die Politik, neben dem Wiederaufbau. Konrad Adenauer hat sich dafür entschieden, die Bundesrepublik an den Westen zu binden. Deshalb bleiben die sogenannten Stalin-Noten folgenlos. 1952 bietet die Sowjetunion den Westmächten an, über ein vereintes, neutrales Deutschland reden zu wollen. Dies ist eine Reaktion auf Pläne, eine Europäische Verteidigungsgemeinschaft (EVG) zu gründen, mit einer wiederbewaffneten Bundesrepublik. Aber der junge Staat will und soll Teil des Westens bleiben. Stalins Angebot wird abgelehnt. Der Plan einer Europäischen Verteidigungsgemeinschaft scheitert, weil die französische Nationalversammlung dem Abkommen nicht zustimmt. Daraufhin wird die Bundesrepublik 1955 durch die Pariser Verträge in die Nato aufgenommen und darf eigene Streitkräfte aufstellen. Damit ist eine Wiedervereinigung erst einmal ausgeschlossen.

Bis heute ist umstritten, ob Stalin sein Angebot ernst meinte, oder ob es nur ein politisches Manöver war, um die EVG zu verhindern. Man kann aber nicht sagen, dass es ausgeschlagen wurde, weil die bundesdeutsche Regierung es nicht ernst genommen hat. Adenauer wollte es nicht annehmen, weil er eine Wiedervereinigung mit der Auflage, neutral bleiben zu müssen, ausschloss.

Die Geschichte gibt seinem Kurs recht. Die Bundesrepublik prosperierte und konnte später die DDR übernehmen, ohne unangenehme Bedingungen erfüllen zu müssen. Doch sollte man nicht vergessen, dass die Menschen der DDR damals verraten wurden. Die Westbindung war Adenauer wichtiger als die Wiedervereinigung. Die Ostdeutschen blieben der SED und der Sowjetunion ausgeliefert, ohne die Freiheiten und den Wohlstand des Westens. Kontrafaktische Geschichtsschreibung ist naturgemäß äußerst spekulativ. Wir wissen nicht, wie sich ein neutrales Deutschland entwickelt hätte. Allerdings kommen mir alle Bekenntnisse zur Einheit nach den Stalin-Noten schal vor. Es waren für eine ganze Weile nur Lippenbekenntnisse.

Die Sehnsucht blieb, aber nach dem Bau der Mauer im Sommer 1961 war klar, dass die Einheit so bald nicht kommen würde, wenn überhaupt. Die deutsche Frage wurde zu einer Sache für Sonntagsreden und für eine ziemlich verschwiemelte Außenpolitik. Die Bundesrepublik wollte den Anschein bewahren, es gäbe in Wahrheit nur einen rechtmäßigen deutschen Staat, die Bundesrepublik, die in einer Art vorweggenommener oder spekulativer Einheit alle Deutschen repräsentiere. Dem diente die sogenannte Hallstein-Doktrin, nach der zu verhindern war, dass Staaten außerhalb des Warschauer Pakts diplomatische Beziehungen zur DDR aufnehmen. Die Bevölkerungen westlich und östlich der Mauer gewöhnten sich hingegen bald an den Zustand und akzeptierten weitgehend, dass sie in zwei Staaten lebten, ohne Aufwallungen des Vermissens.

Vor allem konservative Kreise hielten den Gedanken an die Nation aufrecht, nachdem zuvor konservative Politiker deren Spaltung betrieben hatten. Wie sich das Verhältnis der Intellektuellen zur deutschen Nation und damit zur Einheit entwickelte, zeigt sich vor allem an den beiden großen historischen Debatten, die in der Bundesrepublik geführt wurden, der Fischer-Kontroverse vom Anfang der sechziger Jahre und des Historiker-Streits in der Mitte der achtziger Jahre.

Nach den katastrophalen Jahren von 1933 bis 1945 versuchten viele Deutsche, eine positive Erinnerung an die Geschichte ihrer Nation zu erhalten. Einerseits geschah das durch Verdrängen. Die Zeit der Nazis wurde ausgeklammert, wurde nicht besprochen. Geschichte war das, was gut gewesen war. Die Dichter und Denker waren und blieben gut, Goethe und Schiller und Kleist und Kant und Hegel. Es kursierte sogar die Idee, überall Goethe-Gesellschaften einzurichten, um den Deutschen über den Schock hinwegzuhelfen und sie auf das Gute des Deutschen einzuschwören.

Zudem blieb die sogenannte nationale Meistererzählung erhalten. Deutsche Geschichtsforscher hatten im neunzehnten Jahrhundert die Schule des Historismus begründet. Sie erzählten vor allem die Geschichte Preußens als Geschichte des Guten und Hehren. Es war mehr Geschichtsfeier als Geschichtsaufklärung. Das setzte sich nach 1945 fort, nicht ungebrochen, nicht so feierlich, aber es blieb gemütlich. Preußen und das deutsche Kaiserreich kamen weiterhin ganz gut weg. Zur Gemütlichkeit gehörte auch die verbreitete Gewissheit, dass die Deutschen keine Alleinschuld am Ausbruch des Ersten Weltkriegs trugen, wie im Vertrag von Versailles behauptet. Die maßgeblichen Historiker hielten sich an ein Wort des ehemaligen britischen Premiers David Lloyd George: Europa sei in den Krieg hineingeschlittert.

Dieser These widersprach 1961 der Hamburger Historiker Fritz Fischer in seinem Buch »Griff nach der Weltmacht«. Für ihn »trägt die deutsche Reichsführung einen erheblichen Teil der historischen Verantwortung für den Ausbruch des allgemeinen Krieges«. Er sah eine Kontinuität der Kriegsziele von 1914 und 1939, und damit einen inneren Zusammenhang von Kaiserreich und Nazi-Deutschland. Das löste einen heftigen Streit aus. Der Historiker Gerhard Ritter und andere wollten an der historischen Meistererzählung festhalten und bezichtigten Fischer falscher Auslegungen. Ritter fürchtete, dass der nationale Gedanke, also auch der Gedanke an eine Einheit verblassen würde, wenn den Deutschen ihre positiven Erinnerungen verbaut würden. Gerhard Ritter sah eine »Selbstverdunkelung deutschen Geschichtsbewusstseins« heraufziehen Er schrieb: »Nach meiner Überzeugung wird sich das nicht weniger verhängnisvoll auswirken als der Überpatriotismus von ehedem.«

Im Laufe der sechziger Jahre setzte sich Fischers Ansicht weitgehend durch. Es war die dann erwünschte Ansicht. Die drei Auschwitz-Prozesse in den sechziger Jahren hatten vielen Deutschen die Augen geöffnet. Verdrängen war schwieriger geworden. Und nach der Rebellion von »Achtundsechzig« gab es kein breites Interesse mehr an einer nationalen Meistererzählung. Die Haltung schlug, wie von Ritter befürchtet, ins Gegenteil um. Die jungen Deutschen gingen auf Distanz zur deutschen Geschichte, zum Deutschsein insgesamt. Ihr Bewusstsein zentrierte sich von nun an um den Holocaust herum. Das Davor und Danach wurde mit diesen schrecklichen Taten in Beziehung gesetzt, die Schuld war erdrückend, und manchmal kam ein bisschen Sühnestolz dazu.

Mein politisches Bewusstsein hat sich in der zweiten Hälfte der siebziger Jahre entwickelt. Viele meiner Lehrer waren Achtundsechziger, die den Marsch durch die Institutionen angetreten hatten. Bis dahin kamen die Lehrer mit Anzug und Krawatte in die Schule, im Krieg hatten sie ein Schnellboot kommandiert oder waren Hitlerjungen gewesen. Die neuen Lehrer trugen Jeans und karierte Hemden, einer saß im Schneidersitz auf dem Lehrerpult, während er mit uns über Geschichte sprach, besser gesagt: diskutierte. Wir diskutierten jetzt viel. Sie waren gute Lehrer, wir mochten sie. Wir fanden es lustig, wenn wir morgens bei einem Lehrer anriefen, um unser Fehlen zu entschuldigen, und sich schläfrig eine Lehrerin meldete, die mit einem anderen Lehrer verheiratet war. Die »Selbstverdunkelung« haben sie uns mitgegeben.

Ich denke, dass die Bundesrepublik eine solche Geschichtsphase durchlaufen musste. Es gab Übersteigerungen, Verirrungen, brutale Fehler, wie die Sympathie mancher Achtundsechziger für Pol Pot, einen Wiedergänger Hitlers, wie den Terrorismus, der auch antisemitisch war, zum Beispiel bei der »Selektion« von Juden 1976 in der entführten Maschine in Entebbe. Deutsche waren an dieser Mordaktion beteiligt, Deutsche, die Hitler wahrscheinlich abscheulich fanden.

Die Achtundsechziger sorgten dafür, dass die Deutschen ein Bewusstsein für die schwarze Seite ihrer Geschichte entwickelten, und das musste sein. Eine Nebenwirkung war jedoch, dass sich der Gedanke verfestigte, diese Deutschen dürften nie mehr eine Erfüllungsphase erleben, also eine deutsche Einheit. Die Geschichte lehrte, dass die vereinte Nation bald großkotzig werden und Nachbarn überfallen würde. In diesem Rahmen stand auch die Fischer-Kontroverse. Konservative wie Gerhard Ritter wollten den Gedanken bewahren, ein vereintes Deutschland könne auch eine halbwegs gute Geschichte hinbekommen. Immanuel Geiss, ein Schüler Fischers, schrieb hingegen 1972: Aus dem Ersten und Zweiten Weltkrieg ergebe sich »die Notwendigkeit, sich mit einem Status minderer Macht in Europa zu bescheiden«, ergebe sich die »endgültige Liquidierung aller patriotischen Reichsträume«, also der Wiedervereinigung. »Jeder Versuch, die politischen Konsequenzen zu umgehen, sich an ihnen vorbeizudrücken, würde unweigerlich zu einer dritten Phase deutscher Machtpolitik und damit in einen dritten, wiederum von Deutschland ausgehenden Weltkrieg hineinführen.« Er stellte diese Erkenntnis auch in den Dienst der aktuellen Politik, der Ostpolitik Willy Brandts.

Diese Ostpolitik war der nächste Abschied vom Traum der Einheit. Die Bundesrepublik erkannte die Staatlichkeit der DDR an. Zwar hieß es in einem Brief, der den Vertrag mit der

Sowjetunion begleitete: Die Bundesregierung stelle fest, »dass dieser Vertrag nicht im Widerspruch zu dem politischen Ziel der Bundesrepublik Deutschland steht, auf einen Zustand des Friedens in Europa hinzuwirken, in dem das deutsche Volk in freier Selbstbestimmung seine Einheit wiedererlangt«. Aber in Wahrheit glaubte nicht einmal Brandt an diese Einheit. Noch im Dezember 1989 sagte er der »Frankfurter Rundschau«: »Eine Wiedervereinigung von Teilen, die so noch nie zusammen waren, wird es nicht geben; eine Rückkehr zum ›Reich‹ erst recht nicht. Das und nichts anderes war die ›Lebenslüge‹ der fünfziger Jahre, die weiterzupflegen ich nicht für richtig hielt.«

Ich sah das ähnlich. Ich habe den Gedanken übernommen, dass die Einheit eine Gefahr wäre für die Welt, dass die Trennung eine gerechte Strafe sei für deutsche Untaten (ohne zu reflektieren, dass die Deutschen in der DDR die eigentliche Strafe tragen mussten, das Leben in Unfreiheit). Die DDR war für meine Generation nicht der Staat eines Brudervolks, sondern der Staat eines Volks, das man nicht besonders mochte und leise belächelte. Nichts war schlimmer als eine olympische Goldmedaille für die DDR, und sie gewannen so viele. Ich habe in den achtziger Jahren Dutzende Male in verschiedensten Situationen den Satz gesagt: Niederländer oder Briten sind mir näher als Deutsche aus der DDR. So habe ich das empfunden. Ich fand den Staat fürchterlich, das Volk bieder und uninteressant. Ich will damit nichts entschuldigen, aber ich weiß, dass ich mit dieser Sicht in jenen Jahren nicht alleine war. Die Wiedervereinigung schien unmöglich und war von vielen nicht gewollt.

Das erwies sich auch bei der zweiten großen historischen Kontroverse der Bundesrepublik, dem Historikerstreit. Er brach Mitte 1986 aus, als der Historiker Ernst Nolte in der F.A.Z. einen Text unter dem Titel »Vergangenheit, die nicht vergehen will« veröffentlichte. Seine Thesen kumulierten in

sechs Fragen: »Vollbrachten die Nationalsozialisten, voll-
brachte Hitler eine ›asiatische‹ Tat vielleicht nur deshalb, weil
sie sich und ihresgleichen als potentielle oder wirkliche Opfer
einer ›asiatischen‹ Tat betrachteten (»asiatisch« steht bei ihm
für besonders Grausam – Anm. des Autors)? War nicht der
›Archipel Gulag‹ ursprünglicher als ›Auschwitz‹? War nicht
der ›Klassenmord‹ der Bolschewiki das logische und faktische
Prius des ›Rassenmords‹ der Nationalsozialisten? Sind Hitlers
geheimste Handlungen nicht gerade dadurch zu erklären, dass
er den ›Rattenkäfig‹ nicht vergessen hatte? Rührte ›Auschwitz‹
vielleicht in seinen Ursprüngen aus einer Vergangenheit her,
die nicht vergehen wollte?«

Damit zog er den Zorn linksliberaler Intellektueller auf
sich. Sie fürchteten, Nolte und andere Historiker und Publizis-
ten des konservativen Lagers wollten einem neuen Nationalismus den Weg bereiten, und das hieß in der Konsequenz: die
Einheit anstreben. Damals regierte Helmut Kohl, und der versuchte, die Deutschen mit ihrer Geschichte zu versöhnen,
zum Teil auch mit den Jahren 1933 bis 1945. Er hatte den amerikanischen Präsidenten Ronald Reagan 1985 auf einen Friedhof in Bitburg geführt. Er wollte historische Museen in Berlin
und Bonn in seinem Sinn gestalten lassen. Das bewegte sich
in die Richtung nationale Meistererzählung, und deshalb war
die linksliberale Öffentlichkeit alarmiert.

Der Historikerstreit wurde über Monate in den Feuilletons
ausgetragen. Es ging, wie immer bei historischen Debatten
mehr um die Gegenwart als um die Vergangenheit. Wie ist das
deutsche Selbstverständnis? Was ist der deutsche Platz in der
Welt? Die linksliberale Fraktion um Jürgen Habermas, Hans-
Ulrich Wehler und Heinrich August Winkler stemmte sich gegen eine Wiedergeburt eines Nationalgefühls. Habermas setzte
den Verfassungspatriotismus dagegen. Stolz auf das Grundgesetz, nicht auf die Nation. Da es das Grundgesetz erst seit
1949 gibt, war die Zeit davor ausgeschlossen. Da es für die

Bundesrepublik gilt, war die DDR nicht in diesen Patriotismus eingeschlossen. Heinrich August Winkler schrieb im November 1986: »Angesichts der Rolle, die Deutschland bei der Entstehung der beiden Weltkriege gespielt hat, kann Europa und sollten auch die Deutschen ein neues Deutsches Reich, einen souveränen Nationalstaat, nicht mehr wollen. Das ist die Logik der Geschichte, und die ist nach Bismarcks Wort genauer als die preußische Oberrechenkammer.« Die Sehnsucht sollte eher einem vereinten Europa gelten, und so war es auch bei vielen Deutschen in den achtziger Jahren.

Drei Jahre nach dem Historikerstreit fiel die Mauer, vier Jahre später gab es wieder einen deutschen Nationalstaat. Die Bundesrepublik war um das Gebiet der DDR erweitert worden, hatte einen Friedensvertrag mit den Siegermächten geschlossen und dadurch endgültig die staatliche Souveränität gewonnen. Winkler gestand Nolte zu, dass er in dieser Frage auf der Seite gewesen war, die recht gehabt hatte.

Die Bevölkerung der DDR hatte sich nicht um solche Befürchtungen und Warnungen geschert und war mutig genug, die SED und ihren Machtapparat herauszufordern. Es begann mit dem Ruf »Wir sind das Volk«, und dem folgte bald »Wir sind ein Volk«. Während des Historikerstreits wäre das ein politisch nicht korrekter Ruf gewesen, ein Zeichen für einen unangebrachten Nationalismus. Die schnelle und weitgehend problemlose Vereinigung lässt die Bedenken geradezu lächerlich wirken. Aber man sollte Debatten in ihrer Zeit betrachten, und damals lag die Herrschaft Hitlers erst vierzig Jahre zurück, und es gab immer noch Misstrauen gegen die Deutschen und einen neuen deutschen Nationalstaat, weil man sich diesen nur mit Bezug auf die Vergangenheit vorstellen konnte, mit Bezug auf die beiden Erfüllungsphasen, und die waren jeweils in einer Katastrophe geendet. Man kann aber auch aus heutiger Zeit auf diese Sehnsuchtsphase zurückschauen und ein bisschen amüsiert darüber sein, welche Ängste damals herrschten, und wie unbegründet sie bislang waren. Amüsiert bin ich da auch über mich selbst.

Erfüllungsphase III: Das ist die Zeit seit dem 3. Oktober 1990, das ist die Zeit, in der wir leben. Bald zeigte sich, dass die Deutschen trotz der Teilung eine Nation geblieben sind, sich jedenfalls bald nach der Wiedervereinigung wieder als Nation entdecken konnten. Da wirkt die gemeinsame Geschichte. Es ist eben nicht so, dass uns Briten oder Niederländer näher waren als die Deutschen, die im Sozialismus lebten. Wir dachten das. Aber dann zeigte sich, dass der westliche Teil Deutschlands schnell mit dem östlichen Teil zusammenwachsen kann, nicht so schnell aber mit den anderen europäischen Staaten. Es gibt eben doch so etwas wie ein gewachsenes Nationalgefühl, und das wirkt stärker als der immer noch wunderbare Wunsch, ein gemeinsames Europa zu bilden. Leider, finde ich. In meinen Augen sollte beides gleich stark sein.

Nach dem Krieg waren die Deutschen ein stilles Volk geworden, eines, das national nicht auftrumpfte, die Nationalhymne leise sang, wenn überhaupt. Anders als in den USA hisste so gut wie niemand die nationale Fahne an Feiertagen oder auch sonst. Das Bewusstsein für das, was Deutsche in der Geschichte angerichtet hatten, bestimmte die Stimmung der Gegenwart. Die deutsche Schuld drückte, bedrückte. Das erlebte gewiss nicht jeder Einzelne so, aber als die Deutschen zur Weltmeisterschaft im eigenen Land 2006 eine riesige, fröhliche Feier veranstalteten, fiel es allen auf. Es gab einen Unterschied zu den Jahrzehnten davor. Man sah das an den schwarz-rot-goldenen Fähnchen, die an Autos klebten oder an Fenstern hingen. Ich bin damals viel durchs Land gereist, habe mir die Spiele angeschaut, war bei den Public Viewings, war in den Innenstädten und Zügen. So hatte ich mein Land noch nie gesehen, so viel nationale Symbolik, so viel Ausgelassenheit, ohne nationale Aufwallung. Hier präsentierte sich ein heiteres, weltoffenes Land, das aufgewacht schien aus der Dämmerzeit der Bedrückung.

Was war geschehen? War nun, sechzig Jahre nach Kriegsende, so viel Zeit vergangen, dass die schreckliche Geschichte nicht mehr wirkte, dass neue Generationen, deren Eltern nicht mehr vom Krieg erzählen konnten, deren Großeltern zu jung waren, um Schuld auf sich geladen haben zu können, dass diese Generationen freier waren, fröhlicher? Der Journalist Bernd Ulrich hatte schon 1999 ein Buch geschrieben mit dem Titel »Deutsch, aber glücklich«. Das »aber« im Titel verwies auf die strukturelle Schwierigkeit, als Deutscher entspannt und heiter durchs Leben zu gehen, wegen der Geschichte. Sollte das nun vorüber sein?

Natürlich fanden sich sofort Mahner, die nörgelten, Deutschland müsse sich weiter den grässlichen Seiten seiner Geschichte bewusst bleiben. Aber die Erinnerung an Auschwitz, den Überfall auf Polen oder die Sowjetunion waren nicht in Gefahr zu verblassen. Die Deutschen feierten sich 2006 nicht ins Vergessen, sondern sie fanden, dass man trotz dieser Vergangenheit fröhlich sein kann. Das kann man auch. Der zeitliche Abstand spielt dabei eine Rolle, es wirkt sechzig Jahre nach Weltkrieg und Holocaust nicht mehr obszön, wenn Deutsche ausgelassen ein Fest feiern, es wirkt nicht mehr bedrohlich, wenn sie deutsche Fahnen schwingen, zumal deren Farben aus den Freiheitskämpfen gegen Napoleons Frankreich stammen und bei den Nazis keine Rolle spielten. Die Bundesrepublik hatte sich zudem als friedlicher Staat bewährt.

Die Welt freute sich über die Partydeutschen von 2006 und feierte unbefangen mit. Lange Jahre hatten andere Nationen misstrauisch auf die Bundesrepublik geschaut, aber nicht weil sie sich bedroht fühlten oder unangenehm berührt waren von einem neu aufflammenden Chauvinismus, sondern von der verkrampften Haltung der Deutschen zu ihrer Nation. Wenn ihnen etwas unheimlich war an ihnen, dann diese Abwesenheit einer Normalität im Umgang mit sich selbst.

Andererseits sind auch die anderen Europäer nicht bereit, die Deutschen aus ihrer Geschichte zu entlassen. Solange die Nationalmannschaft einen kraftbetonten Fußball spielte, waren die Spieler für die britischen Boulevardmedien die »tanks«, die Panzer. Wenn sich Polen, Griechen oder Spanier über deutsche Europa-Politik ärgern, finden sich immer Leute, die Fotos von Angela Merkel ein Hitlerbärtchen aufmalen. Man hat die Deutschen gern normal und unverkrampft, aber wenn man sich über sie ärgert, sollen sie so schlimm sein, wie es eben nur geht. Und schlimmer als Hitler geht nicht. Das bleibt ein großer Knüppel zum Draufhauen.

Auch die Deutschen selbst debattieren weiterhin über nichts lieber als über aktuelle Bezüge zum Nationalsozialismus. Ein russischer Tenor mit eintätowiertem Hakenkreuz, der in Bayreuth den« Fliegenden Holländer« singen soll – geht das? Eine Ruderin aus dem deutschen Olympiaachter, die mit einem Rechtsextremisten zusammen war – geht das? Weit größere Bedeutung hat das Thema NSU, eine Abkürzung für Nationalsozialistischer Untergrund. Drei Rechtsextremisten, eine Frau und zwei Männer, tauchen ab und ermorden Bürger ausländischer Herkunft, zudem zwei Polizisten. Über Jahre bleiben sie unbehelligt, auch weil die Behörden vermuten, dass es sich um Milieumorde handelt. Es gibt eine Menge Pannen und eine peinliche Blindheit auf dem Auge, das nach rechts schauen müsste. Man will das nicht wahrhaben. Man will das lieber so sehen, dass Türken Türken umbringen. »Döner-Morde« hieß das infame Wort, unter dem Zeitungen, aber auch Ermittler diese Untaten summierten. In Wahrheit war es Fremdenhass.

Diese Vergangenheit will nicht vergehen. Deutschland ist ein Land, das immer noch von seiner Geschichte beherrscht wird, auch nach 2006. Jeder unbedeutende Rechtsextremist, wie der Freund der Rudererin, kann zur großen Mediengestalt aufgeblasen werden, weil hinter ihm große Geschichte steht, fürchterliche Geschichte. Ein Wicht ist nicht mehr Wicht, wenn hinter ihm Hitlers Schatten prangt. Dieser Effekt ist noch nicht vergangen, muss auch nicht vergehen. Ich finde solche Debatten immer interessant, und im Unterschied zu den siebziger oder achtziger Jahren haben sie nicht mehr den Charakter von Bußestunden, von Selbstbeschwörungen der Gefährlichkeit des Deutschen. Die Bundesrepublik bleibt eine Geschichtsnation, aber sie trägt keinen schwarzen Schleier mehr.

Zu dieser Gelassenheit passt Angela Merkel. Sie macht nicht Politik, die direkt aus der Geschichte kommt, und das war bei ihren Vorgängern anders. Alle waren persönlich durch die Zeit des Nationalsozialismus geprägt, alle zogen ihre Schlüsse daraus. Merkel ist die erste deutsche Bundeskanzlerin, die von einem historischen Koordinatensystem ausgeht, das sich nicht vor allem auf die Jahre 1933 bis 1945 bezieht.

Konrad Adenauer wurde im Kaiserreich geboren und war in der Weimarer Republik Oberbürgermeister von Köln. Während des »Dritten Reiches« lebte er zurückgezogen, in der inneren Emigration. Als er Bundeskanzler wurde, zielte seine Politik darauf ab, die Bundesrepublik Deutschland halbwegs gesellschaftsfähig zu machen, sie vom Paria in einen Partner der Welt zu verwandeln, vor allem des Westens. Die Bundesrepublik war damals nicht souverän und strebte nicht nach einem eigenen Platz in der Welt, hatte kein anderes Interesse, als halbwegs akzeptiert zu werden und das Fenster zur Wiedervereinigung ein bisschen offen zu halten, aber das war absolut zweitrangig.

Adenauer war kein Militarist, wusste aber, dass politische Akzeptanz in der Welt vor allem auf militärischen Beiträgen gründet. Deshalb nutzte er den Korea-Krieg als Chance, der

Bundesrepublik Streitkräfte zu verschaffen. Die Amerikaner brauchten Entlastung in Europa und waren offen für eine rasche Wiederbewaffnung. Es war mehr als erstaunlich, dass ein deutscher Staat keine zehn Jahre, nachdem die Wehrmacht große Teile Europas verheert hatte, wieder Soldaten und Panzer bekommen sollte. Aber das bewirkte der Kalte Krieg, die Feindschaft des Westens mit dem Ostblock. Sie sorgte dafür, dass die Bundesrepublik militärisch gebraucht wurde, genauso die DDR. So ließ ein heißer Krieg Deutschland abstürzen, und ein kalter Krieg zog Deutschland wieder hoch.

Das Wesen des Kalten Krieges kam den Deutschen entgegen. Sie hatten genug vom Krieg, mussten Millionen Tote beklagen und lebten in einem zerstörten Land. Wieder schießen? Wieder beschossen werden? Der Kalte Krieg ersparte ihnen das. Es war vor allem ein Abschreckungskrieg. Die Bundeswehr wurde keine Kampftruppe, sondern ein Uniformbetrieb, in dem Wehrpflichtige Panzer putzten oder einen Führerschein für Lastwagen machten, um der Langeweile zu entkommen. So gelang es den Deutschen trotz Militarisierung bis 1990, eine der wichtigsten Konsequenzen aus den beiden Weltkriegen umzusetzen: Nie wieder Krieg. Die Bundesrepublik wurde ein bewaffnetes und zugleich ein pazifistisches Land. Das war nur unter dem atomaren Schutzschirm der Amerikaner möglich.

Nach dem Weltkrieg stand Deutschland zunächst vollkommen allein da. Die anderen großen Verlierer, die Japaner, waren weit weg, und ein neues Rapallo war angesichts der Schuld undenkbar. Damals, 1922, hatten sich das Deutsche Reich und Russland, zwei Verlierer des Ersten Weltkriegs, auf eine Kooperation geeignet, zur Verblüffung und zum Entsetzen der Welt. Für die Bundesdeutschen, die anders als die Nachbarn in der DDR gewisse Freiheitsgrade hatten, gab es keine andere Wahl, als Bündnisse einzugehen. Die Bundesrepublik wurde ein folgsamer Staat, der sich mit zwei Vertragswerken zum guten Freund der westlichen Welt machte, zunächst mit den Pariser Verträgen von 1955, die der Bundesrepublik einen Platz in der Nato verschafften, einschließlich Wiederbewaffnung, und den Römischen Verträgen von 1957, mit denen die Bundesrepublik Gründungsmitglied der Europäischen Wirtschaftsgemeinschaft (EWG) wurde. Deutsches Interesse zielte nicht auf das Eigene, sondern auf das Miteinander. Manche bestritten, dass dies überhaupt ein Interesse ist. Adenauers Außenpolitik stand somit ganz und gar unter dem Eindruck der Nazizeit. Er hatte den Schrecken erlebt und kämpfte nun darum, dass die Bundesrepublik diesem Schrecken entwuchs, indem er sie dem Westen anschloss. Dafür musste er sich von Kurt Schumacher den Satz anhören, er sei ein »Bundeskanzler der Allierten«. Das sollte wehtun, hatte aber einen wahren Kern und war überdies die richtige Politik. Adenauer ließ sein Land gebückt den anderen folgen, erreichte aber so annähernd Augenhöhe, vor allem in der EWG. Man war Partner in den wichtigsten Bündnissen des Westens, man war integriert, durfte mitreden. Europa wurde allmählich zum nächsten Sehnsuchtsziel der Deutschen, wobei »Europa« nur den westlichen Teil des Kontinents meinte.

Willy Brandt war der nächste große Außenpolitiker der Bundesrepublik, zunächst als Außenminister der Großen Koalition von 1966 bis 1969, danach als Bundeskanzler bis 1974. Auch ihn hat nichts so sehr geprägt wie die Zeit zwischen 1933 und 1945. Brandt stand als Sozialist im Widerstand gegen die Nazis, er floh nach Norwegen und arbeitete dort als Journalist und Parteifunktionär. Ihm wurde die Emigration später zum Vorwurf gemacht. Nach dem Krieg entwickelte sich in Deutschland eine starke Strömung, die jene verachtete, die nicht geblieben waren und Demütigung, Verfolgung oder Bombenangriffe ausgehalten hatten. Sie wendete sich vor allem gegen Literaten wie Thomas Mann oder Bertolt Brecht, aber auch gegen Politiker wie Brandt. Sie galten einigen Gebliebenen als unpatriotisch oder bequem. Das diente aber auch der Selbstrechtfertigung, denn kaum einer von denen, die geblieben waren, hatte Widerstand geleistet.

Brandt stand stark unter geschichtlichen Eindrücken, aber er zog eine andere Konsequenz als Adenauer, besser gesagt: Er zog die Konsequenz, die Adenauers Außenpolitik ergänzte. Der Aussöhnung mit dem Westen ließ er den Versuch einer Aussöhnung mit dem Osten folgen. Beides war Friedenspolitik. Adenauer verschaffte den Westmächten die Gewissheit, dass von der Bundesrepublik kein Krieg gegen sie ausgehen würde, trotz Wiederbewaffnung. Er nahm dafür in Kauf, seinen deutschen Staat wieder mit einem Teil der Welt zu verfeinden, mit dem Osten. Er war somit ein Friedenspolitiker, der sich auf Unfrieden einließ. Willy Brandt machte das bundesdeutsche Vorhaben »Nie wieder Krieg« rund. In Verträgen mit der Sowjetunion, Polen, der Tschechoslowakei und der DDR sicherte er Friedlichkeit und Ausgleich zu und verzichtete auf die ehemals deutschen Gebiete jenseits der Oder-Neiße-Linie. Das hatte nicht die Bedeutung der Westintegration, hatte eher symbolischen Wert, da die Bundesrepublik auch danach von der sogenannten Großwetterlage abhängig war, also vom Verhältnis der USA zur Sowjetunion. Brandts Ostpolitik war eine kleine Eigenständigkeit, die von den Partnern misstrauisch beäugt wurde, aber er löste die Bundesrepublik damit nicht aus dem Westen.

Eine Schattenseite hatte die Ostpolitik. Sie war der Beginn eines Strebens, Ausgleich mit den Regierenden zu suchen, wobei man die Bevölkerungen vernachlässigte. Zum Irrtum wurde das 1980, als die Gewerkschaft Solidarność in Polen den Aufstand wagte. Lech Wałęsa und seine Danziger Werftarbeiter konnten dabei nicht auf große Unterstützung aus Bonn zählen. Man legte Wert auf Stabilität.

Brandts Nachfolger Helmut Schmidt ließ sich ganz auf die

Logik der Abschreckungspolitik ein. Die hieß: Nie wieder Krieg durch Drohung mit einem Krieg, der alles auslöscht. Man kann das aggressiven Pazifismus nennen. Als Schmidt eine Lücke im sogenannten Gleichgewicht des Schreckens entdeckte, forderte er, dass die Nato nachrüsten muss. Er glaubte, dass die Sowjetunion durch neue Mittelstreckenraketen des Typs SS-20 in Europa überlegen sei, und fürchtete, dass sich die Amerikaner vom europäischen Schicksal abkoppeln. Sein Szenario: Die Russen beginnen ein Raketenschießen in Europa, weil sie eine Siegeschance sehen und darauf spekulieren, dass die Amerikaner eine Niederlage in Europa hinnehmen, solange ihr eigenes Territorium verschont bleibt.

Schmidt drängte die Nato zum Doppelbeschluss. Sie sollte die Raketenlücke füllen, indem die Amerikaner Pershing II in Europa stationieren. Gleichzeitig wurde der Sowjetunion angeboten abzurüsten. Dieser Plan zum »Weniger durch Mehr« aktivierte die deutsche Friedensbewegung. Wobei es gar nicht um Krieg gegen Frieden ging, sondern um verschiedene Wege zum Erhalt des Friedens. Versöhnlicher Pazifismus gegen aggressiven Pazifismus. Am grundsätzlichen Kurs änderte sich auch unter Helmut Schmidt nichts. Die Bundesrepublik blieb ein Staat, der keine expansiven Gelüste hatte, der in einer gefährlichen Zeit überleben wollte.

Diese drei Kanzler waren auch Europäer, sie wirkten daran mit, aus der Montanunion eine Europäische Wirtschaftsgemeinschaft (EWG) zu entwickeln und aus der EWG eine Europäische Gemeinschaft. Die Zahl der Aufgaben und Mitglieder wuchs. Dann kam Kohl, und der war von allen deutschen Europäern der eingefleischteste.

Für Kohl war Friedenspolitik vor allem Europapolitik. Dies war seine persönliche Konsequenz aus den Kriegserlebnissen. Europa muss sich zusammenschließen, damit nie wieder Waffen sprechen. Das deutsche Interesse war ein europäisches.

Helmut Kohl strebte einen europäischen Bundesstaat an und ließ sich von den Franzosen überzeugen, dass eine einheitliche Währung gut für Europa sei. Er schloss sich eng mit dem französischen Präsidenten François Mitterrand zusammen und trieb mit ihm und dem Präsidenten der EU-Kommission, Jacques Delors, dieses Projekt voran. Er war deshalb zu Nachgiebigkeit gegenüber den Nachbarn bereit. Hauptsache, mit der Integration ging es voran. »Jede für Europa ausgegebene Mark ist gut angelegtes Geld«, sagte Kohl, wie sein Biograph Hans-Peter Schwarz weiß. Und er weiß auch: 1990 finanzierte die Bundesrepublik fast siebzig Prozent der Nettotransfers der Europäischen Union. Europa müsse eine »echte Solidargemeinschaft« sein, sagte Kohl, mit den »notwendigen Kompromissen und Opfern«. Eine große europäische Rede in Aachen schloss er mit den Worten: »Nutzen wir die Zeit: Schaffen wir die Vereinigten Staaten von Europa«.

Politisch blieb die Bundesrepublik also folgsam, blieb einordnungswillig. Gleichwohl entwickelte sich in den siebziger und achtziger Jahren eine deutsche Expansion. Obwohl die goldenen Jahre des Wirtschaftswunders lange zurücklagen, waren die deutschen Unternehmen so stark, dass die Bundesrepublik den Kontinent ökonomisch dominierte. Da sie über das Europäische Wechselkurssystem mit den Partnern in der Europäischen Gemeinschaft verknüpft war, konnte die Bundesbank den Nachbarn ihre Zinspolitik aufzwingen und damit zum Teil die Finanz- und Wirtschaftspolitik. Das Wort dafür hieß »D-Mark-Nationalismus«. Stabilität über alles, für alle. Deutsche griffen nicht mehr politisch oder kriegerisch aus, sondern ökonomisch, nicht mit Soldaten, sondern mit Leitzinsen. Vor allem für Frankreichs Regierung war es eine Demütigung, wenn sie den Franc abwerten musste, um in den Spannbreiten des Europäischen Wechselkurssystems (EWS) bleiben zu können. Für die stolzen Franzosen war dies unerträglich, zählten sie sich doch zu den Siegermächten des Zweiten Weltkrieges, und nun wurden sie vom Verlierer kujoniert und gedemütigt. Mitterrand, eigentlich ein Freund Kohls, sagte, der Binnenmarkt diene einem »imperialistischen Deutschland« und das EWS sei in Wahrheit eine D-Mark-Zone. Überliefert ist zudem der Satz: »Die Macht Deutschlands beruht auf der Wirtschaft, und die D-Mark ist Deutschlands Atombombe.« Hier regte sich die Wut, die zu einem Kern des Euro wurde, zum Drang, die Deutsche Mark abzuschaffen.

Diesen Drang gab es schon vor der Wiedervereinigung. Die Weichen waren bereits in Richtung Währungsunion gestellt. Die deutsche Einheit hat das nur beschleunigt. Als die Mauer fiel, zeigte sich Mitterrand skeptisch und Margaret Thatcher entsetzt. Ein starkes Deutschland in der Mitte Europas war nicht das, was sie sich wünschten. Die Nachbarn erinnerten sich daran, wie Deutschland in seinen Erfüllungsphasen gewesen war und hatten inzwischen die Erfahrung gemacht, wie es sich anfühlt, wenn der einstige Aggressor, der nach langen Kämpfen unterlegen war, plötzlich aufersteht und ökonomisch den Ton angibt. Vor allem für die Franzosen wurden Europa und der Euro mehr denn je zu Instrumenten, um die Deutschen in Schach zu halten, um sie zu domestizieren. Kohl machte da gern mit. Er wollte, dass die Nachbarn dem vereinigten Deutschland vertrauen.

Die Politik zu Krieg und Frieden änderte sich durch die Einheit zunächst nicht. Die Deutschen wurden nicht chauvinistisch, drängten nicht in einen dritten Weltkrieg, wie manche von ihnen noch in den achtziger Jahren befürchtet hatten. Das vereinte Deutschland blieb dem Pazifismus verpflichtet.

1991 annektierte Saddam Husseins Irak gewaltsam den Nachbarn Kuwait. Die Amerikaner wollten das Land befreien und suchten dafür Alliierte in der Region und in der Nato. Auch die Deutschen wollte man dabei haben. Aber sie wollten nicht mitmachen. Wie so oft argumentierte Kohl historisch:

»Wer meint, die Deutschen seien in der Kriegsfrage besonders empfindlich, versteht die deutsche Geschichte dieses Jahrhunderts nicht. Wenn Sie über einen beliebigen Platz gehen, kommt jeder zweite, dem Sie begegnen, aus einer Familie, in der jemand im Ersten oder im Zweiten Weltkrieg als Soldat gefallen ist. In jeder vierten Familie finden Sie einen Flüchtling oder einen Vertriebenen, der Haus und Hof, Hab und Gut verloren hat. In jeder sechsten Familie, wenn Sie es statistisch sehen, treffen Sie einen, der im Bombenkrieg seine Wohnung verloren hat. Dass in einem solchen Land die Sensibilität größer ist als in einem Land, das nie Krieg erlebt hat, außer dass Soldaten nur hingeschickt wurden, ist doch klar. Ich habe das dieser Tage immer wieder den Amerikanern gesagt.« So zitiert ihn sein Biograph Schwarz. Kohl zahlte lieber 18 Milliarden Mark an die Alliierten und die Frontstaaten, als Soldaten in den Krieg nach Kuwait zu schicken. Scheckbuchdiplomatie hieß das Wort dafür, kein schönes Wort.

Kohl war nicht bereit, Waffengewalt einzusetzen, um den Krieg auf dem Balkan zu beenden. Sein Postminister Christian Schwarz-Schilling bedrängte ihn auf einer Präsidiumssitzung der CDU im Dezember 1991, den Menschen in Bosnien-Herzegowina zu helfen, auch mit Soldaten. Kohl zog sich auf Verfassungsprobleme zurück. Damals war ungeklärt, ob das Grundgesetz so genannte Out-of-area-Einsätze deckt, also Missionen außerhalb des Nato-Gebiets. Der Streit eskalierte, und Schwarz-Schilling trat am folgenden Tag zurück. Später waren es die Amerikaner, die das große Morden mit ein paar Luftschlägen unterbanden. Die Europäische Gemeinschaft hatte sich als unfähig erwiesen, auf dem eigenen Kontinent für Frieden zu sorgen.

Lange ließ sich die Position abseits des Weltgeschehens nicht aufrechterhalten. Noch immer misstrauten Deutsche aus dem linken politischen Spektrum den Deutschen, soweit es um

Waffen ging. Aber das wurde im Ausland anders gesehen. Da nationale Aufwallungen nach der Wiedervereinigung ausblieben, schöpfte die Welt endgültig Vertrauen zu den Deutschen und wollte sie nicht mehr so billig davonkommen lassen.

Als zu Beginn der neunziger Jahre der Bürgerkrieg rund um Mogadischu ausbrach, brauchte die UNO Blauhelme, um in den ruhigen Regionen den Frieden zu bewahren, und diesmal konnten sich die Deutschen nicht drücken. Für die Bundesregierung war das eine schwere Prüfung. Sie stand in der pazifistischen Tradition der Nachkriegszeit und hatte Zweifel, ob den Deutschen keine fünfzig Jahre nach Kriegsende Zinksärge zuzumuten seien. Das war damals die Chiffre für Gefallene, für tote Soldaten. Man konnte allerdings nicht nicht nach Somalia gehen. Das war der Welt nicht zu erklären. Also begann der Weg zurück in den Krieg, und er wurde sehr skrupulös begangen. Kohl machte hier Außenpolitik als ein Mann, der das Leid des Krieges am eigenen Leib erfahren hatte.

Die Deutschen ließen sich eine friedliche Region zuteilen, sie sprachen von einem »humanitären Einsatz«, kamen nicht, um zu schießen, sondern um den Einheimischen Brunnen zu bohren und deren Krankheiten zu heilen. Im gefährlichen Mogadischu mussten die Amerikaner die Köpfe hinhalten, während die Bundeswehr in Belet Huen eine geruhsame Zeit verbrachte, beschwert nur durch die Hitze.

Ich war im Sommer 1993 für drei Wochen dort, lebte im deutschen Camp, wo man sich ähnlich langweilte wie in den deutschen Kasernen. Aber es war sicher, und das war eine Menge wert. Die Bundeswehr kam mir damals vor wie eine Spedition in Uniform. Man fuhr in Lastwagen alles Mögliche hin und her, war vor allem mit der Selbstversorgung beschäftigt und veranstaltete Schaukämpfe zwischen Spinnen und Skorpionen. Viele Soldaten waren dick und sahen nicht besonders kampftüchtig aus. Es waren noch die Nicht-Krieger des

Kalten Krieges. Wenn eines verpönt war, dann das Schießen. Es war sogar verboten, außer zur Selbstverteidigung in äußerster Not. Deutsche Soldaten waren die freundlichsten der Welt, sie fielen vor allem durch Winken auf.

Ich habe damals einen Tag und eine Nacht am Rand von Mogadischu verbracht. Ich begleitete einen Zug Soldaten, die für Trinkwasser zuständig waren, als sie dort ihre Tanklaster abholen wollten. Die Fahrzeuge waren mit Schiffen gekommen. Wir schliefen in einer Halle im Hafen. Dort waren auch Soldaten aus den USA, aus Großbritannien, Frankreich, und Italien untergebracht, zudem französische Fremdenlegionäre. In der Nacht wurde die Halle angegriffen, mit Mörsern und Gewehren. Die Soldaten stürmten in der Reihenfolge hinaus, die zu erwarten war: erst die Fremdenlegionäre, die nicht eine Sekunde zögerten, dann die Briten, die Amerikaner, die Franzosen, die Italiener. Die Deutschen legten sich hin. Kein Witz. Die Deutschen setzten die Helme auf, zogen die Schutzwesten an und legten sich auf ihre Pritschen, mit den Gesichtern zur Decke. So war es befohlen. So entsprach es den Regeln, die sich die Deutschen für diesen Einsatz gegeben hatten. Nicht kämpfen. Ich glaube, es war eine der merkwürdigsten Situationen meines Lebens. Ich war kein Soldat, ich war nur Beobachter, aber ich empfand ungefähr das, was die Soldaten auch empfanden. Es war absurd, es war peinlich. Während die anderen draußen kämpften, lagen die deutschen Soldaten hilflos wie Schildkröten auf dem Rücken und starrten an die dünne Decke und hofften, dass sie nicht von einer Mörsergranate durchschlagen würde. Es war drinnen so gefährlich wie draußen, aber würdelos. Nach dem Gefecht kehrten die Soldaten der anderen Nationen zurück und warfen ihren deutschen Kameraden Blicke zu, die zwischen Mitleid und Verachtung schwankten. Ihr schont euch hier, sagten diese Blicke. So war es auch. Seit Belet Huen gilt das deutsche Schonprogramm auch im Krieg. Von ähnlichen Blicken hatten 1991 deutsche

Diplomaten berichtet, als sie den Amerikanern klarmachen wollten, warum sich die Deutschen nicht am Krieg gegen den Irak beteiligen.

Ich denke, dass es für die Deutschen richtig war, das Kapitel Krieg langsam und skrupulös zu eröffnen. Was in Mogadischu damals los war, hat der Film »Black Hawk Down« später für alle Zeiten festgehalten. Er basierte auf einer wahren Geschichte, eine amerikanische Einheit wurde aufgerieben, somalische Kämpfer schleiften Leichen von US-Soldaten durch die Straßen. Das war schrecklich für Amerika. Aber das Land hat eine ungebrochene Kriegstradition, es kann mit Gefechten und mit Toten halbwegs umgehen. Man stelle sich vor, das Gleiche wäre deutschen Soldaten widerfahren, eine solche Katastrophe beim ersten größeren Auslandseinsatz nach 1945. Die Öffentlichkeit hätte der Regierung ein Fegefeuer bereitet, aus Wut und Trauer. Verteidigungsminister Volker Rühe hätte zurücktreten müssen, vielleicht auch Bundeskanzler Helmut Kohl. Wären ostdeutsche Soldaten gestorben, hätte das in den neuen Bundesländern die Frage aufgeworfen: Dafür die Einheit? Wahrscheinlich hätte Deutschland auch das verkraftet, irgendwie, aber dieser sanfte, skrupulöse Weg war richtig, auch wenn er manchmal zu absurden Situationen führte wie in Somalia.

Als Helmut Kohl 1998 abgewählt wurde, hatte er die Europäische Gemeinschaft in eine Europäische Union verwandelt. Noch mehr Aufgaben, noch mehr Mitglieder. Er hatte den Euro auf den Weg gebracht, und er hatte die pazifistische Tradition der Bundesrepublik bewahrt. Er hatte die Außenpolitik sanft justiert, hatte Deutschland ein bisschen Verantwortung übernehmen lassen. Es war klar, dass es dabei nicht bleiben konnte.

Das erlebten sein Nachfolger Gerhard Schröder und die rot-grüne Bundesregierung unmittelbar nach der Wahl 1998. Auch Schröder war ein Bundeskanzler, den der Krieg geprägt hat. Er wurde 1944 geboren und hat nicht viel von den Ereignissen mitbekommen, aber sein Vater war im Krieg gefallen, und seine Witwe musste sich mit ihrem Kind allein durchschlagen. Schröder wuchs in Armut auf. Er ist kein Geschichtsmensch wie Helmut Kohl, er musste nicht ständig über Geschichte reden oder Geschichtspolitik machen, aber er stand unter dem Eindruck dieser Katastrophe. Ein weiterer Unterschied zu Kohl liegt darin, dass Schröder nicht so ein eingefleischter Europäer ist. Er bekennt sich auch zu Europa, klar, aber es wurde ihm als Bundeskanzler nicht zur Herzenssache. Im Dezember 1998 sprach er davon, in Brüssel würde Geld »verbraten«. Das war ein neuer Sound, der Sound einer Distanzierung, hinter der ein neues Selbstbewusstsein zu stehen schien, auch ein Ressentiment. Von »Finalität«, von einem europäischen Bundesstaat war Außenminister Joschka Fischer begeistert, nicht Bundeskanzler Schröder. Fischer ist ähnlich geschichtsbesessen wie Kohl. Kurz nach seinem Amtsantritt bekamen das alle mit. Nur wurde Geschichte jetzt anders gedeutet.

1998 brach auf dem Balkan der vierte Krieg nach dem Zerfall Jugoslawiens aus. Serbien hatte gegen Slowenien, gegen Kroatien und gegen Bosnien-Herzegowina gekämpft. Nun wurde der Kosovo zum Schlachtfeld. Die serbische und die albanische Bevölkerungsgruppe stürzten sich in einen Bürgerkrieg, die Serben wurden dabei von der regulären serbischen Armee unterstützt. Die Nato hatte versucht zu vermitteln, ohne Erfolg. Nun wollten die Amerikaner Serbien bombardieren und forderten dafür einen deutschen Beitrag, einen Kampfbeitrag. Deutsche Bomber sollten sich beteiligen, ohne ein Mandat der UNO. Ausgerechnet Balkan, ausgerechnet Serbien. Zweimal deutsche Kriegsgeschichte: Der Erste Weltkrieg war ausgebrochen, weil ein serbischer Irredentist den österreichischen Thronfolger ermordet hatte. Die Deutschen hatten Österreich daraufhin ermuntert, einen schnellen Schlag gegen Serbien zu führen. Im Zweiten Weltkrieg überfielen deutsche Truppen Jugoslawien und kämpften gegen Titos Partisanen. Mein Großvater war dabei. Er hat oft gesagt, dass es unvorstellbar grausam zuging. Er hat nie gesagt, was er getan hat, was ihm widerfahren ist.

Nun sollte Deutschland ein drittes Mal gegen Serbien losschlagen? In dieser Tradition?

Die Geschichte setzte eine neue Pointe. Die Grünen, die aus der Friedensbewegung hervorgegangen waren, sollten gleich nach Eintritt in die Regierung den ersten Kampfeinsatz der Bundeswehr mitverantworten. Außenminister Fischer schaute zurück in die Geschichte und kehrte die geläufige Lehre um. Bis dahin hatte es geheißen: Nie wieder Krieg, nie wieder Auschwitz, und das hatten die Deutschen so gemeint, dass die deutsche Schuld, die deutsche Verantwortung ihnen den Auftrag gebe, friedlich zu bleiben, keine Kriege zu führen. Fischer behauptete das Gegenteil. Auschwitz verpflichte die Deutschen, den Kampf gegen Serbien aufzunehmen. Wer verantwortlich ist für so viel Leid, hat den Auftrag, neues Leid zu verhindern und zu unterbinden, auch wenn er dafür in den Krieg ziehen muss. Geschichte ist vielfältig nutzbar. Die Grünen ließen sich knapp überzeugen, ein militanter Pazifist allerdings klatschte Fischer auf dem Parteitag in Bielefeld 1999 einen Farbbeutel gegen sein rechtes Ohr, das Trommelfell platzte.

Aber es gab immer noch eine Grenze der Beteiligung: no boots on the ground. Keine Bodentruppen. In Wahrheit hieß das wieder: keine Zinksärge, bitte. Zwar konnten deutsche Bomber abgeschossen werden, aber das Risiko war nicht hoch, und es hätte nur wenige getroffen, Pilot und Waffensystemoffizier der »Tornados«. Dies ist der zynische Aspekt dieser Debatten. Jeder Tod eines Soldaten ist eine private Katastrophe, dem größtes Leid bei den Angehörigen folgt. Ein Mensch fehlt. Die Gesellschaft dagegen merkt kurz auf, dann vergisst sie die Sache. Nur einer. Mit wachsender Zahl wächst auch die gesellschaftliche Betroffenheit. Das sollte sich später noch zeigen.

Der zweite Aspekt, der ebenfalls zynisch wirkt, ist die Frage der »Schmutzigkeit«. Luftschläge gelten als relativ sauber, im Krieg gegen den Irak 1991 sprachen die Amerikaner von »chirurgischen« Schlägen, wenn sie Bunker oder andere militärische Anlagen mit ihren Raketen angriffen. Da klingt die klinische Reinheit des Operationssaals an, zudem die Präzision des Operateurs. Aber so ist es nicht. Es ist vielleicht dort ein bisschen so, von wo die Raketen abgeschossen werden, in den Flugzeugen oder auf den Schiffen. Wo die Raketen einschlagen, ist nichts sauber. Dort werden Menschen zerfetzt und Gebäude zerschlagen, eine Hölle aus Knochen, Blut, Menschenfleisch, Staub, Trümmern. Die moderne Kriegssprache neigt zum Euphemismus. Der Pilot ist damit der chirurgische Krieger, mehr ein Teil von Technik als ein Schlächter. Der Infanterist oder Panzergrenadier dagegen ist ein Mann, der den Menschen sieht, den er bekämpft, der in die hochemotionale Situation der Schlacht geworfen wird und dem dann alles zuzutrauen ist, dem auch alles widerfahren kann, das Schlimmste, Grausamste. So wollte man deutsche Soldaten 1999 nicht erleben müssen. Schonung also, für die Soldaten, für die Gesellschaft. Luftschläge waren das Äußerste, was die Regierung Schröder den Deutschen zumuten wollte.

Auch das war nicht wenig. Ich weiß noch, wie ich eines Abends am provisorischen Bundeskanzleramt in Berlin vorbeiging. Von jenem Tag an hatte die Luftwaffe die Erlaubnis, in Serbien anzugreifen. Ich dachte an die Piloten, ich dachte an meinen Großvater, ich dachte an den Bundeskanzler, ich dachte an die Menschen irgendwo in Serbien, die nicht ahnen, dass gleich eine deutsche Rakete ihr Leben beenden wird. Geschichte und Gegenwart flossen ineinander. Ich fand Krieg abscheulich, aber ich fand auch, dass Europa nicht zulassen darf, dass in einem Teil Europas wieder die Menschenschlächterei begonnen hat. Das sah ich schon so, als Anfang der neunziger Jahre der Krieg durch Bosnien-Herzegowina tobte, mit Massakern, mit Konzentrationslagern, mit Massenvergewaltigungen. Damals verabschiedete ich mich endgültig vom Pazifismus und fand fortan, dass Krieg manchmal sein muss, um einen Krieg zu beenden. Es war mir peinlich, dass die Europäer nicht in der Lage waren, auf ihrem eigenen Kontinent für Frieden und Sicherheit zu sorgen, dass es die Amerikaner waren, die Serbien zu einem prekären Frieden zwangen. Auch im Fall Kosovo war es Bill Clinton, der Entschlossenheit zeigte, nicht die Europäer. Ich hatte in einem Kommentar für den Einsatz von Bodentruppen im Kosovo plädiert, falls dies erforderlich sein sollte.

An jenem Abend wünschte ich den Piloten, dass sie heil zurückkehren können, ich wünschte, dass sie Brücken und leere Gebäude zertrümmern und dass dies dann reicht, um für Frieden zu sorgen. Aber so ist Krieg natürlich nicht. An jenem Abend war mir bewusst, was für ein riesiger Schritt das ist, dass deutsche Soldaten wieder schießen, nur vierundvierzig Jahre nach Ende des Zweiten Weltkriegs.

Serbien lenkte bald ein, Europa war fürs erste befriedet, um den Preis, dass fremde Truppen auf unabsehbare Zeit auf dem Balkan bleiben müssen, um die verfeindeten Volksgruppen von neuen Überfällen abzuhalten.

Dann kam der 11. September 2001, entführte Flugzeuge zerstörten die beiden Türme des World Trade Centers in New York und Teile des Pentagons in Washington. Knapp dreitausend Menschen starben. Eine neue Epoche begann, der Kampf westlicher Staaten gegen kriegerische Islamisten. Das erste Schlachtfeld wurde Afghanistan, weil die Amerikaner dort, im Staat der radikalmuslimischen Taliban, die Drahtzieher des

Anschlags vermuteten. Auch die Bundeswehr zog in diesen Krieg, den sie lange nicht so nennen durfte.

Der deutsche Weg in diesen Krieg war seltsam verschlungen und ist ein Beispiel dafür, wie wenig planvoll Politik geschieht. Schröder sagte den Amerikanern unter dem Schock der Anschläge »uneingeschränkte Solidarität« zu, auf Empfehlung der deutschen Botschaft in Washington. Die Nato ließ den Bündnisfall ausrufen. Damit stand die Bundesrepublik in der Pflicht, etwas zu tun. Aber nun erschraken die rot-grünen Politiker vor den Aussichten, die Bundeswehr aufs Schlachtfeld zu führen. Man war doch pazifistisch, und die Amerikaner hatten einen richtigen Krieg im Sinn, mit boots on the ground. Nun geschah etwas sehr Deutsches, sehr Bundesdeutsches. Zum einen wurde ein humanitärer Grund für den Einsatz gesucht und gefunden: Die Deutschen wollten für ein besseres Afghanistan sorgen, Demokratie exportieren, Frauenrechte etablieren und natürlich Brunnen bohren und Straßen bauen. Zum anderen galt es, die Soldaten der Bundeswehr zu schonen. Die Regierung suchte sich als Einsatzgebiet den Norden Afghanistans aus, die ruhigste Region des Landes, in der die Taliban nie hatten herrschen können. Zwar sagte Verteidigungsminister Peter Struck, die deutsche Sicherheit werde auch am Hindukusch verteidigt, aber nach Verteidigung sah dieser Einsatz zunächst nicht aus. Es war so ähnlich wie in Somalia.

Bis 2005, bis zu Merkels Kanzlerschaft also, war ich zweimal im Norden Afghanistans, einmal in Kunduz, einmal in Feysabad, und wieder waren die Soldaten vor allem damit beschäftigt, sich selbst zu versorgen und Gutes zu tun. Sie stellten Fleischwürste für ihr Abendbrot her und bauten Straßen, von denen auch die Afghanen profitierten. Meistens langweilten sie sich. Was nicht schlimm ist, eher gut, ein langweiliger Tag ist ein guter Tag für einen Soldaten. Ich machte einige Patrouillenfahrten mit, entspannte Ausflüge, niemand war in

Sorge, man winkte und winkte und verteilte bunte Kugelschreiber bei jedem Halt. Die Soldaten bekämpften nicht einmal den Drogenanbau, der neu erblühte, weil die Präsenz der Bundeswehr für Ruhe und Sicherheit sorgte. Ein Einsatz gegen die Bauern erschien den Deutschen als zu gefährlich. In Deutschland und anderswo konnten die Preise fallen, es wurde leichter, sich mit Drogen zu versorgen.

Nicht alle Soldaten hatten es so gut. Die Amerikaner erlebten nahezu täglich, was es heißt, einen Krieg zu führen. Ihre Soldaten kämpften und starben in den unruhigen Provinzen im Süden und Osten Afghanistans. Wenn die einen alles geben müssen und die anderen sich schonen, ist das dann uneingeschränkte Solidarität? Der ehemalige amerikanische Spitzendiplomat Nicholas Burns sieht das so: »Deutschland hat sich nicht dort engagiert, wo die wirklichen Kämpfe stattfanden, also in Kandahar, in der Provinz von Helmand oder entlang der Grenze zu Pakistan.« Dort bluteten die Amerikaner. Burns: »Da gab es ein Gefühl gewisser Bitterkeit in den Jahren 2003, 2004, 2005 und 2006, dass Deutschland diese Rolle nicht gespielt hat.«

Im Jahr 2002 bereiteten die Amerikaner einen zweiten Feldzug gegen Saddam Husseins Irak vor. George W. Bush wollte vollenden, was sein Vater George Bush 1991 nicht vollendet hatte. Der Ältere begnügte sich damit, Kuwait zu befreien und unterließ den Marsch auf Bagdad. Sein Sohn präsentierte nun fadenscheinige »Beweise«, dass der Irak Massenvernichtungswaffen besitze und daher eine Bedrohung für die Welt sei. Schröder und Fischer glaubten ihm nicht und wollten auch die Bundeswehr nicht in einen Krieg schicken, bei dem echte Kämpfe für Bodentruppen drohten. Eine Bundestagswahl stand bevor, die rot-grüne Regierung widersetzte sich offen den amerikanischen Wünschen. Sie nahm dabei eine Spaltung Europas in Kauf, weil Briten, Spanier oder Polen bereit waren, mit Bush in den Krieg zu ziehen. Die Franzosen schwankten kurzzeitig, und da sah es aus, als könne Deutschland alleine dastehen, getrennt von den Verbündeten, vereint mit den Russen, die njet zum Feldzug gegen den Irak sagten. Es war die Position, vor der Adenauer eine panische Angst hatte, die auch für Brandt, Schmidt und Kohl undenkbar gewesen wäre. Deutschland sah sich bis dahin als Teil von etwas, nicht als Ganzes, Eigenständiges, obwohl es inzwischen volle Souveränität hatte durch den Vertrag mit den Siegermächten über die deutsche Einheit. Und nun sprach Schröder vom »aufgeklärten Eigeninteresse«, vom »deutschen Weg«.

Die Wiedervereinigung hatte die Deutschen nicht erneut zu einem kriegerischen Volk gemacht, es bestand keine Gefahr, dass sie einen dritten Weltkrieg anzetteln würden, wie das noch in der alten Bundesrepublik befürchtet worden war. Die Einsätze im Kosovo hatten keinen neuen Patriotismus ausgelöst, schon gar keinen neuen Nationalismus, keinen neuen Militarismus, keine Wiederkehr des Preußentums, keine Sehnsucht nach Heldenhaftigkeit. Zwei Weltkriege waren den Deutschen Lehre genug. Sie hatten sich nachhaltig zur pazifistischen Nation gewandelt, zur stillen Nation, die nichts so schätzt wie ihre Ruhe. Schröder sagte den Amerikanern ab.

Es wurde ein leichter Sieg für die Amerikaner und ihre Verbündeten, aber sie schafften es nicht, den Irak zu befrieden und zu stabilisieren. Später stellte sich heraus, dass die »Beweise« für Massenvernichtungswaffen gefälscht waren. Der deutsche Pazifismus hatte dafür gesorgt, dass die rot-grüne Regierung in diesem Fall richtig entschied.

Angela Merkel, damals Oppositionsführerin, sah Bushs Krieg nicht ganz so kritisch. In einem Text für die »Washington Post« im Februar 2003 griff sie den Bundeskanzler wegen seiner Kriegsverweigerung an: »Schröder spricht nicht für alle Deutschen«. Sie glaubte, sie bewahre die Traditionen der CDU, wenn sie sich als beflissene Amerikafreundin präsentiert. Als Merkel noch keine Verantwortung für die Bundesrepublik trug, konnte sie sich einen Kriegseinsatz vorstellen. Als Kanzlerin, mit der ganzen Verantwortung, sollte sie das anders sehen. Mit dem Amt übernimmt man auch die deutsche Geschichte.

Merkel wurde 2005 die erste Bundeskanzlerin, die während des Zweiten Weltkriegs nicht gelebt hat, die nicht die äußerst kargen und deprimierenden Jahre nach Kriegsende mitmachen musste. Sie steht nicht unter dem unmittelbaren Eindruck des Nationalsozialismus. Sie ist auch nicht mit dem Traum von einem vereinten Europa aufgewachsen. Ihr Europa waren Polen, Rumänien, Ungarn und andere Länder, die unter dem Joch der Sowjetunion standen und nur begrenzt eine eigene Politik verfolgen konnten. Es waren nicht Länder, die zusammenwachsen wollten, sondern die sich mühten, ein bisschen Eigenständigkeit zu bewahren, Rumänien in der Außenpolitik, Ungarn in der Wirtschaftspolitik, die DDR im Umgang mit der Bundesrepublik. Merkel hatte Sehnsucht nach dem Westen, aber nicht nach der Europäischen Gemeinschaft, sondern nach den Vereinigten Staaten von Amerika. Von dort kamen die Jeans, die westliche Verwandte ihr schickten, dort wollte sie hin. Als die Mauer gefallen war, reiste sie bald in die USA.

Alle anderen wichtigen Bundeskanzler hatten ein Schicksal, das mit den Nazis und dem Weltkrieg verknüpft ist: Adenauer die innere Emigration in der totalitären Diktatur sowie eine kurze Haft, Brandt den Widerstand und das Exil, Schmidt die Fronterfahrung, Kohl die Kriegsjugend und den Verlust der Bruders, Schröder den Verlust des Vaters und die entbehrungsreiche Zeit nach dem Krieg. Ihr Leben war davon geprägt und, in verschiedenem Maß, ihre Politik.

Merkel teilt dieses Schicksal nicht. Sie hat ein eigenes. Ein Leben in der DDR war ein anderes Leben als im Reich der Nationalsozialisten. Aber es war auch ein Leben in der Diktatur, ein Leben mit politischen Gefahren, mit einem riesigen Spitzelapparat, mit stark eingeschränkten Freiheiten. Für einen Menschen, der nicht im Einklang mit dem System stand, ist das auch ein Schicksal, eine prägende Erfahrung vom Unglück. Merkel hat davon zunächst nicht viel erzählt. Sie wollte in ihren ersten Jahren als Parteivorsitzende, Oppositionsführerin und Kanzlerin nicht vor allem als Ostdeutsche identifiziert werden, sie wollte eine Kanzlerin für alle werden und sein. Ihr fehlte damit die persönliche Geschichtserzählung, wie sie die anderen Kanzler hatten. Die funktioniert politisch nur, schafft also Zustimmung und Identifikation, wenn sie das Schicksal vieler Menschen erzählt, wenn sie eine kollektive Erfahrung berührt. Adenauers innere Emigration erfüllte dieses Kriterium; die einen hatten genauso gedacht, andere behaupteten es später gern. Schmidts Kriegseinsatz sowie die Verluste und Entbehrungen von Kohl und Schröder spiegelten das deutsche Leben jener Zeit. Brandt hatte es, wie gesehen, schwerer, weil er im Exil war und das bei vielen als anrüchig galt. Er erzählte daher auch nicht viel von dieser Zeit.

Merkels frühes Leben steht für die kollektive Erfahrung der Ostdeutschen. Aber die Westdeutschen, die im Land klar in der Mehrheit sind, finden ein solches Leben eher verdächtig, finden es auf jeden Fall uncool. In vielen Augen ist ein Ostdeutscher ein guter Ostdeutscher, wenn er ein guter Bundesdeutscher geworden ist. Das ist Merkel, und als solche wollte sie lange wahrgenommen werden. Mit den Jahren im Amt, mit hohen Beliebtheitswerten gewann sie die Sicherheit, auch einmal prominent und ausführlich von ihrem Leben in der DDR zu erzählen. Im Herbst 2009 hielt sie eine Rede vor dem amerikanischen Kongress, die eine ihrer besten und persönlichsten war. Da ging es vor allem um ihr Leben hinter der Mauer. Sie hat das aber nicht zum Programm gemacht, sie ist keine Geschichtspolitikerin geworden. Mit Schröder hat es angefangen, dass sich die deutsche Politik an der Spitze enthistorisierte, Merkel hat das noch weiter getrieben.

Sie übernahm den Einsatz in Afghanistan von Schröder und beließ es dabei. Das Mandat wurde Jahr für Jahr verlängert, ohne dass sich die Bundeskanzlerin damit identifizierte oder deutlich dafür warb. Sie betrieb eine Politik auf leisen Sohlen, aber das machten fast alle so, die für den Einsatz stimmten. In Afghanistan bleiben, weil man es den Amerikanern versprochen hatte, aber nicht darüber reden. Merkel wusste, dass die Deutschen pazifistisch sind, und sie ist nicht die Politikerin, die sich in einen Gegensatz zur Bevölkerung bringen lässt.

Das Problem war bald, dass der Norden nicht so friedlich blieb wie in den ersten Jahren. Die Zahl der Überfälle häufte sich, und mehr deutsche Soldaten starben, bei Bombenanschlägen, in Gefechten. Särge kamen nach Hause, bis zur Drucklegung dieses Buches 54. Die mediale Öffentlichkeit schrie jedesmal auf. Warum dieser Einsatz? Wozu diese Opfer? In den Umfragen sprach sich eine Mehrheit gegen das deutsche Engagement in Afghanistan aus.

Die absonderlichste Debatte dieser Zeit drehte sich um das Wort Krieg. Deutsche Soldaten waren in Gefechte verwickelt, sie schossen, sie wurden beschossen, sie töteten, sie starben, aber sie sollten dafür nicht das Wort Krieg verwenden. Deutschland verabscheute den Krieg so, dass Deutsche nicht Krieg sagen sollten, wenn Deutsche einen Krieg führten. Das hatte auch rechtliche Gründe für den Versicherungsschutz der Soldaten, aber in Wahrheit war diese Verdrucksheit ein Ausdruck dafür, wie schwer sich die Deutschen mit ihrer neuen Rolle taten. Wenn der Krieg nicht Krieg heißt, ist die Maxime »Nie wieder Krieg« scheinbar unverletzt.

Diese Scheu, die Realität anzuerkennen, bedrohte sogar die Soldaten. Sie hatten sogenannte Taschenkarten dabei, die genau regelten, wann und wie sie sich verhalten mussten, vor allem in welchen Situationen sie schießen durften. Nicht in vielen. Manche Soldaten lästerten, sie würden ohne Anwalt nicht mehr auf Patrouillenfahrt gehen. Der deutsche Einsatz war streng reguliert. Aber Krieg lässt sich nicht regulieren.

Anfang September 2009 ließ Oberst Georg Klein, Kommandeur in Kundus, zwei entführte Tanklaster bombardieren. Er dachte, sie seien als fahrende Bomben eine Bedrohung für das deutsche Lager. In Wahrheit steckten sie in einem Flussbett fest. Dorfbewohner zapften sich Benzin aus den Tanks. Als die Raketen einschlugen, starben über hundert Menschen, darunter Frauen und Kinder. Klein hatte falsche Angaben gemacht, um die amerikanischen Piloten davon zu überzeugen, dass der Angriff rechtmäßig sei. Er wurde dafür nicht belangt, sondern stieg später zum General auf.

Die Deutschen hatten gedacht, sie könnten unschuldig bleiben in ihren neuen Kriegen. Sie hatten in ihrer Geschichte so viel Schuld auf sich geladen, dass sie für alle Zeiten sauber bleiben wollten. Nie mehr Schuld, auch das war ein deutscher Leitsatz nach dem Zweiten Weltkrieg. Deshalb schneiderten sie sich ihre Einsätze so zurecht, dass es kaum ein Risiko gab, für die Soldaten nicht, für die Einheimischen nicht. Aber das war ein naiver Ansatz. Wer meint, den Krieg kontrollieren zu können, wird böse erwachen. Der Krieg regiert den Krieg, niemand sonst. Der Krieg schafft sich seine eigenen Geschöpfe. Er treibt die Soldaten in extreme Situationen der Angst und des Chaos, und dann richten sie manchmal ein Massaker an.

Deutsche waren nun wieder Schuld an einem Massaker unter Zivilisten, gut sechzig Jahre nach Ende des Zweiten Weltkriegs. Was war der tiefere Grund? Das übergroße Bedürfnis nach Sicherheit, nach Selbstschonung. Hätte Klein das Leben von zwei, drei Soldaten riskiert, wäre eine Patrouille zum Fluss geschlichen, hätten sie gesehen, dass die Sicherheit des Lagers nicht mehr bedroht war. Wer sich schont, setzt manchmal andere besonders hohen Risiken aus.

Das Massaker von Kundus befeuerte die Rufe nach dem

Abzug. Da auch die Amerikaner nach hohen Verlusten kriegs-müde geworden waren, eröffnete sich für die schwarz-gelbe Koalition von Angela Merkel die Gelegenheit, auf ein Ende des Einsatzes hinzuarbeiten. Außenminister Guido Westerwelle von der FDP ist ein Mann, der das aus Überzeugung tun konnte. Er stand für eine pazifistische Außenpolitik. Merkel sieht das im Prinzip auch so, ist aber keine Politikerin, die für etwas steht. Sie ließ Westerwelle gewähren, und der machte Politik der Schonung pur. Die deutschen Lager in Feysabad und Kundus wurden geschlossen, Ende 2014 soll der Einsatz beendet sein. Dann werden immer noch ein paar hundert Männer und Frauen der Bundeswehr in Afghanistan bleiben, aber sie sollen vor allem die einheimischen Soldaten ausbilden und unterstützen.

Der deutsche Plan war gescheitert. Man hatte versucht, die eigenen Soldaten zu schonen und sauber zu bleiben. Man hatte sich einen nicht-kriegerischen Auftrag gegeben, man wollte Gutes tun, eine Demokratie aufbauen, Frauenrechte etablie-ren. Nichts davon ist gelungen. Afghanistan ist weit davon ent-fernt, eine Demokratie nach unseren Vorstellungen zu sein und wird wahrscheinlich nie eine werden. Von einer Gleich-berechtigung der Frauen kann keine Rede sein. War es also falsch, nach Afghanistan zu gehen und dort so lange zu blei-ben? Wäre Deutschland besser seinen pazifistischen Neigun-gen gefolgt und hätte sich rausgehalten?

Im Norden Afghanistan hat die Bundeswehr den Men-schen über zwölf Jahre ein halbwegs friedliches Leben gesi-chert. Es war auch vorher dort nicht allzu unsicher, aber man weiß nicht, was ohne die Bundeswehr gewesen wäre. Deutsch-land hat Verantwortung für diese Region übernommen, nun gibt es diese Verantwortung an die afghanischen Streitkräfte weiter, und es ist zu hoffen, dass der Frieden bleibt. Wenn nicht, ist dafür auch die Bundesrepublik verantwortlich, wegen des

Abzugs. Wir kommen aus dieser Verantwortung nicht mehr raus. Es gibt keine saubere Position in dieser vernetzten Welt: Wer einen Krieg führt, macht sich schuldig, weil er Menschen in den Tod schickt. Wer einen Krieg nicht führt, macht sich schuldig, weil er das Sterben nicht unterbindet, soweit er es könnte.

Ich will mich nicht vor der Frage nach der Zahl der Opfer drücken, auch wenn sie ohne Zynismus kaum zu behandeln ist. In Afghanistan starben 54 deutsche Soldaten bei Anschlägen oder Gefechten. Ist das viel? Ist das wenig? Ist das zuviel? Grundsätzlich ist jeder gewaltsame Tod zuviel. Das ist die menschliche Betrachtung, und es wäre schön, würde allein sie zählen. Aber so ist es nicht. Es gibt auch die politische Betrachtung. Hätte jemand vor diesem Einsatz gesagt, die Bundeswehr bleibt zwölf Jahre in Afghanistan, in einem Kriegsgebiet, und hat am Ende 54 Tote zu beklagen, hätte man das nicht für möglich gehalten. Es ist, meiner Meinung nach, ein Opfer, das politisch und gesellschaftlich hinnehmbar ist. Für Angehörige und Freunde der Toten gilt das freilich nicht.

Darf ein Staat ein solches Opfer verlangen? Wahrscheinlich kennt jeder Mensch einen oder mehrere andere Menschen, für die er sein Leben hergeben würde. Es gibt auch Berufe, bei denen das eigene Leben nicht immer an oberster Stelle steht, bei der Polizei, bei der Feuerwehr. Von den Leibwächtern der Politiker wird erwartet, dass sie ihren Schützling bei einem Attentat mit ihren Körpern decken und sich in die Schussbahn werfen. Soldat ist auch ein Beruf, bei dem das eigene Leben nicht die oberste Priorität hat. Im Kalten Krieg konnten die Männer und Frauen der Bundeswehr erwarten, dass sie nicht würden kämpfen müssen. Wer heute Soldat wird, kann das nicht mehr erwarten. Er wird wahrscheinlich in ein Kriegs- oder Krisengebiet ziehen und sein Leben riskieren müssen. Der Staat kann das von ihm erwarten.

Bleiben wir bei der politischen Denkart, dann war dieser

Einsatz sogar eine Notwendigkeit. Man kann sich eine bessere Welt vorstellen, aber in der Welt, in der wir leben, entscheidet sich die Stellung eines Staates auch über das Militär. Wer sich nur raushält, wer als Trittbrettfahrer von der Opferbereitschaft der anderen profitiert, genießt wenig Ansehen, er hat zudem kein politisches Kapital für Verhandlungen.

In früheren Jahrhunderten, als die Welt viel kriegerischer war als jetzt, schickten Könige ihre Soldaten in Eroberungskriege, damit sie den Finger heben konnten, wenn die Beute verteilt wurde. Über Blut erwarb man Ansprüche für die Nachkriegsordnung. Das wusste auch Charles de Gaulle, als er seine Exilarmee in die Kämpfe um die Befreiung Frankreichs warf. Militärisch wäre das nicht nötig gewesen, Amerikaner, Briten und die anderen hätten das auch so geschafft. De Gaulle wollte ein französisches Opfer, um ein Argument für Forderungen zu haben. Ähnlich kalkulierten die Polen, die in der Endphase des Zweiten Weltkriegs einen Aufstand gegen die deutschen Besatzer machten. Die Russen waren schon nahe, aber die polnische Heimatarmee erhob sich gegen die deutschen Unterdrücker, weil sie ihre Position für die Nachkriegsordnung stärken wollte. Während de Gaulles Kalkül aufging, Frankreich wurde Besatzungsmacht in Deutschland, war das polnische Opfer vergeblich. Die Russen verwandelten Polen in einen sozialistischen Satellitenstaat.

Auch Schröder und Merkel nutzten den Einsatz der Bundeswehr in Afghanistan, also die deutschen Opfer, als Argumente in der Debatte mit anderen Regierungen. Schröder und Fischer wiesen damit den Vorwurf zurück, die Deutschen wollten sich schonen, als sie den Einsatz im Irak ablehnten. Das gleiche taten Merkel und Westerwelle, als es Ende 2011 um einen militärischen Einsatz in Libyen ging.

Der libysche Teil der Arabellion drohte zu scheitern, weil die Aufständischen gegen Gaddafis Truppen in Bedrängnis gerieten. Franzosen, Amerikaner und Briten erwogen Luftschläge und hätten die Deutschen gern in ihren Reihen gehabt. Aber die wollten nicht. In solchen Situationen wird addiert, was eine Nation für die Sicherheit der Welt tut, und ganz oben im deutschen Katalog stand Afghanistan. Auf dem nächsten Rang waren die Schiffe der Marine am Horn von Afrika aufgeführt. Sie sollen dort einen freien Verkehr sichern, vor allem gegen somalische Piraten. Im Kosovo sind auch noch deutsche Soldaten stationiert. Aber das alles hat die Nato-Partner nicht überzeugt. Sie wussten, dass die Bundeswehr damit nicht ausgelastet war, dass ein Einsatz über Libyen möglich gewesen wäre.

Die Bundesregierung wollte einfach nicht. Merkel fürchtete, dass sich die pazifistische Grundstimmung der Deutschen gegen sie wenden könnte, würde sie Piloten in Kampfeinsätze schicken. Und wer weiß, ob nicht Bodentruppen folgen müssten. Und wer weiß schon, was mit Libyen nach einem Sieg der Rebellen geschehen würde. Nach den Erfahrungen im Irak und in Afghanistan konnte niemand optimistisch sein.

Die Bundesregierung wählte schließlich den schlechtesten Weg von allen. Als im Sicherheitsrat der UNO über einen Krieg gegen Gaddafi entschieden wurde, enthielt sich Deutschland der Stimme und stand damit an der Seite von China und Russland. Der ehemals fanatische Bündnisstaat Bundesrepublik hatte sich von den Verbündeten isoliert. Ein Desaster der Diplomatie, ein Gipfel der Selbstschonung.

Der Krieg gegen Gaddafi war bald gewonnen, eine lupenreine Demokratie hat sich nicht entwickelt, eher ein Clangebilde, in dem Milizen den Ton angeben. Insofern können Merkel und Westerwelle zufrieden sein. Sie haben recht behalten, Glückwunsch. Aber das wird der Bundesrepublik heimgezahlt werden. Solche Einsätze sind eine internationale Währung, man kann sich nicht oft raushalten.

Das haben Frank-Walter Steinmeier und Ursula von der

Leyen erkannt. Der Außenminister und die Verteidigungsministerin der Großen Koalition von 2013 versuchen, den Kurs zu ändern, ein bisschen jedenfalls. Beim letzten Gipfel der EU 2013 zeigte sich Merkel zögerlich, den Franzosen bei ihren Einsätzen in Mali und der Zentralafrikanischen Republik zu helfen. Das Schonprogramm schien auch mit der neuen Regierung weiterzulaufen. Steinmeier und von der Leyen war das womöglich peinlich. Sie kündigten an, dass sich die Bundesregierung international mehr engagieren wird. Was nicht heißt, dass sie Kampftruppen freigiebig aussenden wollen. In Mali kümmert sich die Bundeswehr um Ausbildung und Lufttransporte, in der Zentralafrikanischen Republik vor allem um »strategische Verwundetentransporte«. Ein neuer Kurs ist das nicht.

Als sich im Frühjahr 2014 die Krim von der Ukraine löste und Russland anschloss, war die Nato nicht bereit, Putin zu stoppen. Gleiches galt für die Krise in der Ost-Ukraine. Es war richtig, friedlich zu bleiben, trotz dieser unsäglichen und aggressiven Expansion. So traurig es ist und so hart es klingt: Sich mit Russland anzulegen, heißt, einen großen Krieg zu riskieren, und das sollte man wegen der Ukraine nicht tun, zumal sie nicht in der Nato ist.

Aber die Krise warf die Frage der Wehrhaftigkeit neu auf. Einem Mann wie Putin ist nicht so sehr an Friedlichkeit gelegen wie den Deutschen, aber wir leben in einer Welt mit ihm. Und es werden noch andere Putins kommen. Auch China rüstet massiv auf und wird vielleicht nicht ewig das nach außen friedliche Reich sein, das es lange war. Jedenfalls wird sich die Weltordnung auch künftig nicht nach den Regeln des Pazifismus sortieren, sondern vor allem militärisch. Für Deutschland heißt dies, dass es starke Partner braucht, und die kann es aus politisch-kulturellen Gründen nur im Westen finden, bei den anderen Demokratien.

In der Europapolitik begann Merkel ihre Kanzlerschaft unambitioniert. Schnell wurde klar, dass sie die Leidenschaft und Entschlossenheit eines Helmut Kohl nicht aufbringen würde. Schon als Oppositionsführerin hatte sie einen schwachen Mann an die Spitze der EU-Kommission geboxt, den Portugiesen José Manuel Barroso. Er sollte nie das Format eines Jacques Delors gewinnen können, und das war den Regierungschefs in Wahrheit recht.

Als 2008 die Finanzkrise ausbrach, taumelten bald auch europäische Banken, als erste irische. Anfang Oktober flog ich in der Regierungsmaschine mit Angela Merkel zu einem deutsch-russischen Gipfel nach St. Petersburg. Im Flugzeug passierte etwas, das mir kurz den Atem raubte. So neu war es für jemanden wie mich, der mehr als Europäer aufgewachsen war denn als Deutscher. Als Deutsche mochten wir uns in den siebziger und achtziger Jahren nicht so richtig, als Europäer waren wir Teil einer großen Kultur. Diese Begeisterung war auch Ausdruck unseres Versöhnungs- und Wiedergutmachungswillens. Wir wollten alles tun, um gute Europäer zu werden. Als ich in den achtziger Jahren Volkswirtschaft in Köln studierte, waren unsere Hauptthemen die Wirkungen von Binnenmarkt und Währungsunion. Alle Professoren sagten, dass eine Währungsunion ohne wirtschaftliche Angleichung und ohne politischen Unterbau nicht funktionieren könne. Meine Begeisterung trübte das nicht. Beim Wort »Einheit« dachte ich an die Europäische Gemeinschaft, nicht an Deutschland. Wenn ich Helmut Kohl in einer Sache zustimmen konnte, dann in seinem Willen, einen europäischen Bundesstaat zu bauen.

Auf dem Flug hörte ich einen Satz, den ich so klar nie gehört oder gelesen hatte. Merkel redete in einem Hintergrundgespräch mit Journalisten über die Krise der irischen Banken und sagte unmissverständlich, dass sie nicht bereit sei, deutsches Geld für die Rettung der Iren auszugeben. Jeder müsse sich um sich selbst kümmern. Sie konnte das später nicht aufrechterhalten, aber diese Worte zeigten früh ihren Ansatz, ihre Haltung. Und das war ein dramatischer Paradigmenwechsel. Wenn zu Kohls Zeiten die Verhandlungen stockten, schoss er deutsches Geld nach, damit sich keine politische Krise entwickelt. Deutsches Interesse war europäisches Interesse. Schröder hatte auf dem militärischen Gebiet schon von einem »aufgeklärten Eigeninteresse« geredet. Merkel entwickelte den Gedanken weiter und übertrug ihn auf die Finanzpolitik. Deutsches Interesse war nun deutsches Interesse, und das hieß: das Geld zusammenhalten. Kohls Wort von der »echten Solidargemeinschaft« gilt nicht mehr. Solidarität ist nachrangig. Bei Schröder und bei Merkel geht es um Schonung, deutscher Soldaten und deutschen Geldes.

Für Merkel ist die Europäische Union schon nicht mehr das Projekt, mit dem ein neuer Krieg auf dem Kontinent verhindert wird. Sie hält ihn nach Westen hin für gesichert. Sie erlaubt sich daher ein doppeltes Schonungsprojekt, keinen Krieg und kein weiteres Geld für die Europäische Union.

Das war ihre Absicht auf der Reise nach St. Petersburg, aber der zweite Teil ließ sich nicht durchhalten. In beinahe allen europäischen Ländern stürzten Banken in die Krise, und in der Folge taumelten die wirtschaftlich schwächeren Staaten dem Abgrund entgegen, nach Irland auch Spanien, Griechenland, Portugal, Zypern. Deutschland musste wiederholt Rettungspakete schnüren und trägt zudem den größten Anteil der Risiken der Europäischen Zentralbank (EZB), die Staatsanleihen der Krisenländer aufkauft. Insofern handelt die Bundesrepublik durchaus solidarisch, aber sie tut das nur widerwillig. Merkel kann nicht verhindern, dass EZB-Chef Mario Draghi Staatsanleihen aufkauft und damit Geld in den Markt pumpt. Sie sagt den Regierungschefs der notleidenden Staaten, dass sie sich selbst anstrengen müssten, um der Krise Herr zu werden. Mit deutschem Geld allein sei das nicht zu lösen. Das ließ

Deutschland egoistisch aussehen und entfachte Proteste in Griechenland oder Spanien.

Da wird gewaltig übertrieben, vor allem mit den Nazisymbolen, aber richtig ist, dass Merkel im Euro-Währungsraum eine expansive Politik betreibt. Dafür gibt es, wie gesehen, eine kleine Tradition in der Bundesrepublik. Zunächst regierte die Bundesbank mit ihren Zinsentscheidungen in die Finanz- und Währungspolitik der Nachbarn hinein. Sie konnte sich auf ihre Unabhängigkeit berufen und behaupten, dass sie nicht politisch handle, sondern nach ökonomischen Erfordernissen. Den nächsten Schritt wagte der Sozialdemokrat Oskar Lafontaine in seiner kurzen Zeit als Finanzminister der rot-grünen Koalition. Er wollte die anderen Staaten in eine stärkere Regulierung der Finanzmärkte treiben, trat dabei ruppig auf und war für ein paar Monate der meistgehasste Politiker der Europäischen Union. Er trat bald zurück, und damit war dieses Thema erledigt. Aus heutiger Sicht könnte man sagen, dass er zum Teil das Richtige gewollt hat, denn die Krise von 2008 brach aus, weil Banken, Investmenthäuser und Fonds ungezügelt handelten und undurchsichtige Produkte mit enormen Risiken in die ganze Welt verteilten. Eine Immobilienkrise in den USA ließ das alles zusammenbrechen und riss die Staatshaushalte mit, weil sie für ihre Banken einstehen mussten, wollten sie nicht in eine noch größere Krise schliddern.

Merkel hatte schon vor der Krise eine Expansionsstrategie, die auf ihrem Weltbild gegründet ist, und ihr Weltbild sieht so aus: Der politische Einfluss eines Landes hängt zum größten Teil von seiner wirtschaftlichen Stärke ab. Bislang gab es keine direkte Korrelation von Größe und Wirtschaftskraft, da die Staaten unterschiedliche Systeme und unterschiedliche Entwicklungsstufen hatten. Seit dem Fall des Eisernen Vorhangs gibt es nur noch mehr oder weniger kapitalistische Systeme mit wenigen Ausnahmen wie Kuba oder Nordkorea. Große Länder, die lange sogenannte Entwicklungsländer waren, holen auf, zum Beispiel Brasilien, Südafrika, China, Indien. Das heißt, dass ihre wirtschaftliche Kraft bald die der kleineren Staaten übersteigen wird, auch Deutschlands. Dazu haben diese großen Länder das Argument der großen Zahl. Sie können sagen, dass sie mehr als eine Milliarde Menschen repräsentieren, wie Indien und China, oder deutlich über hundert Millionen, wie Brasilien oder Indonesien. Kein europäischer Staat kann da mithalten. Nur die EU als Ganzes kann künftig eine herausgehobene politische Rolle spielen, weil dort 505 Millionen Menschen leben.

Insofern ist auch Merkel Europäerin. Aber sie ist es nicht mit dem Herzen, sondern mit dem Kopf. Sie rechnet sich ihre Europapolitik zusammen. Und sie denkt von Deutschland aus, von den deutschen Interessen. Sie will der starken deutschen Exportwirtschaft eine politische Flankierung geben. Die anderen sollen den Deutschen helfen, Einfluss zu behalten. Eine wirtschaftlich schwache EU kann das nicht, wird nicht ernst genommen.

Wie gesagt, das war ihr schon vor der Krise klar. In der Krise hat sie es sich endgültig zum Programm gemacht. Eines von Merkels Lieblingswörtern heißt »Ertüchtigung«. Sie wollte die angolanische Küstenwacht mit deutschen Schiffen »ertüchtigen«. Sie will auch die Partner in der EU ertüchtigen. Das Reformprogramm, das sie den Deutschen im Rahmen ihres Schonungsansatzes erspart hat, will sie den anderen zumuten. Sie sollen ihre Wirtschaft und ihre Finanzen nach deutschen Vorstellungen gestalten. Dazu dienen die Konvergenzprogramme. Die anderen sollen sich nicht schonen. So will Merkel Kontrolle über das wirtschaftliche Gebaren der anderen gewinnen.

Das Ziel einer politischen Union hat sie aufgegeben oder nie gehabt. Die wirtschaftliche Konvergenz ist ihr genug. Sie glaubt nicht daran, dass es sinnvoll ist, Souveränitätsrechte an ein Gebilde abzugeben, das nicht ausreichend funktioniert und so auch nicht funktionieren kann. Die Europäische Union ist zu schnell gewachsen. Sie beherbergt nun Staaten, die ökonomisch nicht mithalten können und den Anforderungen an eine Demokratie kaum entsprechen, zum Beispiel Bulgarien, Rumänien und Ungarn. Insgesamt sind es zu viele Staaten, um einen guten politischen Prozess und eine ausreichende demokratische Legitimation herzustellen. Das sehen mittlerweile viele Regierungen so. An einen Bundesstaat glaubt kaum noch einer, im Gegenteil, wir leben in einer Phase der Renationalisierung. Das Zeitalter der europäischen Ideale ist vorbei. Jeder schaut auf sich, und Merkel schaut erst auf sich, also auf Deutschland, und sagt dann: Das sieht gut aus, so sollen es die anderen auch machen.

Hätten Schmidt, Kohl oder Schröder ein solches Programm gefahren, wäre der Aufschrei in Europa noch viel lauter gewesen. Sie waren dominante Typen, Herrscher, schneidig der eine, aufbrausend die beiden anderen. Auch Lafontaine hat diese herrische Art, und deshalb war sofort halb Europa alarmiert, als er den anderen sagte, was zu tun sei. Merkel hat ein stilleres, samtigeres Wesen. Sie hört lange zu, sie muss nicht dauernd reden, sie wird selten laut, sie ist nicht der Typ, der andere rasch gegen sich aufbringt. Sie kann auch mal großäugig sein, kann sich kleiner machen, als sie ist, und sie redet nicht lose daher, sondern kontrolliert ihre Worte. Sie wirkt nicht gefährlich, und das ist entscheidend. Ihre Expansionsstrategie kommt auf leisen Sohlen daher, nur deshalb wird sie nicht von allen als nazihaftes Gebaren zurückgewiesen.

Sie hat etwas erfunden, und das ist kühler Nationalismus. Bislang wäre das ein Widerspruch in sich gewesen, denn Nationalismus ist eine Sache heißer Herzen. Er entspringt einer Liebe zur Nation, also einem Gefühl, meist einem starken. Der Verstand dämmert dahin, wenn es sich Bahn bricht, oder wird ganz ausgeschaltet. Hymnen, Fahnen, Ergriffenheit, Tränen,

Gänsehaut, Überwältigung. Geschichte, tragische und heroische, verdichtet sich zu emotionalen Ausbrüchen. Amerikaner und Franzosen feiern sich auf diese Weise. Militär gehört natürlich dazu. Nationalismus gründet sich oft in den Kriegen der Vergangenheit und befeuert die nächsten Kriege. Die deutschen Feldzüge gegen die Franzosen waren stets von nationalen Eruptionen begleitet.

Merkels Nationalismus ist von anderer Art. Sie ist eine kühle Deutsche. Von Symbolik hält sie nichts, zum Leidwesen der letzten Konservativen in ihrer Partei. Als die Union im September 2013 ihren Wahlsieg im Konrad-Adenauer-Haus feierte, ließ die Bundeskanzlerin die schwarz-rot-goldenen Fähnchen rasch einsammeln. Sie wollte nicht, dass jemand denken könnte, hier spielten nationale Gefühle eine Rolle. Mit dieser Zurückhaltung steht sie eher in der Tradition der Achtundsechziger als der ihrer Partei.

Das Militärische am Nationalismus kehrt sie um ins Gegenteil, getrieben von der eher pazifistischen Haltung der deutschen Bevölkerung. Das haben ihre Vorgänger ähnlich gemacht. Rückzug aus Afghanistan, Verweigerung in Libyen und natürlich nicht das geringste Interesse, das Blutvergießen in Syrien zu stoppen. Ihr Nationalismus ist defensiv.

Ist das überhaupt Nationalismus? Ja. Merkel vertritt eindeutig einen nationalen Standpunkt, keinen Bündnisansatz. Und sie legt diesen Standpunkt expansiv aus. Das Missionarische gehört zu den wesentlichen Merkmalen des Nationalismus. Es handelt sich allerdings nicht um Chauvinismus, Hass gegen andere Völker hegt Merkel nicht. Insgesamt ist kühler Nationalismus daher das treffende Wort für ihre Haltung.

Nimmt man diese beiden Hauptlinien der deutschen Außenpolitik zusammen, ergibt sich folgendes Bild: Wenn es um das Militärische geht, also auch das Opfer, hat Merkel den Deutschen bislang äußerste Schonung angedeihen lassen. Sie hält sich zurück, um den Preis einer Marginalisierung der Bundesrepublik im Weltgeschehen. In der Europapolitik fordert sie die anderen auf, sich nicht zu schonen und Reformen anzupacken, die sie nicht gewagt hat. Ihre Maßgabe dafür ist die Effizienz. Kürzlich hat Merkel gesagt: »Die Frage eines starken Europas entscheidet sich an der Wettbewerbsfähigkeit gegenüber den Effektivsten und Effizientesten weltweit.« Das ist ihr Programm, gepresst in das Deutsch von Unternehmensberatern. Das ist peinlich.

Deutschland präsentiert sich unter Merkel als ökonomische Nation, nicht als politische. Auch das hat eine Tradition. Die Bundesrepublik konnte in ihren ersten Jahrzehnten kaum politisch handeln, da sie nicht die volle Souveränität besaß und sich erst einmal auf stille Weise bewähren musste, um wieder mitreden zu dürfen. Ihr Feld wurde die Ökonomie, und die Deutschen fanden bald Gefallen daran, weil diese Expertise und Exzellenz ihren Wohlstand wachsen ließen. Womöglich war ihnen das Politische insgesamt fremd geworden, nachdem die Parteien in der Weimarer Republik keine tragfähige Politik hatten entwickeln können, und nachdem sich die Politik des »Dritten Reiches« so fürchterlich diskreditiert hatte. Mitterrands Eindruck von den Deutschen war so: »Da ihre diplomatische Macht und ihre Militärmacht aber nicht auf der Höhe ihrer Wirtschaftsmacht sind, habe ich mich davon überzeugt, dass sie ihre Dominanz auf die monetäre Macht Deutschlands stützen.«

Merkel hat durchaus ein politisches Ziel. Sie will der Bundesrepublik mittels der Europäischen Union einen Machtanteil in der Welt sichern. Aber dabei geht es vor allem um die Wirtschaftsmacht Deutschland. Sie soll sich in der Welt entfalten können, damit der deutsche Wohlstand erhalten bleibt oder wächst. Wäre ihr an einer Politikmacht gelegen, hätte sie die Republik militärisch und europäisch anders positionieren müssen.

DER SOZIALSTAAT –
DIE GESCHONTEN II

Über die Bundesrepublik wurde schon früh gesagt, sie sei eine Wirtschaft mit einem angehängten Staat, und dieser Staat sei vor allem ein Sozialstaat. Das ist stark zugespitzt, hat aber, wie oft bei Zuspitzungen, einen wahren Kern. Nach der Katastrophe ging es den Politikern zunächst darum, das Überleben der Deutschen zu sichern. Sie hatten 1946/47 einen Hungerwinter erlitten, viele waren obdachlos, weil die Bomben ihre Häuser zerstört hatten. Mehr als zwölf Millionen Flüchtlinge suchten bis 1950 nach einer Bleibe und einem Einkommen. Rund vier Millionen wurden als Kriegsopfer gezählt, Invalide, Waisen und Witwen. Über drei Millionen hatten Wohneigentum oder Betriebsvermögen verloren. Das Pro-Kopf-Einkommen lag 1946 bei der Hälfte von 1938. Es war vollkommen klar, dass der junge Staat erst einmal zwei Aufgaben haben würde: die Wirtschaft ankurbeln und das zunächst magere Volkseinkommen so umverteilen, dass alle halbwegs würdig leben können. Das Rezept dafür war die soziale Marktwirtschaft, die Ideen aus dem Wirtschaftsliberalismus und dem Sozialismus aufgreift und verbindet.

Deutschland kennt keine starken wirtschaftsliberalen Traditionen. In der ersten Hälfte des neunzehnten Jahrhunderts wollten Liberale wie Friedrich List einen einheitlichen Wirtschaftsraum mit Freihandel schaffen. Ihm trug das Festungshaft und Exil ein. Insgesamt herrschte aber gerade in Preußen eine solche Bewunderung für den Staat, dass man sich auch die Wirtschaft ohne Staat nicht vorstellen konnte. Hans-Ulrich Wehler hat das in seinem Essay »Die Deutschen und der Kapitalismus« für das neunzehnte Jahrhundert schön herausgearbeitet: »Während in der internationalen Theoriediskussion der Einfluss der englischen Klassik stetig anwuchs, beharrte die einflussreiche ›Jüngere Historische Schule‹ der deutschen Ökonomie auf der dezidierten Kritik an der vermeintlich universell gültigen englischen Volkswirtschaftstheorie. Sie insistierte auf der entscheidenden, ihr diametral entgegengesetzten Denkfigur, dass die moderne kapitalistische Entwicklung folglich auch ihre Theorie, nicht ohne die Schutzgewalt, Gestaltungskraft und Herrschaftsmacht des Staates verstanden werden könnte (...) Ohne Staat keine Rechtssicherheit, keine Garantie von Eigentumsrechten, kein Patentwesen, kein Aktienrecht, keine Freizügigkeit, keine Außenhandelspolitik. Und schließlich war für diese neue Generation, der Lorenz v. Stein früher Ruf nach dem ›socialen Königtum‹ oder dem ›socialen Staat‹ geläufig war, einzig und allein der Sozialstaat imstande, die Disparitäten des kapitalistischen Wirtschaftsprozesses durch sein gesetzliches Regelwerk und seine Transferleistungen auszugleichen.« Im Deutschen Reich war die Wirtschaft denn auch stark reguliert, vor allem durch Staatskontrolle, Sozialpolitik und Kriegswirtschaft.

In der ersten Hälfte des zwanzigsten Jahrhunderts entwickelte sich in Deutschland eine ordoliberale Denkschule, die an die Jüngere Historische Schule anknüpfte. Sie kam aber zunächst nicht zur Geltung, weil sie quer zum absolut staatsseligen Nationalsozialismus stand. Zu ihr zählten Walter Eucken, Franz Böhm, Wilhelm Röpke, Alexander Rüstow oder Alfred Müller-Armack. Für den Ordoliberalismus ist der freie Wettbewerb das Wichtigste. Da der Wettbewerb aber zur Vermachtung führen kann, zu Monopolen oder Kartellen, soll der Staat dafür sorgen, dass sich der Wettbewerb entfalten kann. In diesem Sinne darf er auch regulieren. Das Kartellamt entspringt dieser Idee. Es darf den Zusammenschluss von Unternehmen verbieten, wenn sich daraus eine zu starke Marktmacht ergäbe. Es schützt also den Wettbewerb. Müller-Armack ergänzte den Ordoliberalismus um eine soziale Komponente. Von ihm stammt der Name »Soziale Marktwirtschaft«.

Der Sozialstaat dagegen hat eine starke Tradition in Deutschland. Reichskanzler Bismarck wollte die Sozialdemokratie bekämpfen, indem er ihr das Wasser abgrub. Die Arbeiter sollten abgesichert sein, damit sie die SPD nicht mehr als Interessenvertretung brauchen würden. 1883 führte das Deutsche Reich die Krankenversicherung ein, 1884 die Unfallversicherung, 1891 die Alters- und Invalidenversicherung. Damit war Deutschland den anderen Staaten voraus. Bismarcks Plan schlug jedoch fehl. Die SPD holte immer mehr Stimmen. 1884 waren es 9,7 Prozent, 1912 schon 34,8 Prozent.

Im Jahr 1927 wurde eine Krankenversicherung eingerichtet. Auch die Nazis bauten den Sozialstaat weiter aus. Wer zur »Volksgemeinschaft« zählte, war zunächst gut abgesichert. Die anderen, Juden, Kommunisten, Sozialdemokraten, Sinti und Roma, Homosexuelle, verloren zum großen Teil alles, ihren Besitz, ihre Sicherheit, ihr Leben.

Mit dieser Geschichte im Rücken begann nach dem Krieg der Aufbau der Wirtschaft im Westen. Einer der entscheidenden Schritte zur sozialen Marktwirtschaft war, dass Ludwig Erhard 1948 Vorsitzender des Wirtschaftsrats der Bizone wurde, der gemeinsamen Zone von Amerikanern und Briten. Erhard war ein Anhänger des Ordoliberalismus, Müller-Armack wurde später einer seiner wichtigsten Mitarbeiter. Erhard schaffte mit einem Coup die Bewirtschaftungspläne der Alliierten ab, damit sich der Wettbewerb entfalten konnte.

Der nächste Schritt war der Wahlsieg der Union 1949. Adenauer wurde Kanzler und entschied sich gegen eine Große Koalition mit der SPD. Damit war die Frage soziale Marktwirtschaft oder demokratischer Sozialismus entschieden. Erhard wurde Wirtschaftsminister. Der Wettbewerb konnte sich ausbreiten und bescherte den Deutschen das »Wirtschaftswunder«, zum Teil zweistellige Wachstumsraten und damit Wohlstand.

Von Anfang an spielte die Sozialpolitik eine große Rolle. Die Regierung beschloss einen Lastenausgleich für die Vertriebenen und die Flüchtlinge, eine Kriegsopferversorgung für Witwen, Waisen und Invaliden. Damit war das unmittelbar Notwendige getan, aber damit hörte es nicht auf. Der Sozialstaat wurde weiter ausgebaut. Warum? Es gibt drei große Gründe dafür und viele kleine.

Ein großer Grund liegt im Scheitern der Weimarer Republik. In ihren letzten Jahren stieg die Arbeitslosigkeit bis über sechs Millionen. Die Regierungen von Heinrich Brüning, Franz von Papen und Kurt von Schleicher kürzten die Sozialetats, um die schrumpfenden Staatseinnahmen auszugleichen. Das stärkte die Nationalsozialisten, die den Wunsch nach radikalen Lösungen aufgriffen und schürten. In bundesrepublikanischen Diskussionen über Sozialabbau spielten die sechs Millionen und das Massenelend häufig eine Rolle. »Nie wieder« war auch auf diesem Gebiet ein Argument.

Der zweite große Grund hängt damit zusammen. In den ersten Jahrzehnten lag Misstrauen über den Deutschen, im Ausland und im Inland. Die Frage war, ob sie in der Lage sind zu lernen, ob sie sich an die Demokratie gewöhnen können, ohne eine lange Tradition, ohne gute Erfahrungen. Die gerade einmal vierzehn Jahre deutscher Demokratie hatten desaströs geendet. Man war sich nicht sicher. Man war der Meinung, dass man die Deutschen in gewisser Weise kaufen müsste, über Wohlstand, über Sicherheit. Auch deshalb installierten die Politiker einen starken Sozialstaat.

Der dritte große Grund war die DDR. Der Nachbar im Osten präsentierte sich als allumfassender Sozialstaat, als beharrlicher Kümmerer, der vor allem für Sicherheit sorgte. Keine Arbeitslosigkeit, keine Verelendung. Die westdeutschen

Politiker wollten verhindern, dass eine große Zahl ihrer Bürger nach Osten schaut und dort das bessere, weil sicherere Leben entdeckt. Der westdeutsche Sozialstaat war eine Defensivwaffe im Kalten Krieg.

Dies sind drei Gründe, die nur für die Bundesrepublik galten. Deshalb hat sie ein eigenartiges politisches System entwickelt. Zwei Sozialstaatsparteien traten und treten gegeneinander an. Die SPD ist in ihrer sozialistischen Tradition naturgemäß eine solche. Aber auch die CDU hatte von Anfang an einen starken linken Flügel, den Adenauer beruhigen wollte, indem er in das Ahlener Programm von 1947 schrieb: »Das kapitalistische Wirtschaftssystem ist den staatlichen und sozialen Lebensinteressen des deutschen Volkes nicht gerecht geworden.« Dies wurde nie konsequent in Politik umgesetzt, aber einen reinen Kapitalismus verfocht die Union ebenfalls nicht. Der Sozialstaat wurde auch ihr Projekt. Zwar war er zwischen den beiden Volksparteien manchmal umstritten, aber meist ging es dabei um die Fragen: Wer hat mehr zu bieten?

Konrad Adenauer ist nicht als großer Sozialpolitiker in Erinnerung, aber faktisch war er einer. 1957 ließ er eine große Rentenreform verabschieden. Zum Teil stiegen die Altersbezüge um sechzig Prozent, und sie wurden dynamisiert, das heißt, an die Lohnentwicklung gekoppelt. Bezeichnenderweise verabschiedete der Bundestag die Gesetze gegen die Stimmen der Koalitionspartner, gegen FDP und DP. Dafür war die Opposition dabei, die SPD. Besser lässt sich der Sozialkonsens der Volksparteien nicht anschaulich machen.

Die Industrie entwickelte sich prächtig in einem Schonraum, der Deutschland AG hieß. Unternehmen und Banken waren dicht miteinander verflochten, durch Beteiligungen, durch die Aufsichtsräte. Ausländische Unternehmen hatten kaum eine Chance, hier Fuß zu fassen. So entwickelte sich der Rheinische Kapitalismus, eine Wirtschaftsform der Kooperation, zwischen den Unternehmen und Banken, zwischen der

Wirtschaft und der Politik und zwischen den Unternehmen und den Gewerkschaften.

Karl Schiller, Wirtschaftsminister der ersten Großen Koalition, gründete die »Konzertierte Aktion«, die zum Ziel hatte, dass sich Politik und Wirtschaft auf einen gemeinsamen Kurs verständigen. Die Gewerkschaften machten auch da mit, sie waren insgesamt nicht radikal, sondern kooperativ, saßen in den Aufsichtsräten und dachten selbst unternehmerisch. Alle profitierten davon. Große Streikwellen blieben aus, die Wirtschaft konnte sich in stabilen Verhältnissen hervorragend entwickeln.

Willy Brandt setzte Adenauers Kurs fort und baute den Sozialstaat weiter aus, meist im Konsens von SPD, FDP und Union, so bei der Rentenreform von 1972. Peter Graf Kielmansegg schreibt dazu in seinem Buch »Nach der Katastrophe – Eine Geschichte des geteilten Deutschland«: »Das Rentenreformgesetz von 1972, mitten im heftigsten Wahlkampf verabschiedet, ist das handgreiflichste Beispiel für die unbekümmerte Großzügigkeit, mit der man in der Sozialpolitik gemeinsam und einander überbietend zu Werke ging. Man verteilte mit diesem Gesetz einen Überschuß von beinahe zweihundert Milliarden Mark, die eine Prognose unter Zugrundelegung bestimmter günstiger gesamtwirtschaftlicher Bedingungen für die nächsten fünfzehn Jahre errechnet hatte, so als habe man ihn bereits sicher in der Rentenkasse. Einer der Beteiligten hat berichtet, wie es selbst dem sozialdemokratischen Fraktionsexperten bei diesem euphorischen Wetteifer in der Verteilung von Milliardenwahlgeschenken unbehaglich wurde. Folgen hat das nicht gehabt.« Von 1970 bis 1975 stieg die Sozialquote von 26,7 auf 33,7 Prozent.

Der erste, der damit ein Problem bekam, war Helmut Schmidt. Die Sozialpolitik der fünfziger und sechziger Jahre war durch die wirtschaftliche Entwicklung gedeckt. Das Wachstum war rasant, Arbeitslose gab es kaum, und die Einnahmen von Staat und Sozialkassen sprudelten. Das änderte sich spätestens 1974. Im Jahr zuvor war der Yom-Kippur-Krieg ausgebrochen, zwischen Israel und seinen arabischen Nachbarn. In der Folge stieg der Ölpreis drastisch an und schnürte die Konjunktur ab. Die herrlichen Zeiten waren vorbei. Seit Ende der siebziger Jahre hat die Bundesrepublik ein Problem mit Massenarbeitslosigkeit.

Nun stellte sich heraus, dass der deutsche Sozialstaat dafür nicht gut gerüstet ist, da er sich zum großen Teil aus der Beschäftigung finanziert. Arbeitnehmer und Arbeitgeber zahlen die Beiträge, was im Fall von Massenarbeitslosigkeit zwei unangenehme Folgen hat: Die Einnahmen sinken bei allen Sozialkassen. Für die Arbeitslosenversicherung gilt zudem, dass die Ausgaben steigen. Da der Staat einen Teil der Sozialkosten trägt, wachsen auch seine Ausgaben in der Krise. Gleichzeitig bleiben die Steuereinnahmen niedriger als bei Vollbeschäftigung. Da Sparen schwer fällt, muss der Staat Schulden machen. Dies ist ein Grundproblem der deutschen Politik, seit vierzig Jahren.

Im Prinzip gibt es zwei Ansätze, um mit diesem Problem fertig zu werden: Angebotspolitik. Nachfragepolitik.

Angebotspolitik heißt, dass die Unternehmen gestärkt werden. Sie sollen sich frei entfalten können, sollen keine hohen Steuern, keine hohen Sozialabgaben schultern müssen, sollen ein attraktives Warenangebot schaffen, dass dann schon Nachfrager finden wird.

Nachfragepolitik heißt, dass die Konsumenten gestärkt werden. Ihre Einkommen sollen hoch sein, auch über Sozialtransfers, damit sie viel kaufen und so die Wirtschaft in Schwung bringen.

Für Angebotspolitik stehen prinzipiell die FDP und der

wirtschaftsliberale Flügel der Union. Für Nachfragepolitik stehen die SPD und der linke Flügel der Union.

Anfang 1980 brach dieser Konflikt offen aus. Es herrschte eine Weltwirtschaftskrise, in Deutschland waren zwei Millionen Menschen arbeitslos, Haushalt und Sozialkassen litten. Was tun? Schmidt schlug einen moderaten Sparkurs ein, aber das reichte der FDP nicht. Im August 1981 schrieb der Parteivorsitzende und Außenminister Hans-Dietrich Genscher einen Brief an die Mitglieder und forderte mehr Selbstverantwortung, mehr Freiheit, weniger Staat. Es gelte »eine ähnliche grundsätzliche Auseinandersetzung zu führen wie beim Wiederaufbau nach dem Zweiten Weltkrieg«. Wirtschaftsminister Otto Graf Lambsdorff wollte einen Wandel vom »Sozialstaat« zur »Leistungsrepublik«. Oppositionsführer Kohl lockte mit dem Angebot, eine schwarz-gelbe Koalition zu bilden, um mehr Angebotspolitik umzusetzen.

Von der anderen Seite machten der linke Flügel und die Gewerkschaften Druck. Im November 1981 demonstrierten in Stuttgart siebzigtausend Menschen gegen »Sozialabbau«. Schmidt forderte Wirtschaftsminister Lambsdorff von der FDP auf, seine Vorschläge zu Papier zu bringen. Es trug den Titel »Konzept für eine Überwindung der Wachstumsschwäche und zur Bekämpfung der Arbeitslosigkeit« und ging dem Bundeskanzler am 9. September 1982 zu. Lambsdorff forderte vor allem Einschnitte bei den Sozialleistungen, zudem weniger Steuern für Unternehmer. Schmidt wertete das als Scheidebrief, die Koalition zerbrach, und Helmut Kohl übernahm das Ruder.

Die Frage war nun, ob sich in der Bundesrepublik etwas Ähnliches ereignen würde wie in den Vereinigten Staaten und in Großbritannien. In Washington hatte 1980 der Republikaner Ronald Reagan den Demokraten Jimmy Carter abgelöst, in London ein Jahr zuvor die Konservative Margaret Thatcher den Labour-Premier James Callaghan. Beide verordneten ihren Ländern scharfe Kurswechsel in Richtung Angebotspolitik.

Auch Kohl hatte eine wirtschaftspolitische Wende versprochen, hielt sich jedoch nicht daran. Schwarz schreibt: »Kohl verzichtete dankend darauf, die von Wirtschaftsliberalen angemahnte und wie sich später zeigen wird, in der Tat dringliche Neuordnung der Wirtschafts- und Sozialpolitik anzupacken. Sozialpolitisches Tiefpflügen war nie sein Fall; dafür ist die Tradition des linken Zentrums in seinen politischen Genen viel zu stark. Wer wie er über ein Vierteljahrhundert am Sozialstaat gebaut hat, setzt nach der Etablierung im Bundeskanzleramt nicht die Abrissbirne in Gang – erst recht nicht mit Blick auf die diesbezüglich allzeit labilen Wählermehrheiten, denen jede Opposition mit den Schlagwörtern ›Sozialabbau‹ oder ›Umverteilung von unten nach oben‹ Angst einzujagen versteht.« Die neue Regierung kürzte hier und dort und senkte die Staatsquote, aber die Strukturen blieben im Wesentlichen gleich. Eine Rentenreform fiel so moderat aus, dass auch die SPD zustimmen konnte.

Die Bundesrepublik ist kein Land für einen scharfen Wechsel, weil sie die Parteien dafür nicht hat, auch nicht die Tradition der Konfrontation. Die USA und Großbritannien haben sich ihre Demokratien selbst erkämpft, sie sind sich ihres demokratischen Grundkonsenses seit Jahrhunderten gewiss. Und sie haben den Kitt eines ungebrochenen Nationalbewusstseins. Am Ende sind sie alle Patrioten. Auf dieser Grundlage können sie harte ideologische Kämpfe miteinander austragen und sich immer wieder versöhnen.

Als die Deutschen wieder einen Nationalstaat hatten, also vom 3. Oktober 1990 an, schafften sie Einheit erst einmal über den Sozialstaat. Alle Systeme wurden sofort in den Osten transferiert und dort gleich extrem belastet. Seitdem die Bundesrepublik und die DDR im Sommer 1990 eine Währungsunion geschlossen hatten, brach im Osten ein Großteil der

Wirtschaft zusammen, weil sie veraltet und nicht konkurrenz-
fähig war. Die Arbeitslosigkeit schnellte nach oben. Gleichzeitig konnten sich die Ost-Rentner über hohe Renten freuen.
Die Ausgaben der Sozialversicherungen stiegen steil an, nicht
jedoch die Einnahmen, da die Beschäftigung in den neuen
Bundesländern wegbrach. Das belastete den Bundeshaushalt.

Die Einheit spülte eine dritte Sozialstaatspartei in den Bundestag, erst PDS genannt, dann Die Linke. Sie entstand aus
den Resten der SED und ist im Osten zum Teil Volkspartei. Sie
hat es im Bund und den westlichen Ländern noch nicht an die
Macht geschafft, setzt aber die SPD unter Druck, weil sie deren
Forderungen nach Absicherung einfach toppt. Will die SPD
einen Mindestlohn von acht Euro fünfzig, will die Linke zehn
Euro.

Zudem kam eine Bevölkerung hinzu, die es gewohnt war,
dass der Staat sie versorgte, auf niedrigem Niveau zwar, aber
umfassend. Das Leben in der DDR hatte so gut wie keine ökonomischen Risiken, es herrschte eine Rundum-Sicherheit für
alle, die sich dem totalen Machtanspruch der SED fügten. Die
Bürger der DDR kannten weder Arbeitslosigkeit noch Sozial-
stress der Art, dass der Wohlstand anderer weit enteilt ist und
man sich grämt oder in Aufholjagden verschleißt. Wer politische Freiheiten nicht unbedingt brauchte, konnte einigermaßen gut leben. Dies wurde als Anspruch auf die Bundesrepublik übertragen, auf einem höheren Wohlstandsniveau. Die
soziale Marktwirtschaft kam vielen Neubürgern mangelhaft
vor, weil sie keine Sicherheit vor Jobverlust bietet und ein ex-
tremes Gefälle beim Lebensstandard zulässt. Auch das pumpte
neuen Druck in die Debatten um den Sozialstaat.

Kohls Regierung hielt es 1995 für richtig, der Sozialversi-
cherung eine fünfte Säule hinzuzufügen. Die Pflegeversiche-
rung arbeitet nach demselben Prinzip wie die anderen, belastet
also Arbeitnehmer und Arbeitgeber mit Beiträgen. Gleichzeitig
diskutierte das Land über den »Standort«. Die Bundesrepublik

fiel im internationalen Wettbewerb zurück, auch wegen der hohen Lohnnebenkosten. Zudem war nun allen klar, dass die Zahl der Geburten nicht reichen würde, um die Renten langfristig zu sichern. Da nicht jeder für sich selbst vorsorgt, sondern die Arbeitnehmer insgesamt die Renten finanzieren, tat sich mehr und mehr eine Lücke auf. Wieder stand die Frage im Raum, ob der deutsche Sozialstaat die richtigen Strukturen hatte. Das Wort vom »Reformstau« machte die Runde. 1996 entschied Kohl, dass sich nun wirklich etwas ändern müsse. Er ließ den Kündigungsschutz lockern, die Lohnfortzahlung im Krankheitsfall senken und die Rentenformel um einen demographischen Faktor ergänzen. Das heißt, dass die Renten sinken, wenn die Zahl von Arbeitnehmern und Rentnern stärker auseinander klafft. Die SPD machte diesmal nicht mit.

Ende der neunziger Jahre herrschte eine neue Stimmung im Land. Die New Economy, die Wirtschaft des Internets, hatte erste Erfolge, und das regte die Phantasie vieler Menschen an. Man könnte auch sagen: die Gier. Der Wert eines digitalen Auktionshauses wie Ricardo.de stieg rasend schnell an, und mancher Sparer dachte, dass er es auf diesem Weg bald zu Wohlstand bringen könne. Das Sparbuch geriet in Verruf, die Börsen lockten. Das Staatsunternehmen Telekom gab Aktien aus und trommelte dafür in einer riesigen Werbekampagne mit dem Schauspieler Manfred Krug. Anlagefieber brach aus, die Wirtschaftsteile der Zeitungen wurden so intensiv gelesen wie nie zuvor. Wo stehen meine Aktien? Fünf Prozent plus? Zehn? Fünfzehn?

Bald war es ein dickes Minus. Viele Unternehmen des Internets hatten kaum Substanz, kaum Werte, die Börsenkurse drückten nur die Hoffnungen der Anleger aus. Die Blase platzte, viele Menschen verloren viel Geld, auch den Käufern von Aktien der Telekom blieb der Reichtum verwehrt. Die Wirtschaft brach ein.

Nach seinem Wahlsieg 2002 dämmerte Bundeskanzler Schröder, dass es so nicht weitergehen konnte. Das Wachstum war schwach, die Arbeitslosigkeit stieg, Haushalt und Sozialkassen gerieten wieder in Not. Die Bundesrepublik galt nun als der kranke Mann Europas. Schröder reagierte mit der Agenda 2010, die zum ersten Mal die Strukturen des deutschen Sozialstaates nachhaltig reformierte. Vor allem für Arbeitslose wurde es hart. Wer nicht bald einen neuen Job findet, rutscht auf das Niveau der Sozialhilfe. Das soll den Anreiz erhöhen, Arbeit zu suchen. Es gab einige Deregulierungen, zum Beispiel bei der Leiharbeit, die Unternehmen leichter gemacht wurde. Zudem führte Rot-Grün den demographischen Faktor wieder ein, nachdem sie ihn gleich nach Amtsantritt abgeschafft hatte. Der neue Name war Nachhaltigkeitsfaktor. Wir werden ihm bald wieder begegnen.

Der SPD brach ein Teil ihrer Stammwählerschaft weg. Gewerkschafter gründeten die WASG, die sich mit der PDS zur Linken vereinte. Für Lafontaine war das eine neue Machtbasis, und nun konnte er die alten Parteifreunde vor sich hertreiben. Die Agenda 2010 hat letzten Endes Angela Merkel ins Kanzleramt gespült.

Was ist Merkels Geschichte mit der Sozial- und Wirtschaftspolitik? Als Bürgerin der DDR kannte sie ein Leben ohne größere soziale Risiken, ohne größeren sozialen Stress. Aber das war nicht das, was ihre Haltung in der Bundesrepublik prägte. Das war eher die Erfahrung des Aufsteigers, des Pioniers. Merkel hatte im für sie neuen System schnell Erfolg, stieg schon 1991 zur Familienministerin im Kabinett Kohl auf und hielt sich dort, wurde Umweltministerin, Generalsekretärin der CDU, Parteivorsitzende. Man kann es schaffen, wenn man sich anstrengt – das war die Erfahrung, die sie gemacht hatte. Dass auch Zufall eine Rolle spielt, mag der Pionier in den unteren Schichten des Bewusstseins wissen, aber er belässt es gern dort.

Als Parteivorsitzende hatte Merkel bald ein Problem. Schröder machte Reformen, die eigentlich aus der Union hätten kommen müssen. Wo sollte sie da ihre Partei positionieren? Wie sollte sie Schröder herausfordern? Links von der SPD ging nicht. Das ist kein Ort, an dem es die Union aushalten könnte. Also musste sie ihn an Reformeifer übertreffen. Das tat sie auf dem Leipziger Parteitag von 2004, nicht so richtig entschieden, weil sie auch den linken Flügel ihrer Partei bedienen musste. Aber fortan schloss sie mit Guido Westerwelle informell ein neoliberales Oppositionsbündnis und forderte mehr Reformen.

Sie hat mir in dieser Zeit erzählt, mit welcher Erwartung sie in die Bundesrepublik gekommen war und was sie erlebt hat. Aus ihrer Perspektive in der DDR war der deutsche Nachbar ein effizientes Land mit einer unternehmerischen, risikobereiten Bevölkerung. Dann kam sie rüber, beziehungsweise die Bundesrepublik kam zu ihr, und sie merkte, dass es so effizient nicht zuging, und von einer besonders unternehmerischen und risikobereiten Bevölkerung konnte erst recht nicht die Rede sein. Sie nahm ihr neues Land als mangelhaft wahr, mangelhaft gemessen an Merkels Erwartung. Und sie nahm sich vor, es zu ertüchtigen.

Sie hat sich verkalkuliert. Sie dachte, die neoliberale Welle würde sie ins Kanzleramt tragen, aber sie schaffte es nur knapp und verlor ihren Wunschpartner FDP. Stattdessen musste sie mit den Sozialdemokraten regieren. Aber das gefiel ihr bald überraschend gut. Sie machte mit Müntefering überfallartig die Rente mit 67, sie bastelte mit hohem persönlichem Einsatz einen Gesundheitsfonds, der aber mit viel Aufwand wenig in der Krankenversicherung änderte. Dann legte sich die Reformerin Merkel zur Ruhe.

Sie hatte die Wahl 2005 als Schock erlebt. Ihre Umfragewerte davor waren gut, sie dachte, sie sei auf dem richtigen Weg, bestärkt von vielen Medien. Aber sie traf auf eine zum

Teil geschockte Bevölkerung, die genug hatte vom Reformge-
rede, Reformeifer. Das ist einer der wichtigen Momente in der
Geschichte der Bundesrepublik. Bevölkerung und Kanzlerin
finden sich. Sie finden sich als Schockierte, Schonungsbedürf-
tige. Von da an haben sie es gut miteinander. Merkel verteilte
Geschenke und setzte 2008 den Nachhaltigkeitsfaktor außer
Kraft, um den Alten Gutes zu tun.

Im Krisenjahr 2009 hat sich die Sozialstaatseuphorie der
Volksparteien bewährt. Zwar schrumpfte das Bruttosozialpro-
dukt um fünf Prozent, aber dem folgte kein vergleichbarer An-
stieg der Arbeitslosigkeit. Hier halfen die Abwrackprämie und
die erweiterte Kurzarbeiterregel. Für Merkel zahlte sich das bei
der Wahl im selben Jahr aus, für die SPD nicht. Sie flog aus der
Regierung, obwohl sie die meisten Krisenabwehrmaßnahmen
erfunden hatte. Nun konnte sich die Union mit ihrem Wunschpartner zusammentun, der FDP. Würde sie damit eine andere
Kanzlerin sein, eine Reformerin im Sinne von 2004? Nein.
Merkel hatte sich entschieden, hatte Gefallen an der Sozialdemokratin in ihr gefunden und blieb die nun. FDP-Chef
Westerwelle lehnte sich kurz dagegen auf, als er Anfang 2010
Hartz IV in die Nähe »spätrömischer Dekadenz« rückte, weil
es ein anstrengungsloses Einkommen sei. Große Aufregung,
aber es folgte keine Politik, die dieser Analyse Rechnung trug.
Merkel hütete den deutschen Sozialstaat, und die schwarz-
gelbe Koalition brachte insgesamt wenig zustande. So war es
von Merkel gewünscht.

Der Rheinische Kapitalismus hatte inzwischen abgedankt,
zum Teil jedenfalls. In Zeiten der Globalisierung ließ sich die
Deutschland AG nicht länger bewahren. Ausländische Unternehmen drängten in die größte Volkswirtschaft Europas, Vo-
dafone aus Großbritannien übernahm in einem unfreund-
lichen Akt die Telefonsparte von Mannesmann. Schröders
»Bündnis für Arbeit«, ein Nachfolger der Konzertierten Aktion, war gescheitert, seine Regierung hatte die Regeln für

den Finanzkapitalismus in Deutschland gelockert. Viele Arbeitsverhältnisse wurden prekär, da die Leiharbeit boomte, auch als Folge der Agenda 2010. Viele Einkommen reichen nicht zum Leben und müssen durch Hartz IV aufgestockt werden.

Merkel findet, dass den Deutschen viel zugemutet wurde und wird. Der Start in das neue Jahrtausend war ein Schockstart. Die New Economy brach zusammen, und der Anschlag vom 11. September 2001 stellte den Weltfrieden in Frage. Die Agenda 2010 trübte das Sicherheitsgefühl der Bürger, und dann brach noch die Finanzkrise über sie ein. Vier Schocks in zehn Jahren, das ist wahrlich eine Menge. Und Merkel ist nicht die Frau, die das ignorieren würde. Bei der Wahl 2005 hatte sie ihren persönlichen Schock erlebt, durch das knappe Ergebnis, und nun regiert sie als Schockierte die Schockierten. Da kann es nur kuschelig zugehen.

Mit der SPD kann Merkel seit 2013 aus dem Vollen schöpfen. Schon in den Koalitionsverhandlungen zeigten sich die beiden Volksparteien sozialeuphorisch und verabschiedeten ein dickes Paket von Wohltaten, Rente mit 63, Mütterrente, weitgehend einheitlicher Mindestlohn. Merkel hat sich damit endgültig als sozialdemokratische Kanzlerin etabliert, als eine Frau, die den sozialdemokratischen Grundkonsens des Landes verkörpert.

Warum sollte dieser Sozialdemokratismus falsch sein? Der Bundesrepublik geht es gut. 2013 erwirtschafteten die Sozialversicherungen einen Überschuss, der das Haushaltsdefizit ausgleichen konnte. Der Staat war erstmals seit langer Zeit im Plus, als einziges Mitglied der Europäischen Union. Das sieht glanzvoll aus, und natürlich ist das eine gute Leistung der Bundesrepublik, weniger allerdings der Politiker als der Unternehmen und ihrer Mitarbeiter, die viel leisten, gut verdienen und damit eine Menge Beiträge in die Kassen einzahlen. Damit ist es aber nicht getan.

Es geht mir nicht darum, eine »spätrömische Dekadenz« zu beenden oder den »Freizeitpark Deutschland« aufzulösen, wie Helmut Kohl das ausgedrückt hat. Ich glaube, dass ein Leben auf Hartz IV oder ein Leben in den untersten Einkommensgruppen übel sein kann, dass Arbeitslosigkeit eine schwere Last sein kann, dass die sogenannte soziale Hängematte kein angenehmer Ort ist. Ohne Frage gibt es Menschen, die das anders sehen und es darauf anlegen, ein solches Leben zu führen. Es ist nicht gelungen, das genau zu beziffern. Ich glaube, dass die Zahl nicht ausschlaggebend ist für Probleme der Sozialkassen. Es geht mir auch gar nicht um die Höhe von Sozialleistungen, es geht mir um strukturelle Probleme, die ihrer Lösung harren.

Seit einiger Zeit werden die Beschäftigungszahlen als Jubelzahlen verkündet. Tatsächlich sank die Arbeitslosenquote von 11,7 Prozent im Jahr 2005 auf 6,9 im Jahr 2013. Das ist erfreulich. Doch es sei daran erinnert, dass es sich immer noch um Massenarbeitslosigkeit handelt. Knapp drei Millionen Deutsche hatten im Jahresmittel von 2013 keinen Job. Damit kann eine Gesellschaft nicht zufrieden sein.

Der zweite Skandal ist die Unbeweglichkeit in der Gesellschaft. Wer als Kind von Arbeitslosen zur Welt kommt, wird mit hoher Wahrscheinlichkeit selbst keine Arbeit finden. Wer dagegen aus einer Akademikerfamilie stammt, wird mit einiger Sicherheit studieren und dereinst selbst Einkommen und Lebensweise von Akademikern genießen dürfen. Der Sachverständigenrat hat herausgefunden, »dass die Durchlässigkeit im Zeitverlauf abgenommen hat«. Dies steht im Widerspruch zu einem Grundgedanken der demokratischen Gesellschaft. Nicht die Herkunft ist entscheidend für den Platz in der Gesellschaft. Das ist das Prinzip der Monarchie, wo der Adel seine Privilegien vererbt. Herrschaft des Volkes heißt auch, dass jeder mitherrschen kann, dass jeder in der Lage ist, an der Demokratie mitzuwirken, mindestens durch eine kompetente Wahlentscheidung. Die Bertelsmann-Stiftung hat 2014 eine erschreckende Studie vorgelegt. Sie untersuchte die Wahlbeteiligung in deutschen Stadtteilen mit verschieden hoher Kaufkraft und Arbeitslosigkeit. Unter der Frage »Demokratie der Besserverdienenden?« heißt es am Ende: »Je besser es den Menschen in einem Viertel geht, desto höher ist die Wahlbeteiligung.« Eine Demokratie der Besserverdienenden ist allerdings höchstens eine Teildemokratie.

Der dritte Skandal ist die unterschiedliche Lebenserwartung. Ein wohlhabender Mann lebt in Deutschland durchschnittlich knapp elf Jahre länger als ein Mann aus ärmeren Schichten. Bei den Frauen liegt der Unterschied bei acht Jahren. Der Ärzte-Funktionär Ulrich Montgomery nannte diese Zahlen eine »Schande«, und damit hat er recht.

Zudem hat uns das demographische Problem in seiner ganzen Wucht noch nicht erreicht. Aber es rauscht heran. Das Verhältnis von Jungen und Alten wird immer ungünstiger, und es ist absehbar, dass die Renten-, die Pflege- und die Krankenversicherung darunter leiden werden. Dass die Große Koalition der Altersversorgung neue Lasten aufgebürdet hat, ist daher ein schwerer Fall von Zukunftsvergessenheit.

Große Koalitionen haben im Parlament derart große Mehrheiten, dass sie schwierige Reformen durchsetzen könnten, Reformen, die wehtun oder die Strukturen aufreißen und daher viel Widerstand auslösen. Die erste Große Koalition hat das getan, indem sie die Notstandsgesetze auflegte, und daraus hätte sich eine historische Rechtfertigung von Bündnissen der Volksparteien etablieren können. Demokratietheoretisch sind sie eher bedenklich, da sollten sie wenigstens ihr Gewicht nutzen, um die schwierigen Problem zu lösen. Merkel sieht das leider nicht so.

DIE GESELLSCHAFT – WUTBÜRGER, FRAUEN UND DER HOMO DIGITALIS

In diesem Kapitel geht es um die politischen Akteure, die nicht Politiker sind, die nicht im Bundestag oder in einem der Landesparlamente sitzen, die aber trotzdem Politik machen, die sich beteiligen, meist durch Proteste, durch Demonstrationen, aber auch indem sie von den Medien ernst genommen werden und dort die Spalten und Minuten mit ihren Anliegen füllen. Durch sie erfährt man, was dem politisch aktiven Teil der Bevölkerung wichtig ist, welche Themen den Menschen unter den Nägeln brennen.

Es geht dabei um andere Formen der politischen Partizipation als Wählen oder sich für eine Wahl aufstellen lassen. Partizipation ist während der Kanzlerschaft Merkels ein großes Thema geworden. Viele Bürger wollen nicht passive Demokraten sein, sondern sich einmischen. Sie fordern Volksabstimmungen und Volksbefragungen, sie fordern andere Formen der Teilhabe. Welche Gruppen sind das? Um welche Themen geht es ihnen?

Zunächst folgt ein Rückblick auf die Themen, die vor den Zeiten Merkels Bürger auf die Straßen oder in die Medien trieben. So wird sichtbar, dass sich viel verändert hat in den letzten Jahren. Es wird auch sichtbar, dass die Bürger sich früher vor allem für klassische politische Themen mobilisieren ließen, dass sie im Prinzip tickten wie ihre Politiker.

Was sind die klassischen Themen der bisherigen Politik und damit auch der Geschichtsschreibung? An erster Stelle steht die Frage von Krieg und Frieden. Die großen Feldzüge haben die beste Chance, lange erinnert zu werden, damit auch die großen Feldherren, Alexander, Hannibal, Julius Cäsar, Friedrich II., Napoleon. Die großen Schlachten sind wichtige Teile des Datengerüsts, das wir für die historische Orientierung brauchen. Früher wurden vor allem Ruhm und Schande erinnert, seit dem Zweiten Weltkrieg ist es mehr das Grauen.

Seither haben sich Politik und Gesellschaft geschworen, dass von deutschem Boden nie wieder Krieg ausgehen dürfe. Die deutsche Angriffslust, die deutschen Kriegsverbrechen und der Holocaust, den manche auch als Kriegsphänomen wahrnehmen, wurden zur Grundlage eines neuen Pazifismus. Ein großer Teil der Bevölkerung beobachtete wachsam die Politik und war zu Protesten bereit, sobald der Frieden gefährdet schien. Das begann mit dem Widerstand gegen die Wiederbewaffnung, die Adenauer in den fünfziger Jahren überraschend schnell betrieb, um die Bundesrepublik im Westen zu verankern. Große Demonstrationen blieben freilich aus. Schärfer waren die Proteste, als Adenauer und vor allem Verteidigungsminister Franz Josef Strauß planten, die Bundeswehr mit Trägern für atomare Kurzstreckenwaffen auszurüsten, damit die Bundesrepublik nicht nur Zuschauer im Nuklearpoker der Weltmächte sein musste. »Kampf dem Atomtod« hieß die Parole dieser Widerstandsbewegung.

Richtig lebhaft wurde es Ende der sechziger Jahre. Die Vereinigten Staaten führten Krieg in Vietnam, und das weckte den Zorn der Achtundsechziger, die sich heftige Straßenschlachten mit der Polizei lieferten. Die Vietnam-Proteste waren insgesamt weniger pazifistisch als anti-amerikanisch. Es wurde Geld gesammelt, um die Gegner der US-Truppen mit Waffen auszurüsten.

Die Friedensbewegung beschränkte sich danach eine Weile auf die Ostermärsche für den Frieden, bei denen Jahr für Jahr Tausende oder auch Zehntausende ihren Pazifismus bekundeten. Die hohe Zeit begann Anfang der achtziger Jahre, als Hel-

mut Schmidt für die Nachrüstung eintrat. Zu den beiden großen Demonstrationen in Bonn strömten Hunderttausende.
Ich war damals an einem Gymnasium in Essen, und die Leh-
rerkonferenz diskutierte, ob wir schulfrei bekommen sollten,
um nach Bonn fahren zu können. Der Direktor der Schule ließ
das schließlich nicht zu. Wir fuhren trotzdem, wurden aber
nicht bestraft. Das war Ausdruck der Stimmung damals, viel
Protest, aber auch Sympathie für die Proteste bei denen, die
selbst nicht protestieren wollten. Der atomare Wettlauf war ein
Wahnsinn, der vielen Menschen Angst machte. Die Angst vor
der nuklearen Katastrophe, vor dem Tod oder dem Dahinvege-
tieren in einer verwüsteten, vergifteten Stadtlandschaft hat
meine Jugend geprägt. Gleichzeitig waren wir Jungs, die sich
für Filme über klassische Kriege begeistern konnten, für »Apo-
calypse Now«, »Die durch die Hölle gehen«, »Die Brücke«
oder »Das Boot«. Wir nannten sie Antikriegsfilme, und so waren sie zum Teil auch gemeint, spielten aber mit der Faszina-
tion des Kampfes. Wir konnten uns also wie die männlichen
Generationen vor uns für Kriegshandlungen und Kriegsspan-
nung begeistern, hatten aber das gute Gewissen, dass wir das
taten, um daraus pazifistische Lehren zu ziehen. Unser Widerstand gegen die Nachrüstung kam ohne solche Dialektik
aus. Ein Atomkrieg wäre die reine Vernichtung gewesen. Da
Schmidt und Kohl unbeeindruckt blieben von unseren Protesten, wurden die Pershing-Raketen in Deutschland stationiert.

Die Friedensbewegung lebte danach in Ostermärschen
weiter, war aber nicht mehr so machtvoll. Bei öffentlichen
Gelöbnissen von Rekruten kamen manchmal eine Menge
Trillerpfeifen zum Einsatz. Ein kleines Comeback erlebte die
Friedensbewegung 1991, als der amerikanische Präsident
George Bush eine Kriegskoalition gegen Saddam Husseins
Irak schmiedete, nachdem der das Nachbarland Kuwait über-
fallen hatte. Wieder demonstrierten viele Deutsche vor ameri-

kanischen Einrichtungen in Deutschland. Auch Bush ließ sich nicht beeindrucken.

Die deutsche Friedensbewegung war auf den ersten Blick nicht erfolgreich. Sie konnte die Welt nicht friedlicher machen, sie verhinderte nichts von dem, wogegen sie angekämpft hatte. Sie politisierte aber gerade junge Menschen, sie beteiligten sich am Diskurs und versuchten jenseits der Parlamente Einfluss auf die Politik zu gewinnen, meistens mit friedlichen Mitteln. Sie zeigte der Welt, dass sich einiges geändert hat in Deutschland, dass die kriegerischen Traditionen gebrochen wurden und die Welt keine Angst mehr haben muss vor diesen neuen Deutschen. Damit hat die Friedensbewegung unwillentlich dazu beigetragen, dass die Weltgemeinschaft schon bald nach dem Fall der Mauer nach Soldaten der Bundeswehr rief, da diesen neuen Deutschen zu trauen war. Sie hat genauso dazu beigetragen, dass deutsche Regierungen diese Soldaten nur vorsichtig einsetzten.

Seltsamerweise konnten die Auslandseinsätze der Deutschen die Proteste nicht wiederbeleben. Die Pazifisten hatten gegen Kriege protestiert, an denen Deutsche nicht beteiligt waren, die Kriege der Amerikaner in Vietnam und gegen den Irak. Doch nun, als deutsche Soldaten Raketen abschossen, gegen Serbien im Kosovo-Krieg, oder Gefechte in Afghanistan bestehen mussten, herrschte Stille auf den Straßen und Plätzen. Nicht einmal das Bombardement der Tanklastzüge und Dorfbewohner bei Kunduz durch Oberst Georg Klein lockte Demonstranten hervor.

In den Umfragen zeigte ein großer Teil der Bevölkerung Skepsis gegenüber dem Einsatz in Afghanistan, vor allem nach Gefechten, in denen deutsche Soldaten gefallen sind. In den Medien zeigte sich hier und dort eine pazifistische Gesinnung, aber das blieb im Rahmen des normalen öffentlichen Diskurses. Die Friedensbewegung ist tot oder schläft tief.

Es ist schwierig, das zu erklären. Das, was nicht passiert, ist meistens schwieriger zu erklären als das, was passiert. Ein Versuch: Die Friedensbewegung war stark, als sich auch die Deutschen bedroht fühlen konnten. Die Angst vor dem eigenen Atomtod setzte die Massen in Bewegung. Die Friedensbewegung hatte ein starkes antiamerikanisches Motiv, das wegfällt, wenn die Deutschen selbst Krieg führen. (Allerdings war die Bundeswehr im Krieg gegen Serbien und in Afghanistan mit den Amerikanern alliiert.) Die Friedensbewegung war zum Teil aus der DDR gesteuert und wurde zum Teil von Leuten angeführt, die einen freundlichen Blick auf den Ostblock warfen. Insofern war sie auch ein Instrument im Kalten Krieg. Da es den nicht mehr gibt, gibt es auch keine starke Friedensbewegung mehr. Sie war auch ein Ausdruck des deutschen »Nie wieder«, der Angst vor einem neuen Militarismus, preußisch fundiert, im bundesrepublikanischen Gewand. Aber mit den Jahren hat nahezu jeder verstanden, dass es diesen Militarismus nicht gibt, dass Deutschland ein ziviles Land ist, mit Politikern, die sich Kriegseinsätzen skrupulös nähern. Das klassische Thema Krieg und Frieden interessiert womöglich nicht mehr so stark wie noch vor zwei, drei Jahrzehnten.

Das zweite große klassische Thema der Politik ist die soziale Gerechtigkeit. Es ist nicht so alt wie das Kriegsthema, obgleich es Elendsaufstände auch schon lange gibt. Große öffentliche Bedeutung erreichte es erst im neunzehnten Jahrhundert, als sich Intellektuelle fanden, die sich den Belangen der Armen annahmen.

In der Bundesrepublik herrscht ein Grundkonsens zur sozialen Frage, weshalb nie so erbittert gekämpft wurde wie in Großbritannien in den siebziger und frühen achtziger Jahren. Auch die Radikalität der Franzosen ist den Deutschen fremd, niemand käme auf die Idee, die Manager von Unternehmen gefangen zu nehmen, wie das bei unseren Nachbarn zuletzt Anfang 2014 bei der Firma Goodyear geschah.

Gleichwohl ist auch die Geschichte der Bundesrepublik von sozialen Protesten durchzogen. Die Gewerkschaften kämpften für den freien Samstag und die 35-Stunden-Woche, sie protestierten gegen eine Neuregelung des Streikparagraphen 116, und sie mobilisierten gegen den Abbau von Arbeitsplätzen vor allem in den Montanindustrien. Sie mobilisierten heftig gegen die Agenda 2010. Auch die zahlreichen Traktordemos der Bauern zählen zu den sozialen Protesten. Sie stritten in erster Linie für Subventionen, die ihre Einkommen sichern sollten.

Die sozialen Proteste waren bei weitem nicht so erfolglos wie das pazifistische Pendant, obwohl sich die Gewerkschaften an das Gesetz hielten und nie zu politischen Streiks aufriefen. Der freie Samstag wurde durchgesetzt, genauso die 35-Stunden-Woche. In der Montanindustrie gingen eine Menge Arbeitsplätze verloren, aber die Folgen wurden mit großzügigen Abfindungen und Vorruhestandsregelungen aufgefangen. Wer seine Arbeit in einer Zeche oder einem Stahlwerk verlor, war weitaus besser dran als die Mitarbeiter einer Werkstatt oder Reinigung, denen gekündigt wurde.

Auch soziale Proteste sind nahezu ausgestorben. Manchmal flackert Widerstandsgeist auf, zum Beispiel als im Februar 2009 das Gerücht aufkam, Opel könne liquidiert werden. Die Politik liefert keine Anlässe mehr, sich aufzuregen. Der letzte war das Gesetz zur Rente mit 67 aus dem Jahr 2006. Seitdem gilt die Merkel'sche Schonpolitik. Andererseits gibt es immer noch genug Gründe, sich aufzuregen, siehe das vorige Kapitel.

Auch die Finanz- und die Eurokrise boten ab 2008 genug Anlass, die sozialen und wirtschaftlichen Verhältnisse zu hinterfragen. In jenem und in den folgenden Jahren konnte jeder sehen, wie ruchlos der Finanzkapitalismus über Jahre gehandelt hatte. In dieser Situation kamen einige Leute auf die Idee, es sei Zeit für eine Revolution. Das waren vor allem Intellektuelle wie Antonio Negri und Antonio Gramsci, die schon lange auf einen Aufstand warten und sich darüber ärgern, dass die Massen so passiv sind. Das schien sich zu ändern, als Aktivisten der neuen Bewegung Occupy Plätze vor den Börsen in New York oder Frankfurt am Main besetzten und dort über Wochen ausharrten. Aber daraus entwickelte sich keine Massenbewegung. Occupy war in den Medien größer als auf den Straßen und Plätzen. Es gibt keine Stimmung für eine Revolution, obwohl die Welt selten so ungerecht war wie in den vergangenen Jahren. Die Staaten helfen den Banken mit Milliarden, die Banken sind aber nur wenig reumütig und machen im Prinzip so weiter, während den Leuten, die ihren Job im Supermarkt verlieren, nicht geholfen wird. Mehr kann man Menschen, die sozial sensibel sind oder in prekären Verhältnissen leben, nicht vor den Kopf stoßen.

Aber beim Thema soziale Frage war es ähnlich wie beim Thema Krieg und Frieden: Als die Situation da war, als Deutsche wieder Krieg führten, als der Finanzkapitalismus ein fratzenhaftes Gesicht zeigte, blieb es weitgehend ruhig. Die Revolution blieb aus, Occupy war ein Strohfeuer, es entwickelte sich keine neue soziale Bewegung.

Warum? In Deutschland liegt das zu einem Teil sicherlich an der gelungenen Krisenpolitik. Da kaum jemand seinen Arbeitsplatz verlor, da die Spareinlagen geschützt waren, blieben die Leute ruhig, anders als zum Beispiel in Spanien oder Griechenland, wo viele Menschen protestierten, zum Teil gewalttätig. In diesen Ländern wurde die Krise für den Einzelnen bedrohlich spürbar.

Auf einer anderen Ebene mag es auch daran liegen, dass das System, das bislang als Alternative zum Kapitalismus galt, komplett diskreditiert ist. Man wüsste wohl noch, wogegen man eine Revolution machen sollte, aber nicht mehr wofür. Der Sozialismus hat seine Revolution schon hinter sich, und

die hat ihn abgeschafft. An diesem Punkt hat Francis Fuku-
yama recht behalten. Mit seiner These vom »Ende der Geschichte« erzielte er erst einen gigantischen Bucherfolg und
war dann der Lächerlichkeit preisgegeben, weil die Geschichte
munter weiterging, durch die Anschläge vom 11. September
2001 und deren Folgen sowie durch das Erstarken Chinas. Tatsächlich aber fehlen der sozialen Frage derzeit Dynamik und
Brisanz, weil kaum einer weiß, was dem Kapitalismus folgen
könnte. Auch China macht schon mit.

Das dritte große Thema der Politik sind klassischerweise die
Bürgerrechte. Sie haben eine lange Geschichte, die in der Antike beginnt, mit einer frühen Blüte in Griechenland und in
Rom. Sie waren ein großes Thema der Aufklärung im achtzehnten Jahrhundert und wurden bei den Revolutionen in
Amerika und Frankreich durchgesetzt, aber nicht endgültig,
nicht vollständig.

In Deutschland wurden sie erstmals wirklich relevant, als
sich von 1830 an im sogenannten Vormärz in Bürgerkreisen
eine revolutionäre Stimmung entwickelte. Man kämpfte für
politische Freiheiten und bürgerliche Rechte. Die Revolution
in den Jahren 1848 und 1849 misslang, aber so ganz konnten
die Könige und Kaiser nicht zurück zu den alten Zeiten. Seither sind die Bürgerrechte ein deutsches Dauerthema, das allerdings in den Jahren von 1933 bis 1945 abgeschafft war.

In der Bundesrepublik lebte es wieder auf. Erst schienen
alle zufrieden mit dem, was das Grundgesetz und die anderen Gesetzesbücher anboten. Die Achtundsechziger sahen das
aber anders, ihre Rebellion war vor allem eine Liberalisie-
rungsrebellion, die in mittlerer Sicht erfolgreich war, da Willy
Brandt altes Recht entrümpeln ließ und unter anderem den
Frauen größere Freiheiten einräumte.

Das Thema blieb den Deutschen auch danach enthalten.
Größere Protestbewegungen folgten aber nicht. Die bedeu-

tendste war wohl der Widerstand gegen die Volkszählung Mitte der achtziger Jahre, als 1,1 Millionen Deutsche einen leeren Fragebogen zurückgaben, auch ich. Wir dachten, ein Überwachungsstaat wolle seine Datengier ausleben. Heute würde ich sagen, dass das, was wir gefragt wurden, harmlos und beinahe lieb war angesichts der Überwachungen, die im digitalen Zeitalter möglich sind.

Auch in der Frage der Bürgerrechte tauchte jüngst ein großer Anlass für Proteste auf. Das waren die Enthüllungen über die Spionage des amerikanischen Geheimdienstes NSA in den digitalen Netzen. Die Medien nahmen das sehr ernst, einige Oppositionspolitiker auch. Kanzlerkandidat Peer Steinbrück sagte, Merkel würde ihren Amtseid verletzen, weil sie bei den Amerikanern nicht ernsthaft auf Aufklärung und Unterlassung dränge. Tatsächlich war die Bundesregierung zunächst nicht beunruhigt, nicht alarmiert. Erst als der »SPIEGEL« enthüllte, dass die NSA auch Merkels Handy abgehört hatte, war die Kanzlerin pikiert und ließ sich zu einem kleinen Zornesausbruch hinreißen: »Das geht gar nicht.«

Die Bürger hingegen blieben unbeeindruckt, unbesorgt. Es folgten keine Proteste, keine größeren Demonstrationen, die Asyl für den Whistleblower Edward Snowden forderten. Er, ein ehemaliger Mitarbeiter der NSA, hatte den Abhörskandal ans Licht gebracht. Die Bundestagswahl, die in die Zeit der Enthüllungen fiel, schien in einer Welt stattzufinden, in der es keine NSA gibt, keine in dieser Sache weitgehend indolente Bundeskanzlerin. Merkel holte ein triumphales Ergebnis, die Teil-Bürgerrechtspartei FDP flog aus dem Bundestag, die SPD schnitt schwach ab und die Internetpartei Die Piraten holten erbärmliche 2,2 Prozent. Bürgerrechte scheinen nicht hoch im Kurs zu stehen. Das liegt sicherlich auch daran, dass die Bundesrepublik alles in allem ein relativ liberaler Staat ist.

Ein viertes Thema, das seit den siebziger Jahren eine Menge bürgerliches Engagement ausgelöst hat, ist der Bereich Umwelt und Natur. Die Deutschen haben seit langer Zeit ein liebevolles Verhältnis zu ihrem Wald. Er war Lebensort, er war die Welt, mit der Germanen so vertraut waren, dass sie dort die Römer schlagen konnten, 9 nach Christus unter dem Feldherrn Hermann der Cherusker. Der Wald ist ein mystischer Ort der Deutschen.

Als es in den siebziger Jahren so aussah, der Wald könne sterben, weil ihm schwefliger Regen zusetzte, belebte das die Umweltbewegung. Dazu gesellte sich das Thema Atomkraft, das bald zu einem der großen Streitthemen der Bundesrepublik aufstieg. Kein anderes war politisch und ideologisch so aufgeladen, so wütend umkämpft, auch mit Gewalt. Brokdorf, Wackersdorf, Wyhl und Kalkar sind Orte, die für den Widerstand gegen die Nuklearenergie stehen.

Ich war 1981 bei der Demonstration in Brokdorf dabei. Wir brachen nachts auf, Treffpunkt war das Jugendzentrum Papestraße in Essen, ein Reisebus war gechartert. Bis zum Morgen hatten wir uns Brokdorf auf zwanzig Kilometer genähert. Der Verkehr wurde dichter, die Polizei hatte Sperren errichtet, und wir kamen nur langsam voran. Zehn Kilometer vor dem Ziel mussten wir aussteigen, weil es nicht weiterging. Wir liefen stundenlang über die gefrorenen Äcker der Wilstermarsch, sprangen über Gräben und hörten die Hubschrauber der Polizei. Ich sah einige Leute Kisten mit Colaflaschen schleppen. Aber der Inhalt war nicht schwarz, sondern gelblich. Oben war kein Verschluss, sondern eine Lunte. Ich hatte Respekt für die athletische Leistung, dieses Gewicht so weit zu tragen, aber ich schaute in die Gesichter dieser Leute und fragte mich, was mit einem Menschen passiert sein muss, damit er Brandsätze auf andere Menschen wirft.

Dann sah ich die Kuppel des Atomkraftwerks, und ich wusste genau, warum ich hier war. Die Angst vor den Atomraketen hatte sich mit der Angst vor einem Atomunfall verknüpft. Der Tod durch Strahlen, ein ewiges Siechtum, verwüstete Landschaften, auf Jahrzehnte unbewohnbar, das war unsere Angst, unsere Dystopie von der nuklearen Katastrophe. Was wir von Hiroshima und Nagasaki gelesen und gesehen hatten, bestimmte die Bilder in unseren Köpfen für beide Fälle, Raketenangriff und Meilerexplosion. Ich ging bis dicht an den Bauzaun heran, der bewacht war von Polizisten in martialischen Aufzügen. Sie standen reglos da, taten nichts. Ich sah Demonstranten Steine suchen und auf die Polizisten schmeißen, ich sah, wie die Flaschen aus den Kisten gezogen und in Richtung Bauzaun geworfen wurden. Kleine Brände brachen aus. Hubschrauber knatterten über unseren Köpfen. Ich stand lange da, bis mir so kalt war, dass ich es nicht mehr aushielt.

Ich ging zurück zum Bus, in dem ich stundenlang wartete, bis die anderen kamen und wir wieder nach Essen fuhren. Ich wusste, dass ich nie wieder auf eine Anti-AKW-Demonstration gehen würde.

Im Bus hieß es, die Polizei habe die Demonstranten provoziert. Aber ich hatte nichts davon bemerkt. Im »Stern« sah ich später Bilder, wie Demonstranten auf einen Polizisten einschlugen, der in einen Graben gerutscht war. Für mich gehörten Friedensbewegung und Atomprotest zusammen, das verpflichtete uns zur Gewaltlosigkeit. Die Allermeisten haben das so gesehen, aber die Gewaltmenschen bestimmten den Eindruck, den die Öffentlichkeit von den Demonstranten hatte.

Die Umweltbewegung ging weit über die ablehnende Haltung zur Atomkraft hinaus. Neue Lebensweisen wurden ausprobiert, oft waren sie eine Rückkehr zu alten, ganz alten. Mit der Umwelt im Einklang leben, die Natur schonen, das waren die Grundsätze, also wenig Ressourcen verbrauchen, vieles selbst produzieren, Kleidung, Ackerfrüchte. Ich machte da nicht mit, vielleicht wegen meiner jungenhaften Liebe zu schnellen Autos.

Friedens- und Umweltbewegung mündeten in einer politischen Partei, den Grünen. Die sorgten im Jahr 2000 dafür, dass die rot-grüne Bundesregierung den Atomausstieg in die Wege leitete. Seit Angela Merkels scharfer Wende herrscht bei diesem Thema endgültig Ruhe. Proteste flammen nur noch in der Region Gorleben auf, wo ein Endlager erkundet wird.

Der Klimawandel hat die Umweltbewegung nicht neu belebt, auch eine Merkwürdigkeit. Langsam wird es bedrohlich, der Meeresspiegel steigt, genauso die Zahl der heftigen Stürme und merkwürdigen Wetterwenden, aber Demonstrationen bleiben aus. Die Bürger verpassen auch bei diesem Thema den großen Moment. Auch das wirkt rätselhaft. Was ist los mit den Deutschen?

Die Bilanz ist eindeutig: Die Partizipation der Bürger in den klassischen Politik- und Protestfeldern liegt nahe Null. Das hat damit zu tun, dass einige Konflikte beendet wurden, der Kalte Krieg und der Atomstreit. Aber es gibt noch Kriege, es gibt sogar deutsche Gefallene, es gibt soziale Ungerechtigkeiten, es gibt ein großes Klimaproblem, und bürgerliche Freiheiten werden im Netz massiv verletzt. Es gibt genug Gründe, sich aufzuregen, sich für Demonstrationen zu verabreden. So gesehen wirkt Deutschland so indolent wie seine Bundeskanzlerin. Eine Erklärung könnte sein, dass nur zwei Generationen wirklich streitbar waren, die Achtundsechziger und ihre Epigonen. Es könnte sein, dass deren Proteste gegen deutsche Geschichtsvergessenheit, gegen gesellschaftliche Verklemmungen und politische Verkrustungen, gegen den Krieg in Vietnam und gegen die Notstandsgesetze zur Aufforderung an alle wurde, die Ordnung der Welt insgesamt in Frage zu stellen. Entscheidend wären demnach nicht Anlässe, sondern innere Zustände von Menschen, die sich dann Anlässe suchen. Diese Wut ist mit den Jahren abgeflaut, es folgten neue Generationen, die ihren Auftrag nicht mehr darin sahen, für eine bessere Welt zu kämpfen, jedenfalls nicht im Großen.

Andererseits kann man auch den Eindruck gewinnen, in einer lebendigen Gesellschaft zu leben, in der Bürger immer noch politisch sind, sich aufregen, demonstrieren oder in anderer Weise protestieren. Allerdings haben sich die Themen verändert. Während der Kanzlerschaft Merkels haben sich auf drei Feldern neue Partizipationen entwickelt: Es geht dabei um die Belange von Frauen, die Belange der digitalen Welt, und es gibt die Wutbürgerbewegung, bei der es zum Teil um die Belange von älteren Menschen geht.

Zentrum der Wutbürgerbewegung sind die Proteste gegen das Bahnhofsprojekt »Stuttgart 21«. Sie eskalierten im Jahr 2010, als die Abrissarbeiten am alten Gebäude begannen, und Bäume in einem anliegenden Park gefällt werden sollten. Zehntausende von Bürgern versammelten sich zu Demonstrationen und Kundgebungen. Sie zogen durch die Stadt, besetzten Bäume und bewarfen Polizisten mit Kastanien. Die Polizei setzte Wasserwerfer ein und trug Demonstranten weg, die Wege blockierten. Mancher Einsatz war zu hart, ein Bürger verlor sein Augenlicht, Hunderte wurden verletzt.

Die Wucht des Protests überraschte. Es geht um einen Bahnhof, nicht um ein Atomkraftwerk. Die Bahn gilt als ökologisches Verkehrsmittel, das zudem erschwinglich ist, weshalb es auch sozial einen guten Ruf hat. Außer den vielen Verspätungen spricht wenig gegen die Bahn. In Stuttgart durchschneidet der Bahndamm die Stadt wie eine Mauer, trennt sie in zwei Teile, die nur durch wenige Unterführungen verbunden sind. Es ist schwer, sich über Ästhetik zu einigen, aber da der Bahnhof unter der Erde liegt, kann niemand sagen, dass er die Stadt verschandelt. Die Öffnungen sind über ein parkähnliches Gelände verstreut, unauffällig, aber ansprechend, finde ich. Die neuen Quartiere sind allerdings gesichtslos und kein Gewinn für Stuttgart.

»Stuttgart 21« ist ein Projekt mit Macken. Aber wie konnte es eine solche Wut auslösen? Denn wütend waren die Proteste. Ich war mehrmals dort, habe mich umgeschaut, habe mit Leuten geredet. Ich sah und hörte den Hass, den ich am Bauzaun von Brokdorf gesehen und gehört hatte. Allerdings geht von den Stuttgarter Demonstranten keine vergleichbare Gewalt aus.

Als ich einmal dort war, hatten die Atomkraftgegner aus Gorleben ihr liebstes Protestinstrument geschickt, einen Traktor. Jemand hielt eine Rede der Solidarität. Im Protest gegen den Bahnhof findet sich auch ein ökologisches Element. Die alte Liebe der Deutschen zu den Bäumen bricht wieder durch, außerdem siedelt dort der Juchtenkäfer, der als selten gilt. Aber kann ein Käfer, können ein paar Dutzend Bäume die Wut erklären?

Die Kosten? Der Bahnhof ist teuer, wird ständig teurer. Natürlich ist es ärgerlich, wenn die Kosten so dramatisch steigen. Aber das ist fast immer so. Das ist so bei der Elbphilharmonie in Hamburg, beim neuen Großflughafen in Berlin, bei der Europäischen Zentralbank. Es war auch früher nicht anders. Planung und Bau ziehen sich über Jahre, wenn nicht Jahrzehnte, die Inflation greift zu, die Planung ist ungenau, es muss ständig nachgebessert werden. Und von vornherein waren die Kosten zu niedrig angesetzt, um das Projekt akzeptabel zu machen. Das ist alles nicht schön, aber es erklärt die Wut nicht, obwohl das Kostenargument oft vorgebracht wird. Von der Kostenexplosion bei der Elbphilharmonie hat sich kaum jemand zu Demonstrationen hinreißen lassen, obwohl die Hamburger nicht weniger auf ihrem Geld sitzen als die Stuttgarter.

Oft ist es dem Bürger und Wähler recht, dass der Staat Geld ausgibt. Er lässt sich vor den Wahlen gern mit Versprechen umgarnen und ist skeptisch gegenüber dem, der Belastungen ankündigt. Das bekam Angela Merkel zu spüren, als sie 2005 mit der Absicht antrat, die Mehrwertsteuer zu erhöhen, um die Staatskasse aufzufüllen. Das Wohl dieser Kasse ist traditionell nicht gerade ein Anliegen der Bürger.

Ein anderes Argument gegen »Stuttgart 21« ist der Mangel an Möglichkeiten, auf solche Projekte Einfluss zu nehmen, der Mangel an Partizipation. Die Politik habe über die Köpfe der Bürger hinweg entschieden. Allerdings gab es in der Anfangsphase natürlich Anhörungen und andere Gelegenheiten, Einspruch zu erheben. Aber es kam kaum jemand, es hat in Wahrheit kaum einen interessiert. Ich halte das Argument der mangelnden Einflussmöglichkeiten für nachgeschoben, wobei ich nichts gegen mehr Partizipation habe, nichts gegen Information, gegen die Chance, Bedenken und Sorgen vorzutragen. Zum Thema Volksabstimmungen kommen wir noch.

Heute ist es kaum noch möglich, irgendetwas zu planen, zu bauen, ohne dass sich Protest erhebt. Meist richtet er sich gegen Infrastrukturprojekte, gegen Kraftwerke, auch Wasserkraftwerke, obwohl sie als ökologisch sinnvoll gelten, gegen Hochspannungsmasten, gegen Windräder. Die Proteste hemmen insbesondere die sogenannte Energiewende, den Wechsel von fossilen und nuklearen zu erneuerbaren Energien. Windkraft fällt vor allem an den Küsten an, muss aber auch den Süden mit Strom versorgen. Deshalb braucht das Land neue Hochspannungsleitungen. Viele Anlieger der geplanten Trassen wollen sie nicht haben, weil sie hässlich sind und summen. Zudem gehen sie davon aus, dass die elektromagnetischen Strahlungen gesundheitsschädlich sind.

Die grün-rote Regierung von Baden-Württemberg versucht, Windkraft im eigenen Land zu erzeugen, sieht sich aber ebenfalls starkem Widerstand ausgesetzt. Soll ein Windrad aufgestellt werden, heißt es oft, das gefährde die Milane. Tiere sind ein beliebtes Argument gegen den Wandel, der Juchtenkäfer, der Milan. Als sich ein Freund von mir gegen ein Bauprojekt auf dem Nachbargrundstück wehrte, ließ er den Faunaexperten eines Naturschutzverbands kommen. Der suchte nach seltenen Insekten oder Vögeln, wurde aber nicht fündig. Sonst hätte sich mein Freund als großer Tierliebhaber ausgegeben, besorgt um das Überleben der Arten. Nicht jeder Protest nennt sein wahres Motiv.

Der Widerstand gegen »Stuttgart 21« begann in der Zeit, als die Bauarbeiten spürbar wurden für die Bürger, der Lärm und Schmutz vom Abriss, vom starken Verkehr der Lastwagen. Der Bahnhof liegt in einem Talkessel, die Höhenlagen sind begehrte Wohnviertel für Bürger mit Geld, für etablierte Bürger, ältere Bürger.

Als ich bei den Demonstrationen war, hörte ich die Geräusche und Reden, die ich aus meiner Protestzeit kannte. Die Trillerpfeifen, die Besorgnis um das Wohl der Welt, die Wut gegen »die da oben«, die über die Köpfe der Bürger hinweg ihre Politik machten. Aber es war auch etwas anders: Ich erinnere mich noch, wie ich in dem kleinen Park stand, in einer der letzten Reihen, nahezu nostalgisch gestimmt war, aber dann merkte, dass es einen großen Unterschied gab zu Brokdorf oder zum »Stoppt-Strauß«-Protest im Wahlkampf 1980 in Essen. Ich sah Grau, und das hatte ich damals nicht gesehen. Ich sah vor mir graue Haare, viele Menschen waren alt.

Später hat der Göttinger Politologe Franz Walter mit Kollegen die neuen Protestbewegungen gegen Projekte für die Infrastruktur und die Energiewende empirisch untersuchen lassen. Das Ergebnis: Mehr als achtzig Prozent der protestierenden Bürger sind über fünfundvierzig, mehr als die Hälfte über sechsundfünfzig, geht also auf die Rente zu oder ist schon im Rentenalter. Die ganz große Mehrheit zählt also zu den »Achtundsechzigern« und ihren Epigonen. Diese wütenden Generationen waren still, als sie Kinder großgezogen und ihre Karrieren gemacht haben. Nun sind sie wieder da. Franz Walter schreibt: »Der Protest in Deutschland findet im Milieu der

Kinderlosen statt, genauer: bei denen, in deren Haushalt ein unter achtzehn Jahre alter Nachwuchs nicht (mehr) lebt.« Es ist vor allem ein Protest der Etablierten, Saturierten. »Auf die Barrikaden gingen vornehmlich Bürger mit hoher Bildung, ordentlichem Einkommen, vielseitigen sozialen Kontakten, anspruchsvollen Berufstätigkeiten«, heißt es bei Walter. Es sind Leute, die um das fürchten, was ihr Leben angenehm macht. Das ist legitim, ein angenehmes Leben ist erstrebenswert.

Die Amerikaner haben ein Akronym für diesen Protest: Nimb. Das heißt: Not in my backyard. Auf Deutsch: Nicht in meinem Garten. Konkret: Ich habe nichts gegen die Energiewende, aber sie soll bitte nicht mein Leben beeinträchtigen. Aus der Sicht eines älteren Stuttgarters sieht das so aus: Er hat ungefähr zehn Jahre damit zu leben, dass im Herzen seiner Stadt eine gigantische Baustelle rumort, mit Lärm und Dreck, dass er einen hässlichen Ort aufsuchen muss, um mit der Bahn reisen zu können. Zehn Jahre sind ein großer Teil des Lebens, das er noch vor sich hat, ein Drittel, die Hälfte, mehr als die Hälfte, das ist viel. Er wird nur für eine kurze Zeit von den Früchten dieser Investition profitieren können, sollte es sie geben. Es ist klar, dass ein älterer Mensch deshalb nicht so leicht den Optimismus aufbringt, den man braucht, um sich vorzustellen, dass aus einer gegenwärtigen Last eine bessere Zukunft wird. Das Leben von Rentnern wird von der Vergangenheit bestimmt, also den vielen Erinnerungen, und von der Gegenwart. Die Zukunft spielt die geringste Rolle, abgesehen von den Gedanken an den Tod, der näher rückt.

Auch wenn das alles verständlich ist, stellt sich die Frage, ob sich eine Gesellschaft von dieser Skepsis leiten lassen sollte. Deutschland tut das schon.

Die Alterspyramide hat sich verändert und wird sich weiter verändern. Im Jahr 2009 lebten in Deutschland 49,6 Millionen Menschen zwischen zwanzig und vierundsechzig Jahren. Über fünfundsechzig, also im Rentenalter, waren 16,9 Millionen. 2030 wird das so aussehen: 42,1 Millionen werden zwischen zwanzig und vierundsechzig Jahre alt sein, 22,3 Millionen über vierundsechzig.

Die Menschen über sechzig sind, gemessen an der Wahlbeteiligung, schon jetzt die größte Wählergruppe in Deutschland. Die Politik hat längst begonnen, darauf zu reagieren. Der letzte Politiker, der einen größeren Aufstand gegen die Alten wagte, war Philipp Mißfelder als Vorsitzender der Jungen Union. 2003 sagte er in einem Interview mit dem »Tagesspiegel«: »Ich halte nichts davon, wenn 85jährige noch künstliche Hüftgelenke auf Kosten der Solidargemeinschaft bekommen.« Das Wort shitstorm spielte damals noch keine Rolle, aber was Mißfelder erlebte, war einer, noch nicht über soziale Medien, sondern klassisch über Briefe, über Interviews und Talkshows. Es zeigte sich eine ungeheure Radikalität, eine ungeheure Wut. Es zeigte sich auch, dass ältere Menschen die Zeit haben für Proteste, dass dies auch eine Gelegenheit sein kann, leere Stunden zu füllen. Der Widerstand hatte eine solche Wucht, dass Mißfelder in dieser Sache kleinlaut wurde. Als sein Fraktionskollege aus dem Bundestag, Jens Spahn, kurz vor Ostern 2008 eine außerplanmäßige Rentenerhöhung kritisierte, ließ ihn Mißfelder im Regen stehen. Er hatte eine Lektion gelernt. Seither sind die Rentner eine Macht, an die sich niemand mehr herantraut. Das ist eines der größten Probleme unserer Gesellschaft. Das demographische Problem wird wachsen, falls Deutschland nicht seine Grenzen öffnet, damit die Kinder der Zugewanderten die Rentenkassen füllen. Aber auch das ist von vielen nicht gewünscht, gerade von Älteren nicht.

Das Buch »Deutschland schafft sich ab« von Thilo Sarrazin war ein enormer Erfolg, verkaufte sich rund 1,5 Millionen Mal. Er äußerte sich abfällig über Zuwanderer, über »Kopftuchmädchen«, und deutete ein antisemitisches Ressentiment an. Auf einer Veranstaltung in München wurde er dafür vom Moderator kritisiert. Die »Süddeutsche Zeitung« berichtete, was dann passierte: »Das gediegene Münchner Bürgertum hat sich schrecklich daneben benommen.« – »Da wurde gezischt, gebuht und lautstark dazwischen gerufen.« – »In der Münchner Reithalle herrschte ein Hauch von Sportpalast. Gut gekleidete Grauköpfe ereiferten sich nicht nur, sie geiferten.« Hier zeigte sich der Wutbürger in seiner hässlichsten Ausprägung.

In allen Altersgruppen gibt es Ressentiments gegen Menschen mit Migrationshintergrund, gegen Menschen, die anders aussehen, anders reden, andere Religionen und Gebräuche haben. Wer nach Deutschland einwandert, verändert das Bild des Landes. Es erneuert sich durch seine Migranten, nicht durch jeden einzelnen zum Besseren, das ist klar, aber insgesamt ist eine Erneuerung wünschenswert und notwendig. Bei Älteren sorgt das Neue, Andere eher für Ängste als bei anderen. Sie fühlen sich im Gewohnten und Vertrauten wohl und sind unsicher, ob sie mit Veränderungen klarkommen. Deshalb haben sie lieber keine oder nicht so viele. Sie profitieren auch nicht von den Kindern, die künftig in die Altersversicherung einzahlen. Ihre Rentenansprüche stammen noch aus üppigeren Zeiten und sind sicher.

Infrastruktur und Zuwanderung sind zwei Zukunftsthemen, derer sich Wutbürger angenommen haben, bremsend. Wobei Infrastruktur, was Proteste angeht, das größere Thema ist. Und nicht jeder, der gegen »Stuttgart 21« protestiert, hat ein Ressentiment gegen Zuwanderer. Wahrscheinlich ist die Schnittmenge gering, aber diese Widerständigkeit addiert sich zu einer Gefahr für die Zukunft Deutschlands.

Wer die Proteste gegen »Stuttgart 21« kritisiert, so wie ich, dem wird häufig vorgeworfen, er solle doch froh sein, dass sich Bürger engagieren, dass sie partizipieren wollen, dass sie politisch sind. Lange sei ihnen doch vorgeworfen worden, sie seien passiv, politikverdrossen oder unpolitisch. Das ist richtig. Engagement und Partizipation sind gut für die Demokratie. Wie keine andere Staatsform braucht sie den interessierten und beteiligten Bürger.

Aus der Wutbürgerbewegung ertönt kräftig der Ruf nach direkter Demokratie, nach Volksbefragungen und Volksabstimmungen. In den Kommunen und Ländern sind sie zum Teil möglich, allerdings oft mit recht hohen Quoren, die Erfolge verhindern können. Als Argument für Plebiszite wird oft genannt, dass die Schweiz ein gut funktionierendes Land sei, trotz der häufigen Abstimmungen oder vielleicht sogar wegen. Ich bin trotzdem kein Freund dieser Art von Partizipation.

Was ist Demokratie? Demokratie ist die Herrschaft des Volkes. Das sagt das Wort, Demos ist Volk, Kratie ist Herrschaft. Wie herrscht ein Volk von achtzig Millionen Individuen? Würde jeder nur für die eigenen Interessen kämpfen, wäre Politik kaum möglich. Es gäbe so viele divergierende Meinungen, dass kein Konsens über ein Programm oder eine Regierung entstehen könnte. Chaos wäre die Folge. Politik muss also Bündelung sein. Bündelung ist die Suche nach einem Konsens in einer Gruppe. Jeder macht Abstriche von seinen Interessen, damit ein Kompromiss möglich ist. Dies geschieht in Deutschland in den Parteien. Sie sind große Bündelungs- und Konsensorganisatoren, Sie werden viel geschmäht, aber ich finde, dass sie hier eine sinnvolle Aufgabe leisten. Der nächste Schritt ist, dass die Parteien Kandidaten auswählen, die ihr Programm in die Parlamente tragen und dort ihre Wähler repräsentieren, ohne dass sie den Wünschen dieser Wähler folgen müssen. Sie werden es aber weitgehend tun, damit sie wiedergewählt werden.

Was ist der Vorteil dieses Verfahrens? Die ständige Konsenssuche, das Einüben von Kompromissfähigkeit und Versöhnlichkeit. Ein Parteimitglied sagt: Ich verzichte darauf, dass das Programm meine Interessen eins zu eins vertritt, bin aber bereit, im Wahlkampf dafür einzutreten. Nur dieser Ansatz gibt den Minderheiten eine Chance. Es ist dann sogar möglich, die Interessen von anderen zu vertreten. Die Menschen, denen es wirklich schlecht geht, sind meist nicht in Parteien organisiert, sie gehen oft nicht einmal wählen. Sie sind eine Minderheit. Es gibt aber Parteien, die sich ihre Interessen auf die Fahnen schreiben, mit großer Rhetorik die Linke, mit wechselnder Konsequenz die SPD, mit einem Flügel auch die Union. Das tun dann Politiker, die nicht im Elend leben, also nicht direkt für eigene Interessen kämpfen.

Noch deutlicher wird das beim Thema Homosexualität. Wahrscheinlich sind nicht mehr als zwei Prozent der Bevölkerung schwul oder lesbisch. Es handelt sich eindeutig um eine Minderheit. Sozialdemokraten, Liberale und Grüne haben sich dieser Minderheit angenommen und in den letzten vierzig Jahren dafür gesorgt, dass Homosexuelle mehr Rechte bekommen, bis hin zur eingetragenen Lebenspartnerschaft. Das ist auch ein Erfolg von Lobbygruppen, aber es hat auch mit der Einsicht nicht-homosexueller Politiker zu tun, dass eine liberale, demokratische Gesellschaft ihre Minderheiten nicht diskriminieren darf.

Ich finde, dass zur Politik in einer Demokratie der Blick nach außen gehört, das Absehen von sich selbst und das Berücksichtigen anderer Interessen. Für mich ist die repräsentative Parteiendemokratie die beste Staatsform, das zu gewährleisten, auch wenn mir ihre Nachteile bewusst sind. Die Parteien greifen zu weit aus, bestimmen zu viel die Karrieren in Behörden, bis hin zu ihrer Herrschaft über den öffentlich-rechtlichen Rundfunk.

In einer direkten Demokratie gibt es den Minderheitenschutz in dieser Weise nicht. In einer Volksabstimmung, in der jeder seine eigene Partei ist, setzt sich die Mehrheit rücksichtslos durch. Sie kann natürlich klug genug sein, um keine reine Mehrheitsherrschaft zu betreiben. Aber ich bin da skeptisch. Die Schweizer Bürger haben mehrmals gegen Minderheiten entschieden, beim Verbot von Minaretten und bei der sogenannten Ausschaffungsinitiative, als es darum ging, ob kriminelle Ausländer abgeschoben werden sollen.

Da die Älteren demnächst in der Mehrheit sein werden, hätten sie in einer direkten Demokratie die ganze Macht. Das wäre nicht gut für die Zukunft Deutschlands.

Politik heißt in Bezug auf die drei Zeitzonen: Unter dem Eindruck der Vergangenheit in der Gegenwart so handeln, dass die Zukunft gut wird. Das heißt, dass die Zukunft die wichtigste Zeitzone der Politik sein müsste, das Ziel allen Handelns. Tatsächlich ist das oft anders. Es gilt die Dominanz der Gegenwart, weil die Anwälte der Zukunft fehlen oder nicht stark sind. Ein Beispiel dafür ist der Vorschlag von Ilse Aigner, Staatsministerin für Wirtschaft, Medien, Energie und Technologie in Bayern, die Energiewende über Schulden zu finanzieren. Die Bürger der Gegenwart, also die Wähler der nächsten Wahl, werden entlastet auf Kosten der Bürger der Zukunft. Die müssen die Schulden mit ihren Steuern zurückzahlen. Das war bislang das übliche Prinzip. Deshalb ist die Staatsverschuldung so hoch. Erst durch die Finanzkrise hat sich ein Bewusstsein entwickelt, dass hohe Schulden für Staaten gefährlich sind, allerdings nicht wegen der Zukunft, sondern wegen der Gegenwart. Die Finanzkrise hat die Bürger des Jetzt belastet. Ilse Aigner erlitt einen Rückfall in altes Denken und wurde bald von ihrem Ministerpräsidenten Horst Seehofer zurückgepfiffen. Weitere Rückfälle sind zu befürchten.

Ich bin nicht der Ansicht, dass die Erfordernisse der Wirtschaft eine Gesellschaft komplett dominieren soll. Aber ich bin davon überzeugt, dass Deutschland eine starke Infrastruktur braucht, um dem Wettbewerb der Nationalökonomien und Städte weiterhin gewachsen zu sein, auch im Sinne einer lebenswerten Heimat und einer umweltschonenden Energieversorgung. Die Dominanz der Alten könnte mittelfristig dafür sorgen, dass die deutsche Gesellschaft nicht dynamisch genug ist für diesen Wettbewerb.

Ein leitender Beamter aus Stuttgart hat mir gegenüber einen guten Vorschlag gemacht. Er sagte, bei allen Anhörungen und Entscheidungen über Infrastrukturprojekte solle ein Anwalt der Zukunft anwesend sein. Dieser Anwalt argumentiert so, als lebe er schon morgen oder übermorgen, als lebe er in einer Stadt mit einem unterirdischen Bahnhof und neuen Verbindungen und ohne die Bahndammmauer, die Stuttgart in zwei Hälften teilt. So würden die Argumente für ein solches Projekt lebendiger und wögen schwerer.

Was hat das alles mit Angela Merkel zu tun? Die Wutbürgerbewegung ist ein Phänomen ihrer Zeit, aber sie hat es nicht ins Leben gerufen. Im Gegenteil, sie schätzt diese Bürger nicht. Sie hat sich in der heißen Phase 2010 einmal, in einem seltenen Ausbruch, beleidigt gezeigt. Was dächten diese Leute denn? Sie mache seit zwanzig Jahren Politik, andere seit dreißig oder vierzig Jahren, wie könnten sich da Bürger herausnehmen, zu denken, dass sie es besser könnten?

Der Protest wendet sich nicht gegen Angela Merkel oder ihre Politik, während die großen Protestbewegungen davor auch den Kanzler im Visier hatten, die Friedensbewegung und die Anti-Atomkraft-Initiative vor allem Helmut Schmidt und Helmut Kohl, der Hartz-IV-Protest Gerhard Schröder. Diesmal sind es lokale Initiativen, die sich zum Teil vernetzen, aber keinen bundespolitischen Anspruch haben und nicht über Dachorganisationen zentral organisiert sind wie ihre Vorgänger. Sie haben auch keine gesellschaftsverändernden oder gar menschenverändernden Ansprüche wie der Pazifismus der Friedensbewegung, der Ökologismus der Umweltbewegung oder der gemäßigte Sozialismus der sozialen Proteste. Es soll nicht etwas geschaffen, sondern etwas verhindert werden. Die Bewegungen davor wollten verhindern, Nachrüstung, Atomkraft, Hartz IV, aber auch schaffen: eine Gesellschaft des friedlichen Miteinanders, der umweltschonenden

Lebensweise, der tiefgreifenden Gerechtigkeit und annähernden Gleichheit.

Die Wutbürgerbewegung dagegen ist ein Projekt der Selbstschonung. Damit steht es im Einklang mit der Schonungspolitik Merkels. Ein Teil der Bürger und die Bundeskanzlerin ziehen hier am gleichen Strang. Merkel sorgt bundesweit dafür, dass sich nicht allzu viel ändert, die Wutbürger übernehmen das auf lokaler Ebene. Beides ist gegenwartsversessen und insofern unpolitisch, als der edlere Teil der Politik die Veränderung ist, nicht die Verwaltung oder Verteidigung des Stillstands.

Es war einmal »Gedöns«. So nannte Bundeskanzler Gerhard Schröder Politikfelder wie Familie und Frauen. Das zuständige Ministerium besetzte er mit Politikern, von denen er nicht besonders viel hielt. Sie sollten vor allem den Proporz erfüllen, also Frau sein. Christine Bergmann und Renate Schmidt waren seine Familienministerinnen. Sie fielen nicht groß auf, auch weil Schröder und die Medien sie nicht ernst nahmen und zur Geltung kommen ließen. Unter Helmut Kohl war das nicht anders. Familienpolitik war kein Thema, mit dem man sich Lorbeeren verdienen konnte. Angela Merkel begann ihre bundespolitische Karriere zwar als Familienministerin, wurde dann Umweltministerin, fiel aber erst auf, als sie Generalsekretärin der CDU war. Als Bundeskanzlerin nutzte sie dann ihre Macht, um das Thema Familie groß zu machen, das heißt, sie gab vor allem Ursula von der Leyen die Spielräume dafür. Wie weiter oben geschildert hat die den Biss, um »Gedöns« in ein Zentrum der Politik zu verwandeln.

Aber ein solcher Typus Politiker braucht eine günstige Zeit, um seine Anliegen durchsetzen zu können. Schon seit langem sinkt die Geburtenrate in der Bundesrepublik. Derzeit liegt sie bei 1,36, und das ist einer der niedrigsten Werte in Europa. Das sind nicht genug Kinder, um die Todesfälle auszugleichen. Die Bevölkerung würde schrumpfen, falls nicht die Einwanderer die Zahl der Verluste aufwögen. Wenn zu wenige Kinder geboren werden, bekommen Renten- und Krankenkassen auf lange Sicht Probleme, weil wenige Arbeitnehmer viele Rentner finanzieren müssen. Die leben heute viel länger als früher, sind aber häufiger krank als junge Menschen, weshalb sie die Gesundheitsversorgung stärker beanspruchen. Andere Probleme des Kindermangels sind, dass vielen Berufen und Firmen der Nachwuchs fehlt, und dass, siehe oben, eine überalterte Gesellschaft nicht dynamisch ist. Außerdem ist es natürlich schön, wenn die Straßen und Plätze mit Kindern gefüllt sind. Das Leben wird bunter, lustiger.

Merkel und von der Leyen erkannten die Chance des Mangels. Die Grundidee der beiden ist, dass Frauen mehr Kinder bekommen würden, wenn sie die Chance hätten zu arbeiten. Diese Annahme liegt nahe, da es zum Beispiel in Frankreich anders als in Deutschland selbstverständlich ist, dass Mütter arbeiten. Die gesellschaftliche Akzeptanz liegt hoch, Kindergärten und Schulen betreuen den Nachwuchs bis in den Nachmittag hinein. Frankreich hat eine Geburtenrate von 2,03 und deshalb kein demographisches Problem.

Von der Leyen machte ihr eigenes Lebensmodell zur Rollenmodell für die Gesellschaft. Sie hat sieben Kinder und einen anstrengenden Job. Aber es geht. Frauen können beides schaffen, wenn ihnen die Männer zu Hause helfen und es eine umfassende Infrastruktur für die Kinderbetreuung gibt.

Merkels Regierungen erließen Gesetze, um die Familien in diese Richtung zu schubsen. Zentral ist das neue Scheidungsrecht. Frauen können nicht mehr damit rechnen, dass ihr Mann sie ein Leben lang versorgt, wenn die Ehe scheitert. Also sollten sie ihren Beruf nicht aufgeben, um für diesen Fall gewappnet zu sein. Damit die Frauen arbeiten können, sprach die Bundesregierung eine Garantie aus, dass es ab 2013 für jedes Kind einen Platz in einer Kita, einer Kindertagesstätte, geben soll. Das wurde zwar nicht erfüllt, bleibt aber ein Anspruch, an dem gearbeitet wird. Das Elterngeld sichert seit 2007 die Existenz der Familien bis zu vierzehn Monate nach der Geburt, wenn ein Elternteil nicht arbeitet und das Kind zu Hause betreut.. Das ist ein Programm, gegen das nichts zu sagen wäre, würde es seinen Zweck erfüllen. Aber die Geburtenrate ist nicht gestiegen.

Der eigentliche Erfolg für die Frauen ist, dass sich der Diskurs verschoben hat, weg von den klassischen Themen hin zu Frauenfragen, die über den Hebel des Kindermangels die dominierenden Fragen wurden. Auch dagegen ist nichts zu sagen. Frauen stellen die Hälfte der Bevölkerung und können den Anspruch erheben, dass ihre Themen genau so ernst genommen werden wie die Themen der Männer. Ich möchte nur einwenden, dass diese Unterteilung allenfalls für eine Übergangszeit akzeptabel ist. In einer Welt, die ich mir annähernd ideal vorstelle, interessieren sich Frauen für Familienthemen genauso wie für die Frage von Krieg und Frieden, weil sie alle gleichermaßen angeht und ein politischer Mensch nicht ohne Beschäftigung damit auskommt. Auch deshalb ist es wichtig, dass erstmals eine Frau an der Spitze des Verteidigungsministeriums steht. Umgekehrt gilt das selbstverständlich auch: Familienfragen sind Männerthemen, müssten Männerthemen sein. Aber nehmen wir für die weitere Argumentation an, dass wir in einer Übergangszeit leben, weshalb es sowohl Frauen- als auch Männerthemen gibt.

Die größeren Debatten der letzten Jahre wurden zum großen Teil von Frauen geführt, über Themen, die klassischerweise Frauenthemen sind.

Das Betreuungsgeld wurde zwar von einem Mann ins Regierungsprogramm gedrängt, aber dann haben sich Frauen darüber zerstritten. Die CSU fand, dass es immer noch konservativ zugehen muss in Deutschland und dass ein Merkmal dafür ist, dass auch Frauen, die ihre Kinder zu Hause betreuen, vom Staat unterstützt werden. Das Programm verdiente sich rasch den Spitznamen »Herdprämie«.

Familienministerin Kristina Schröder musste das Betreuungsgeld in ein Gesetz gießen und wurde dafür mit Verachtung oder Hass überschüttet, wurde als Verräterin gebrandmarkt, weil sie angeblich den fortschrittlichen Frauen in den Rücken fiel. Da half auch nicht, dass Schröder als Ministerin Mutter wurde und ohne größere Pause weiterarbeitete, also noch vonderleyenhafter war als von der Leyen.

Eine zweite Debatte, die Deutschland beschäftigte, drehte sich um die Quote. Frauen haben es noch immer schwer, in die Vorstände und Aufsichtsräte von Unternehmen aufzusteigen. Sie können noch so gebildet und intelligent sein, sie haben den Nachteil der kleinen Zahl. Das heißt, in allen Konferenzen, in denen sie sitzen, dominieren die Männer. Sie bestimmen, wie man redet, wie man sitzt, wie man guckt. Für die Frauen, die dazukommen, gibt es zwei Möglichkeiten: Sie imitieren die Männer, dann sind sie nur Kopien, die niemals so gut sein können wie die Originale. Sie bleiben, wie sie sind, dann finden die Männer sie zu weich, zu emotional, zu unpolitisch, zu wenig männerhaft großartig, um eine große Karriere machen zu können. Zudem neigen Chefs dazu, sich selbst für ideal zu halten und fördern Leute, die ihnen ähnlich sind. Frauen sind ihnen per se weniger ähnlich als Männer. Es fehlt also die kritische Masse, eine hohe Zahl an Frauen in den Konferenzen, damit nicht die Männer den Stil definieren können, und eine hohe Zahl an Frauen in Chefpositionen, damit die Chance auf Ähnlichkeit steigt.

Von der Leyen, die sich auch als Arbeitsministerin als amtierende Familienministerin fühlte, kämpfte für eine gesetzliche Quote. Angela Merkel favorisierte eine freiwillige Quote, weil die FDP nichts anderes mitgemacht hätte, und Kristina

Schröder musste mal wieder für das sein, was ihr die Kanzlerin vorgab, stand also erneut als Verräterin an der Frauensache da. Die Große Koalition beschloss dann eine gesetzliche Frauenquote.

Die Illustrierte »Stern« setzte einen weiteren Aufreger, als die Reporterin Laura Himmelreich pünktlich zu Beginn des Wahlkampfes berichtete, dass der Spitzenkandidat der FDP, Rainer Brüderle, sie vor einigen Monaten auf körperliche Merkmale angesprochen hatte. Das war in der Tat unverschämt gewesen, und sofort entbrannte, vor allem im Internet, eine wuchtige Debatte darüber, wie Frauen in der Arbeitswelt herabgewürdigt oder belästigt werden, vor allem durch dümmliche Anmache. Gerade dieser Diskurs zeigte, dass etwas aufgebrochen ist in der Gesellschaft. Solche Anmache gibt es schon lange, und wahrscheinlich war sie früher verbreiteter als heute, aber erst jetzt haben Frauen die Diskursmacht, um ein Thema zu einem großen Thema zu machen. Diskursmacht ist eine Möglichkeit der politischen Partizipation, hier weniger mittels Demonstrationen, sondern über das Internet und die klassischen Medien.

Zugleich zeigten ein paar Frauen, dass sie den Mumm haben, um einen Putin oder die katholische Kirche herauszufordern. Das waren die Frauen von Femen, einer Organisation, die mit situationistischen Protesten auf Diskriminierungen aufmerksam macht und dabei ihre nackten oder halbnackten Körper zeigen. Femen trat auf, als Putin mit Merkel die Hannover Messe besuchte und kurz vor Weihnachten im Kölner Dom.

Insgesamt zeigen Frauen einen ziemlichen Punch, um ihre Interessen durchzusetzen. Ich bekomme hin und wieder Pressemitteilungen der Lobbygruppe »Pro Quote«, die sich stets zu Wort meldet, wenn ein wichtiger Medienjob frei wird. Der soll dann mit einer Frau besetzt werden, was sicherlich bedenkenswert ist, aber der Tonfall von »Pro Quote« ist so aggressiv und billig, das er nach Männern der achtziger Jahre klingt.

Hier hat sich leider eine neue *political correctness* etabliert, eine Neigung zum Denkverbot. Wer nicht frauenförderlich handelt oder argumentiert, gilt schnell aus frauenfeindlich. Das ist eine schädliche Konstellation, weil sie den freien Diskurs unterbindet, weil sie dafür sorgt, dass verzagte Gemüter auf ihren Beitrag verzichten, um sich keinen Ärger einzuhandeln.

Eine Frauenbewegung gibt es schon länger, spätestens seit dem Anfang des zwanzigsten Jahrhunderts, als die Suffragetten in Großbritannien für gleiche Rechte kämpften. Die Achtundsechziger setzten das Thema erneut auf die Tagesordnung, diesmal als radikalen Feminismus, der die Männerdominanz scharf bekämpfte, auch durch Verweigerung. Alice Schwarzer wurde zur Anführerin dieser Bewegung, blieb aber in den frühen Jahren ein Phänomen des Randes, von dummen und ängstlichen Männern gehasst, von den Frauen der Mitte skeptisch betrachtet.

Es war interessant zu beobachten, wie in den Zeiten Merkels Alice Schwarzer und die Stimmen eines neuen Feminismus aufeinandertrafen. Von Verweigerung halten diese neuen Frauen nichts mehr. Sie kämpfen für ihre Rechte, haben aber kein Problem damit, sich für einen männlichen Blick auszustaffieren. Feminismus auf hohen Schuhen, man will auch sexy sein. Das gilt auch für von der Leyen, die sich gern als attraktiv präsentiert und auch mal im Kabinettssaal ein kleines Tänzchen im kurzen Rock hinlegt.

Dazu scheint zu passen, dass die Sendung »Germany's next Topmodel« in den Zeiten Merkels sehr erfolgreich war und ist. Für pubertäre Mädchen und ihre Mütter war es lange geradezu Pflicht zuzuschauen, wie Heidi Klum als strenge Dompteurin junge Frauen für den männlichen Blick abrichtet: Sexy gehen, sexy stehen, sexy gucken, sexy reden, letzteres aber nicht so viel.

Ich frage mich, warum in Zeiten, in denen Frauen die Diskursmacht erobern, ein altes Rollenbild in extremer und billiger Ausprägung Karriere macht, transportiert durch eine Fernsehsendung. Es könnte daran liegen, dass in einer Gesellschaft selbstverständlich nie nur eine Strömung existiert, sondern immer mehrere nebeneinander. Es könnte daran liegen, dass es ein Akt der Souveränität ist, sich den männlichen Blick partiell zu eigen zu machen, da wo es einem selbst gefällt, ansonsten aber die Männer herauszufordern, wo es nur geht.

Zu den Disparitäten unserer Gesellschaft gehört auch, dass der Anteil der Frauen steigt, die sich züchtig anziehen und ein Kopftuch tragen. Hier verbreitet sich ein ganz anderes Rollenmodell, forciert auch von muslimischen Männern. Spannungen sind absehbar. Mädchen, die sich auf überwiegend muslimisch geprägten Schulhöfen, in Leggings oder kurzen Röcken zeigen, müssen damit rechnen, als Schlampe beschimpft zu werden. Die Gesellschaft wird noch einiges zu versöhnen haben.

Die Feminisierung unserer Zeit betrifft aber nicht nur die Diskurse, sondern die Männlichkeit schlechthin. Eine Strömung der Genderforschung behauptet, dass Geschlechterverhalten nicht natürlich ist, sondern konstruiert. Für Jungs gilt: falsch konstruiert. Ende 2013 widmete die »ZEIT« den Männern ein bedauerndes Dossier, in denen nachgewiesen wurde, dass sie das eigentliche Problem sind, dass sie jedenfalls die größeren Probleme haben.

Klassisch männliche Eigenschaften gelten schon länger als problematisch: Aggressivität, Egoismus, Rationalität. Goutiert werden: Teamgeist, Emotionalität, Zurückhaltung, und das ist eher weiblich konnotiert.

Auffällig ist, wie sich die Vorbilder in den wichtigsten Sportarten der Deutschen entwickelt haben, Fußball und Motorsport. In den Zeiten Schröders und Fischers waren dies Michael Ballack, Oliver Kahn und Michael Schumacher, die sich durch Aggressivität und Wucht hervortaten. In den Zeiten Merkels sind dies Philipp Lahm, Bastian Schweinsteiger und Sebastian Vettel, die eher als Jüngelchen daherkommen. Es könnte ein Zufall sein, aber möglich ist auch, dass sich das Aufwachsen und Verhalten der Männer stark verändert hat, weshalb es jetzt wahrscheinlicher geworden ist, dass effeminierte Männer in führende Positionen vorrücken, selbst in Sportarten, bei denen viele Fans gern hergebrachte Männerbilder bewahren würden. Oder Männer kommen gar nicht nach vorne, weil sie von Frauen wegdominiert werden. Das ist aber bislang nur in der Politik so, wo Angela Merkel und Ursula von der Leyen, wie gesehen, die Alphatiere sind, weitgehend unangefochten. Dabei spielt eine Rolle, dass in den Parteien schon lange Quoten existieren, dass hier die kritische Masse also größer ist. Zudem gibt es die Notwendigkeit, die Karrieren von Frauen zu fördern, da die Hälfte der Wähler weiblich ist. Für Unternehmen gilt keine ganz so direkte Linie zu den Konsumentinnen. Sonst wären sie sicherlich schon weiter.

Zu Beginn der neuen Legislaturperiode rückte der Diskurs um Familie und Arbeit eine Stufe weiter. Er fokussierte sich auf das Wort Teilzeit, und damit ändert sich eine Menge. Bislang galt Teilzeit als verpönt, als ein Ghetto für Frauen, in dem ihre Karrieren versacken. Sie arbeiten nur fünfzig oder achtzig Prozent der Wochenstunden, um für die Kinder da sein zu können. Da die weiblichen Karrieren noch nicht richtig in Schwung gekommen sind, wird jetzt ein anderes Modell favorisiert, zum Beispiel von Claudia Voigt im »SPIEGEL« und von Antonia Baum in der »Frankfurter Allgemeinen Sonntagszeitung«. Die neue Idee heißt Teilzeit für alle, wenigstens für viele. Die Logik dahinter sieht so aus: Wenn alle weniger arbeiten, wenn niemand ewig im Büro sitzt, haben die Mütter in Teilzeit eine größere Chance, sich auszuzeichnen und Karriere zu machen.

Die neue Familienministerin Manuela Schwesig zielte in eine ähnliche Richtung mit ihrem Vorschlag, dass junge Eltern 32 Stunden arbeiten können und dafür das volle Einkommen beziehen. Dies würde wenigstens für eine finanzielle Gleichberechtigung der Teilzeit sorgen. Merkel war jedoch nicht dafür. Und Verteidigungsministerin Ursula von der Leyen will nun die Bundeswehr zu »einem der attraktivsten Arbeitgeber in Deutschland« machen, mit Angeboten für Familien, also Teilzeit und weniger Versetzungen, also Umzügen.

Ohne Zweifel sind die Teilhabewünsche der Frauen angebracht. Eine echte Gleichberechtigung ist notwendig und überfällig. Die Vereinbarkeit von Familie und Beruf gehört dazu, keine Frage. Ich halte es aber für falsch, wenn das Familienthema zum Mittelpunkt der Gesellschaft wird, wenn sich alles danach ausrichten soll, was für Familien förderlich ist.

Familie ist nicht alles, das zeigt die Unbeweglichkeit der Geburtenrate, das zeigt die Scheidungsquote von fünfzig Prozent, das zeigt der hohe Anteil von Singlehaushalten in einer Großstadt wie Berlin, wo jeder Dritte alleine lebt. Es ist deshalb anachronistisch, die Familie so ins Zentrum zu rücken, selbst wenn es dabei um die Geburtenrate geht. »Kinder bekommen die Leute immer«, hat Konrad Adenauer gesagt und damit ausgedrückt, dass eine Familienpolitik nicht nötig ist. Es könnte sein, dass dieser Satz nun negativ gilt. Kinder wollen viele Leute halt nicht. Es gibt Bereiche, in denen ist Politik machtlos, Liebe und Nachwuchs scheint in Deutschland ein solcher Bereich zu sein.

Trotzdem ist es richtig, Familien zu fördern, und ich finde die Maßnahmen richtig, die sich an die Familien wenden. Ich halte es aber für überflüssig, wenn nicht unangebracht, eine Stimmung zu erzeugen, in der Ehrgeiz oder Leistungsbereitschaft eine negative Aura bekommen. Warum soll die Familienförderung ausgreifen auf die, die keine Kinder wollen oder sich auf ein Familienmodell geeinigt haben, in der ein Partner die Karriere macht, der andere sich auf die Kinder konzentriert? (Gerecht wäre das allerdings erst dann, wenn sich die Paare gesamtgesellschaftlich gleichverteilt auf die Rollen verständigen könnten, also genauso viele Männer der Karriere den Nachrang geben wie Frauen, und das dauert noch, kann aber nicht staatlich reguliert werden. Da müssen die Frauen gut verhandeln und die Männer dahinterkommen, dass es schön sein kann, früher nach Hause zu gehen, weil da kleine Kindern warten). Leidenschaft für einen Job, auch Hingabe sind notwendig, damit nicht alles im Mittelmaß steckenbleibt. Vielleicht sollten die Männer oder Frauen, die ihre Elternrolle sehr ernst nehmen, nicht unbedingt die wichtigsten Jobs anstreben. Manchmal ist eine Entscheidung gut.

Familien sind empfindliche Gebilde, weil es um Kinder geht. So wird die Gesellschaft von zwei Seiten auf Schonung getrimmt, über die Alten und über die Kinder. Das klingt erst einmal nach sympathischen Maßstäben, nach einer lebenswerten Gesellschaft, die dabei entstehen könnte, ausgerichtet auf die Mitglieder, die als schwach gelten. Es soll prinzipiell auch so sein, aber es besteht die Gefahr, dass übertrieben wird, dass die Dynamik verloren geht, sollte zuviel Rücksicht genommen, zuviel geschont werden. Unserer Gesellschaft darf der Leistungsgedanke nicht verloren gehen, nicht das Streben nach Exzellenz, ob nun bei der Infrastruktur oder im Beruf.

Was hat dieser Aufschwung eines neuen Feminismus mit Angela Merkel zu tun? Viel. Erst sah es so aus, als wolle sie Bundeskanzler werden, nicht Bundeskanzlerin. In ihrer Oppositionszeit lieferte sie keine Hinweise, dass sie aus weiblicher Sicht Politik machen würde. Sie neutralisierte sich, wollte nicht auf einem bestimmten Ticket in die Kanzlerschaft fahren, sondern Kanzlerin für alle sein. Wäre sie auch nur verhalten mit feministischen Positionen angetreten, hätte das verknöcherte Männer aufgebracht. Merkel dachte sogar an diese Klientel, verordnete sich Stille auch in der Geschlechterfrage. Mit ihrem ewigen Hosenanzug, einfarbig oder zweifarbig, kleidet sie sich in eine Uniform, die aus der männlichen Mode stammt. Es war bekannt, dass sie gern backt und kocht, am liebsten Pflaumenkuchen und Kartoffelsuppe. Es war bekannt, dass sie einen Mann hat, Joachim Sauer, dass der aber in der Öffentlichkeit keine Rolle spielen will und sie fast nie über ihn redet. Merkel erschien lange als Frau ohne Privatleben, ohne Geschlechterrolle. Sie wurde 2005 nur von sechsunddreißig Prozent der Frauen gewählt.

In der Neujahrsansprache 2006 machte sie eine Andeutung, die aufhorchen ließ. »Die Frauenfußball-Nationalmannschaft ist ja schon Fußballweltmeister, und ich sehe keinen Grund, warum Männer nicht das Gleiche leisten können wie Frauen.« Das war mit leichter Ironie und einer Spur Bissigkeit gesagt. Man konnte heraushören, dass diese Bundeskanzlerin keine neutrale Position bezieht, sondern dass sie sich in erster Linie mit Frauen solidarisiert. Und so machte sie dann auch Politik, das heißt vor allem, so ließ sie Brigitte Zypries und Ursula von der Leyen Politik machen.

Dies ist ein typischer Ansatz für diese Bundeskanzlerin. Sie selbst will nicht die Galionsfigur einer politischen Richtung oder Kampagne sein, die Gegner auf sich ziehen könnte. Das überlässt sie anderen, in der Frauenfrage Ursula von der Leyen. Die ist damit eindeutig markiert, definiert, was ihr die Möglichkeit gab, ein Star zu werden, eine Hoffnung der Frauen. Von der Leyen steht für das Frauenprogramm in den Zeiten Merkels.

Das hat auch Nachteile, zwei Nachteile. Erstens: Von der Leyen schafft sich Gegner. Sollte es ihr gelingen, Kanzlerkandidatin zu werden, könnten sich die Männer, die dann immer noch verknöchert sind, darauf besinnen, dass ihnen das zuviel Feminismus an der Regierungsspitze ist. Wir würden in den Wahlkämpfen dann wohl eine von der Leyen sehen, die nicht mehr ganz so vehement für Frauen kämpfte. Es ist aber schwierig, ein Image zu ändern. Merkel hat deshalb lieber kein Image außer dem Image, kein Image zu haben. Zweitens: Man kann die eigene Klientel leicht enttäuschen. Wie gesehen setzte von der Leyen in der Union die gesetzliche Quote gegen Merkel und Familienministerin Schröder durch, aber erst für das Jahr 2016. Das hat viele Frauen entrüstet, sie fühlten sich von ihrem Star verraten, während sie von Merkel ohnehin nicht viel erwartet hatten. Die Bundeskanzlerin findet eine gesetzliche Quote auch nicht schlecht, wollte aber keinen Ärger mit der FDP haben und war deshalb für die freiwillige Quote. Auch das ist typisch für sie. Es gibt keine starken Loyalitäten, auch nicht zum eigenen Geschlecht. Sie steht für die Position, die ihr das Regieren relativ leicht macht. Und wenn das irgendwann die gegenteilige Position sein sollte, fällt sie zu gegebener Zeit auf diese Position. Die SPD drängte in den Koalitionsverhandlungen 2013 auf eine gesetzliche Quote, und naturgemäß war Merkel sofort dabei. Eine ideale Situation für sie: Es passiert das, was sie eigentlich will, ohne dass sie dafür kämpfen muss und allzu stark damit identifiziert wird. Zu den einen kann sie sagen, die SPD sei schuld, zu den anderen kann sie sagen, in Merkels Kanzlerschaft sei die Quote durchgesetzt worden. Merkels Wonnen der Ambivalenz.

Ich glaube nicht, dass es ein Zufall ist, dass die neue, starke Partizipation von Frauen in die Kanzlerschaft Merkels fällt. Das hat eine Menge mit von der Leyen zu tun, und die wird von Merkel gefördert, bekam das Verteidigungsministerium, als sie es gefordert hatte, zu Lasten des Amtsinhabers Thomas de Maizière, der gern geblieben wäre, aber Innenminister werden musste. Als eine Entscheidung unausweichlich wurde, entschied sich Merkel für die Sache der Frauen.

Ein anderer Aspekt ist, dass Frauen von Frauen in der Regierung erwarten, dass sie sich für Frauen einsetzen. Das hat die Debatte ihrer Themen so lebendig gemacht, hat den Mut befördert zu fordern. Merkels Kanzlerschaft wird daher auch in Erinnerung bleiben als eine Zeit, in der Feminismus eine Renaissance erlebt hat, mit einigen Erfolgen.

Das dritte Partizipationsthema der bisherigen Kanzlerschaft Merkels spielt in einem neuen Ausschnitt der Gesellschaft, der digitalen Welt. Erst in Merkels Zeit wurde die digitale Gemeinde zum politischen Faktor, mit eigenen politischen Instrumenten und einer eigenen Partei, den Piraten. Partizipation wird seither unter neuen Vorzeichen diskutiert. Theoretisch gibt es nun die Möglichkeit unbegrenzter Teilnahme. Wenn es gewünscht wäre, könnte die Transparenz total sein, der Bürger könnte den politischen Prozess komplett im Livestream verfolgen, könnte ständig mitdiskutieren und über jede politische Frage abstimmen. Es ist noch nicht soweit. Aber es gibt schon solche Utopien, zum Beispiel vom amerikanischen Schriftsteller Dave Eggers, dessen Roman »The Circle« allerdings eher eine Dystopie ist. Selten habe ich ein solch beklemmendes Buch gelesen. Aber reden wir erst einmal von der Realität.

Die neue politische Realität schien am 18. September 2011 zu beginnen. Das war der Tag der Landtagswahl in Berlin. Zur Überraschung der allermeisten Beobachter holten die Piraten 8,9 Prozent der Stimmen und zogen in das Abgeordnetenhaus ein. Sie waren eine Partei, die kein richtiges Programm hatte, die sich eher allgemein vornahm, für die Interessen der digitalen Gemeinde zu kämpfen. Dazu zählte die annähernd unbegrenzte Freiheit im Internet, einschließlich eines weitgehenden Verzichts auf das Urheberrecht. Ansonsten waren die Vorstellungen eher disparat, sie reichten von liberalen Elementen gestärkter Bürgerrechte bis zu radikalsozialen Ansätzen, zum Beispiel einem bedingungslosen Grundeinkommen für alle.

Vor allem ein neues politisches Verfahren hält Mitglieder und Sympathisanten der Partei zusammen. Sie nutzen die Möglichkeiten des Netzes, um eine größere Transparenz herzustellen. Livestream statt Hinterzimmerpolitik, Teilnahme an den Debatten statt Konsum von Debatten. Sie nutzen dafür das Instrument des *liquid feedback*. Das ist ein digitales Forum, in dem endlos diskutiert werden kann, auch anonym. Damit entsteht, so die Hoffnung, ein Meinungsbild, mit dem die Politiker der Piraten Politik machen können. Das soll ein Modell sein für die Gesellschaft insgesamt. Über *liquid feedback* könnten die Bürger politische Projekte diskutieren und könnten, in der nächsten Stufe der digitalen Demokratie, über das Internet abstimmen. Ein goldenes Zeitalter der Partizipation schien anzubrechen.

Die Piraten zogen auch in die Landtage von Nordrhein-Westfalen, Schleswig-Holstein und Saarland ein. Zeitweise konnten sich dreißig Prozent der Deutschen vorstellen, diese Partei zu wählen. Für viele verkörperten die Piraten die Hoffnung, dass Politik anders sein kann, besser. Es schien sich ein Traum zu erfüllen, ein Traum, der besonders lautstark an Stammtischen gepflegt wurde: Wäre ich Bundeskanzler, hätten wir diese ganzen Probleme nicht.

Anders gesagt: Viele Bürger haben das Vertrauen in die Politiker verloren oder nie gehabt. Zu einem Teil ist das verständlich. Das politische Theater kann einen verdrießen. Viele Bürger glauben offenkundig, die Politik würde besser, würde sie von Bürgern gemacht. Die Piratenpartei war und ist deshalb in vielerlei Hinsicht ein interessantes Experiment. Bürger machen Politik. Zum einen haben die Repräsentanten der Partei in den Parlamenten und den Parteigremien keine klassische Politikerbiographie gelebt. Sie kommen sozusagen aus dem echten Leben, sind Beamte, Studenten, Arbeitslose, Unternehmer, sind nicht verdorben durch politische Karrieren. Zum anderen können die Bürger, die nicht in Parlamenten oder Gremien sitzen, ständig mitreden, können debattieren und auf diese Weise politisch Einfluss nehmen.

Es sah so aus, als könne diese Partei das politische System umkrempeln. Sie hatte eine attraktive Galionsfigur, die Bundesgeschäftsführerin Marina Weisband, jung, fernsehtauglich. Sie repräsentierte gleich zwei starke Partizipationsgruppen der Merkel-Zeit, Frauen und digitale Gesellschaft. Es sah nach einer großen Zukunft aus.

Bei der Bundestagswahl 2013 bekam diese »Partei der Bürger für die Bürger« von den Bürgern 2,2 Prozent der Stimmen. Marina Weisband war da längst aus der Politik verschwunden, desillusioniert, auch geschockt. Was war schiefgegangen?

Es gab einige Entgleisungen. Der eine oder andere Pirat zeigte Nähe zu rechtsextremistischem Gedankengut oder zog unbedarft Vergleiche zur Nazizeit. Aber das war nur das kleine Problem, nicht das große. Das große Problem war das Verfahren, war die ständige Partizipation. Das hat nicht gut funktioniert. Bei *liquid feedback* zeigte sich bald, dass ein neues Spezialistentum entsteht. Nicht jeder hat die Lust oder die Zeit, ständig über Politik zu diskutieren. Man hat Besseres zu tun. Der digitale Dialog wurde daher von einem fanatischen Kern dominiert. Im Schutz der Anonymität entwickelte sich ein mitunter merkwürdiger Austausch, der nur einem Nerd Freude macht. Doch selbst wenn der Dialog vernünftig und für jedermann nachvollziehbar war, blieb die Zahl der Teilnehmer gering.

Ich glaube, dass der Wille zum politischen Engagement überschätzt wird, weil man das Engagement einiger Bürger, die besonders engagiert sind, zugrunde legt. Man sagt leichthin, dass man gern mitmachen würde, wenn die Parteien nicht so grässlich wären, so intransparent und streitsüchtig, so ideologisch und altbacken. Aber das stimmt vielleicht nicht immer. Viele Bürger sind, wenn man ehrlich ist, ganz froh, dass ihnen andere die Politik abnehmen.

Zwar hatten die Piraten zunächst großen Zulauf, auch von Leuten, die in den guten Wahlergebnissen und hohen Umfragewerten die Chance entdeckten, rasch zu einem Mandat zu gelangen, einem Einkommen und einer politischen Karriere, aber bald stellte sich heraus, dass sechzig Prozent von denen nicht bereit waren, regelmäßig einen Beitrag von jährlich achtundvierzig Euro zu bezahlen, also ein kleines finanzielles Opfer für die Partizipation zu bringen.

Die Piraten zeigten sich bald als disparate Ansammlung von Leuten, die für sehr verschiedene Anliegen kämpften. Es erwies sich, dass ein neues Verfahren eine Programmatik nicht ersetzen kann. Man muss wissen, was man mit diesem Verfahren machen, für welche Ziele man kämpfen soll. Der diffuse Wunsch nach einer Freiheit im Internet reichte nicht. Und den Piraten gelang es nie, ein Programm mit hoher Bindekraft zu entwickeln, und deshalb gelang auch nicht die Bündelung der Interessen und politischen Ansichten.

Ein bisschen hat das die klassischen Parteien rehabilitiert. Auch dort wird gestritten, aber am Ende können sich die Mitglieder hinter einer gemeinsamen Idee versammeln, der grünen, der sozialdemokratischen, der liberalen, der sozialistischen und der, tja, was ist noch mal die gemeinsame Idee der CDU nach vierzehn Jahren unter der Vorsitzenden Angela Merkel? Wohl diese: dass man irgendwie bürgerlich ist, maßvoll, dass man erst einmal schaut, was sich zu bewahren lohnt, bevor man das Neue angeht. Und irgendwie christlich, aber nicht unbedingt religiös christlich, sondern irgendwie abendländisch. Dazu kommen die Traditionen, die starke Bindungskraft entwickeln, Adenauer, Kohl. Da haben die Piraten einen strukturellen Nachteil.

Wer sich darüber entsetzen kann, wie heftig in der Politik gestritten wird, der musste die Piraten bald für eine Partei der Meinungskrieger halten. Sie bedienten sich häufig eines Elements der Partizipation, das schon zuvor die Politik beeinflusst hatte, des Shitstorms. Wer Zorn auf sich zieht, muss in den Zeiten des Internets damit rechnen, dass er alsbald in einem Sturm von Schmähungen und Beschimpfungen steht. Im Schutz der Anonymität, als Herr und Frau Unbekannt trauen sich eine Menge Leute anderen mal so richtig die Meinung zu geigen und auch mal, huh, Schimpfwörter zu schreiben. Marina Weisband hat berichtet, wie verletzend das sein kann: »Der Ton war oft unterirdisch, zwei Tage ging ich nicht an den Computer, weil ich keine Lust mehr auf die Partei hatte.«

Im Frühjahr 2012 habe ich Bernd Schlömer getroffen, den damaligen Bundesvorsitzenden der Piraten. Er war der traurigste Politiker, dem ich je begegnet bin. Er sprach langsam und leise, und manchmal schaute er mit einem resignierten Blick auf sein Handy, als sei schon wieder Unflat eingetroffen. In seiner Partei herrschte damals Krieg. Schlömer wurde als Arschloch beschimpft, als Amokläufer, als Kriegstreiber. Ein Shitstorm nach dem anderen toste über ihn hinweg, aber nicht nur über ihn. Die Piraten machten sich im Netz und damit in der Öffentlichkeit gegenseitig fertig. Es war Gift und Galle pur.

Hier zeigten sich die Folgen einer Unmittelbarkeit, die es bis dahin in der Politik nicht gegeben hatte. Alle Filter fallen weg. Ein Filter ist die Zeit. Die Debatten im Internet haben ein hohes Tempo, Zorn verraucht nicht, sondern wird unmittelbar in Worte gefasst und verbreitet. Die Debatten enden nie, es gibt nicht den Druck, dass bald die Kneipe zumacht, und man sich vorher noch geeinigt haben will. Zudem fehlt die soziale Kontrolle der Anwesenheit. Bei den Sitzungen von Ortsvereinen schauen sich die Kombattanten ins Gesicht und werden von den anderen beobachtet. Man ist einander bekannt, muss noch länger miteinander auskommen. Gleichwohl geht es nicht nur zivil zu, auch hier gibt es Verletzungen, Demütigungen, aber gegen das Spektakel, das sich die Piraten geliefert haben, ist das eher harmlos.

Manchmal ist es auch hilfreich, dass die Transparenz nicht total ist, dass sich ein paar Leute vorab auf etwas einigen und das dann zur Abstimmung stellen. Weil es dann leichter ist, nachzugeben, einen Kompromiss auszuhandeln, weil dann der Reiz nicht so groß ist, sich für die Zuschauer des Livestreams zu inszenieren, ein Schauspiel abzuliefern. Manchmal reicht eine nachträgliche Transparenz.

Die Piraten wirkten schon nach zwei, drei Jahren im Rampenlicht erschöpft, ausgelaugt. Sie hatten vor aller Augen erbittert gekämpft, ohne dass am Ende deutlich geworden wäre, wofür sie gesellschaftlich kämpfen wollen. Sie verloren den Reiz des Neuen, sie waren nicht die Alternative, die alles anders machen würde, sondern wirkten wie eine Partei, die genau das, was viele an Politik nicht mögen, den Streit, in besonderer Intensität vorträgt. Sie waren anstrengend, für die Teilnehmer und die Beobachter.

Die Bürger sahen, wie es ist, wenn Bürger Politik machen, und sie konnten nicht begeistert sein. So entschieden sich die allermeisten Wähler 2013 dafür, doch wieder professionellen Politikern ihre Stimme zu geben – oder gar keinen.

Das ist nichts, worüber man sich freuen könnte. Die Zahl der Nichtwähler ist zu hoch, Politik bedarf dringend der Erneuerung, um aufs Neue Leute zu interessieren, zu begeistern. Die Piraten waren eine Hoffnung, dass es besser werden könnte. Nun ist diese Hoffnung enttäuscht, eine mehr.

Auch wenn die Piraten fürs erste am Rande stehen, bleiben die Instrumente, die sie kurz groß gemacht haben, das Internet, das Smartphone, die Tools der schnellen Partizipation. Sie werden weiterhin auf die Politik einwirken. Und für viele sind sie eine politische Hoffnung.

Das begann spätestens bei den Rebellionen im arabisch-iranischen Raum im Dezember 2010. Die Menschen in Tunesien, Ägypten, Libyen, Syrien, in Bahrein, im Iran, die genug hatten von ihren Diktatoren, verständigten sich über das Internet, fanden hier die Informationen, die sie für ihren Protest brauchten, fanden hier den Mut zu handeln, weil sie erkennen konnten, dass sie viele sind. Das Smartphone war das Gerät, mit dem man schnell Demonstrationen organisieren und Kampfaktionen koordinieren konnte. Blogs halfen, die Weltöffentlichkeit auf dem Laufenden zu halten und zu mobilisieren. Eine neue Stufe der Demokratisierung schien möglich, nun auch in der islamischen Welt, und das Internet hatte einen gewichtigen Anteil daran.

Wäre die Demokratisierung gelungen, gäbe es einen politischen Mythos rund ums Internet, einen Gründungsmythos: das Instrument eines neuen demokratischen Zeitalters. Aber sie ist nicht gelungen. Zwar wurden die Diktatoren in Tunesien, Libyen und Ägypten gestürzt, aber es folgten Zustände, die viele Menschen enttäuschten. Islamisten kamen an die Macht, Militärs und Milizen herrschten, das Elend blieb. In Syrien brach ein Bürgerkrieg aus, der bislang über hunderttausend Menschenleben kostete, bei dem die Regierung Giftgas einsetzte. Das ist natürlich nicht die Schuld des Internets, aber es wurde deutlich, dass es nicht zwangsläufig in eine bessere Welt führt. Es gibt keinen politischen Mythos Internet.

Es gibt immer noch die Hoffnung, das Netz könne die Partizipation leichter machen, es könne dem Willen der Bürger Ausdruck verleihen. Tatsächlich läuft die politische Debatte auch schon auf Twitter, es gab hin und wieder interessante Schlagabtäusche, und ein Follower kann das Gefühl haben, mit einem Spitzenpolitiker in Kontakt zu stehen. Das schafft jedenfalls ein bisschen Nähe, und das ist gut, auch wenn sich Meinung hier auf Botschaften mit 140 Anschlägen reduziert, auf Häppchen also.

Zum Instrument der Partizipation wird nun auch die Online-Petition, die elektronische Unterschriftensammlung. Dafür gibt es Plattformen, auf denen Bürger, die etwas wollen oder etwas nicht wollen, mit wenig Aufwand Unterstützung gewinnen können. Bekannt wurden Anfang 2014 die Petitionen gegen einen baden-württembergischen Bildungsplan, der in Schulen auch Gespräche über Homosexualität vorsieht, und gegen den Talkmaster Markus Lanz, der in seiner Sendung die Politikerin Sahra Wagenknecht kritisch und herablassend befragt hatte.

Die Online-Petition ist eine Art organisierter Shitstorm, eine Art einseitiger Meinungsumfrage. Hier können sich Wut oder Ressentiment in spontanen Regungen auslassen, auch anonym, ohne Aufwand, ohne Engagement. Bislang war es unter Journalisten Konsens, dass sich Politik nicht nach Meinungsumfragen richten soll, dass sie lange Linien verfolgen soll. Das gleiche Argument lässt sich gegen Online-Petitionen einwenden, die zudem nicht einmal repräsentativ sind. Sie geben die Stimmung von ein paar hunderttausend Leuten wieder, und das kann nicht Grundlage einer Politik sein, die für achtzig Millionen Menschen gemacht wird. Einen Aussagewert hätten solche Aktionen nur, wenn es eine Gegenpetition gebe, und wenn man davon ausgehen könnte, dass Leute, die einem Plan zustimmen, das gleiche Bedürfnis haben, sich zu äußern, wie Leute, die ihn ablehnen. Damit ist nicht zu rechnen.

Auch die Frage der Transparenz ist längst nicht mehr so positiv konnotiert wie in früheren Internet-Zeiten. Das liegt in erster Linie am Skandal um den amerikanischen Geheimdienst NSA, der das Internet ausspioniert hat. Als das enthüllt war, wurde vielen klar, dass mit dem Internet auch Privatsphäre und Intimität verschwinden könnten. Es gibt eine hohe

Bereitschaft von Bürgern, sich auf Facebook transparent zu machen, Protokolle des eigenen Lebens abzuliefern, aber es ist nicht so weit, dass jeder will, dass jeder alles mitbekommt, was gepostet wird. Ein paar Agenten konnten aber alles mitbekommen.

Die Transparenz des Internets ist ein ideales Instrument der Kontrolle. Wer will, kann sehr viel über uns in Erfahrung bringen, mehr als uns lieb ist. Diese Vorfälle drehten die Stimmung gegenüber dem Netz. Selbst Sascha Lobo, ein früher Internet-Euphoriker, zeigte sich zuletzt enttäuscht und ging auf Distanz. Das Internet wird in absehbarer Zeit nicht die Politik erneuern, und darüber kann ich mich nicht freuen.

Etwas wird sich auf jeden Fall ändern, und das ist der Mensch. In der Geschichte der Menschheit hat es nie eine Phase gegeben, in der sich Verhaltensweisen in so kurzer Zeit geändert haben und noch ändern werden wie zu Beginn des dritten Jahrtausends. Das Smartphone und der Computer machen aus uns andere Geschöpfe, vom Homo sapiens zum Homo digitalis. Derzeit beginnt ein neues Menschenzeitalter, so wie eines begann, als der Homo sapiens den Neandertaler abgelöst und verdrängt hat. Diesmal treten wir alle gemeinsam, friedlich und freiwillig in das neue Menschenzeitalter ein.

Übertreibung? Hätte man sich vor dreißig Jahren vorstellen können, dass Menschen, wo sie gehen und stehen und sitzen, in ein kleines Gerät schauen, über die Oberfläche wischen und ihr Leben von diesem kleinen Gerät bestimmen lassen? Das Smartphone wirkt schon wie eine natürliche Ergänzung der Hand, wie ein willkommener Auswuchs. Es macht uns zu permanent Wartenden, Warten auf die nächste Botschaft, die nächste Nachricht, Warten auf das Update, Warten auf die Fortsetzung im Liveticker. Es macht uns zu Akteuren im eigenen Lebensfilm, indem wir ständig Botschaften und Bilder absetzen, die unsere Lebensgeschichte in ewigen Fragmenten als

Serie erzählen. Es macht uns zu permanenten Interventionisten, indem wir von überall alles kommentieren können, über Tweets, über Online-Petitionen, über Kommentare zu Online-Artikeln. Es macht uns zu totalen Wirtschaftsobjekten, indem Unternehmen die Spuren, die wir im Netz hinterlassen, zu Konsumprofilen verknüpfen, und so bekommen wir ständig Angebote und Kaufaufforderungen, denen wir kaum widerstehen können. Es macht uns zu Selbstoptimierern, die sich über einschlägige Apps Diät-, Sport- und Arbeitspläne auf den Leib schneidern lassen können. Armbänder zählen unsere Schritte und zeigen Unmut, wenn ihnen unser Tagespensum zu niedrig vorkommt. Wir erreichen damit aus eigenem Antrieb eine Effizienz, die uns McKinsey und Roland Berger nur gegen große Widerstände einbleuen könnten. Es macht uns zu gläsernen Menschen, weil wir im Netz ständig Spuren hinterlassen, aus denen man ein Bild unseres Inneren konstruieren kann, unserer Sorgen, Hoffnungen, Wünsche, vor allem unserer Konsumwünsche.

Das verändert uns, es macht uns nervöser, unruhiger, drängender. Der Mensch lebt nicht mehr in Situationen, wie er das bislang getan hat. Früher: Die Situation ist die Situation, räumlich und personal begrenzt, und mehr ist nicht. Jetzt: Zu jeder Situation gehört die Anwesenheit der gesamten Welt, soweit gewünscht. Aber es fällt uns schwer, das nicht zu wünschen. Das Smartphone ist wie eine zweite Welt, in die man permanent eintauchen kann, in der man verschwinden kann, so dass die eigentliche Situation fast nicht mehr existiert. Ich sehe jetzt manchmal Paare, die gemeinsam essen gehen, und dann sitzen sie da, und jeder starrt in sein Smartphone, tippt und wischt, und sie sagen kein Wort. Was in gewisser Weise ein Fortschritt ist. Es war noch schwerer zu ertragen, Paare bei einem festlichen Abendessen in einem guten Restaurant zu sehen, und sie redeten kein Wort, sondern starrten nur aneinander vorbei und in die Luft.

Der Mensch, der ständig eine zweite Welt bei sich trägt, ist ein anderer Mensch als einer, der die allermeiste Zeit in einer Welt verbringt. Die permanente Spaltung wird etwas verändern, aber wir werden erst in einigen Jahrzehnten erfahren, was genau. Die Politik wird es auch verändern, denn die Politiker werden Politik für einen anderen Menschen machen müssen.

Ich habe weiter oben Dave Eggers' Roman »The Circle« erwähnt. The Circle ist ein Internet-Unternehmen, das mit der Idee erfolgreich ist, dass man sein ganzes Leben im Netz über einen einzigen Account abwickeln kann, mit einem Passwort. Mae Holland wird dort angestellt und ist beeindruckt von der Coolness dieses Unternehmens. Sie lernt bald, dass zu den idealen Möglichkeiten für eine ständige Kommunikation im Netz die Erwartung gehört, ständig im Netz zu kommunizieren. Dass zu der Möglichkeit des totalen Konsums auch die Erwartung gehört, sich an dieser Konsumwelt zu beteiligen. Dass zur Möglichkeit der totalen Transparenz die Erwartung gehört, keine Geheimnisse zu haben, alles mitzuteilen, auch das Intimste. Die Ideologie von The Circle offenbart sich in diesem Beispiel: Wer am Wochenende surfen geht und keine Kamera mitnimmt, der beraubt einen Behinderten, der nicht surfen kann, der Möglichkeit, am Surfen wenigstens visuell teilzunehmen. Diese Ideologie des Unternehmens wird in drei Leitsätzen ausgedrückt:

A secret is a lie – ein Geheimnis ist eine Lüge.

Sharing is caring – sich mitzuteilen heißt sich zu kümmern.

Privacy is theft – Privatsphäre ist Diebstahl.

Mae Holland wird die erste Mitarbeiterin von The Circle, die ständig mit einer kleinen Kamera herumläuft und ihr ganzes Leben in einem permanenten Livestream öffentlich macht. Vorher sind schon Politiker unter Druck geraten, total transparent zu sein. Immer mehr lassen ihr Tun von einer Kamera verfolgen. Das Hinterzimmer wird öffentlich. The Circle setzt die Politik unter Druck, Wahlen und Abstimmungen auch über den einen Account ablaufen zu lassen. Mae Holland hat die Idee, zur Teilnahme zu verpflichten. Dies entspricht der Logik des Unternehmens. Die Möglichkeit der totalen Partizipation schafft die Erwartung und schließlich die Verpflichtung der totalen Partizipation. The Circle wird zum Tyrannen.

Das Beklemmende an der Lektüre ist, dass alle Elemente dieses Horrors im Kern vorhanden sind, Mitmach-Erwartungen, Transparenz-Erwartungen, Konsumdruck. Den Möglichkeiten folgen die Erwartungen. The Circle wird damit zu der Dystopie unserer Zeit, mit einer ähnlichen Kraft wie George Orwells »1984« aus dem Jahr 1949. Orwells Vision hat sich zum Glück so krass nicht erfüllt, obwohl Überwachung tatsächlich zum großen Thema späterer Dekaden geworden ist, aber er schöpfte noch aus den Erfahrungen einer Zeit mit brutalen Diktaturen. Bei ihm herrschen Zwang und Unterdrückung. Die Welt von The Circle ist smarter, angenehmer. Aber es geht auch um Totalität, um die absolute Herrschaft über Menschen. Nur lassen die sich mehr oder weniger freiwillig beherrschen. Eggers' Dystopie ist meiner Meinung nach näher an dem, was passieren könnte, als Orwell.

Das Internet hat bereits Erwartungen an die Partizipation geweckt, die schwer zu erfüllen sind. Als schnelles Medium ist es gut darin, spontane Stimmungen zu transportieren, dies aber sind meistens negative Stimmungen. Wenn sich etwas verändern soll, ruft das auf Anhieb negative Reaktionen hervor, weil Menschen sich gern einrichten, gern eine verlässliche, bleibende Lebenswelt haben. Man braucht eine Weile, um sich an den Gedanken vom Neuen zu gewöhnen, um den Fortschritt, die Verbesserung annehmen zu können. Aber natürlich ist das Neue nicht immer ein Fortschritt. Gleichwohl könnte das Internet, das ein Instrument des Fortschritts ist, zu einer Bremse für Fortschritt werden.

Auch hier wieder die Frage: Was hat das alles mit Angela Merkel zu tun? Erst einmal: nichts. Das Internet entwickelt sich ohne ihren Einfluss, der Mensch entwickelt sich ohne ihren Einfluss. Sie ist von Haus aus Naturwissenschaftlerin, sie hat eine Affinität zu technischen Neuerungen, und sie ist selbst User mit Suchtmerkmalen. Sie ist erleichtert, dass die Piraten gescheitert sind, klar, eine Konkurrenz weniger. Die Partizipationserwartungen sind ihr ein Greuel, als Professionelle der Politik glaubt sie an professionelle Politik. Ihr ist spät eingefallen, dass es eine Internet-Politik geben kann, geben muss. Erst 2013 hat sie das Verkehrsministerium um ein Ressort für digitale Belange erweitert. Noch ist nicht absehbar, was für eine Politik daraus folgt.

Das Fazit dieses Kapitels ist, dass sich die Partizipation in den Zeiten Angela Merkels extrem verändert hat, zum Teil ohne ihr Zutun, zum Teil mit. Für die Bürger haben sich die Schwergewichte der Politik verschoben. Es sind weniger die Fragen von Krieg und Frieden, von sozialer Gerechtigkeit, von Liberalisierung und Umweltschutz. Heute geht es vor allem um die Lasten einer neuen Infrastruktur, um die Interessen von Alten und Frauen, um die Interessen der digitalen Gemeinde, deren Schnittmenge mit der Gesamtbevölkerung immer größer wird.

Dies ist ein Hinweis darauf, dass Politik erfolgreich war, dass das bedrohlichste Problem von Krieg und Frieden, der Kalte Krieg, beendet wurde, dass die meisten Bürger zufrieden sind mit ihrer sozialen Lage, dass die Atomkraft in Deutschland bald ausläuft, dass sich die Lage der Natur in einigen Bereichen verbessert hat. Das kann einem Mut machen. Es gibt Dinge, die werden besser, weil die Politik erfolgreich auf Missstände reagiert.

Anfang 2014 habe ich eine Lesereise durch Baden-Württemberg gemacht. Meine Novelle »Zweier ohne« war dort Prüfungslektüre an den Realschulen. Bei insgesamt dreißig Lesungen stellte fast immer ein Schüler die Frage: Warum können die Jungs im Buch nicht im Fluss schwimmen? Ich freute mich jedes Mal. Ludwig und Johann, die Protagonisten der Novelle, können tatsächlich nicht im Fluss schwimmen, aber es bleibt offen, warum. Als ich das schrieb, dachte ich, jedem müsse klar sein, warum das unmöglich ist. Ich habe in den siebziger Jahren an der Ruhr gelebt, und wir konnten nicht in unserem Fluss schwimmen, weil das Wasser von den Fabriken und unzureichender Klärung verschmutzt war. Auch im Rhein konnte man nicht schwimmen. Wenn Schüler heute nicht verstehen, warum ein Fluss eine verbotene Zone ist, heißt das, dass sie in ihren Flüssen schwimmen können, dass die Welt in dieser Sache besser geworden ist. Wie schön.

Die Gesellschaft ergeht sich aber nicht in allgemeiner Zufriedenheit, ist nicht komplett erlahmt, verfällt nicht in Passivität. Es gibt immer noch eine Menge Engagement, es gibt Debatten und Proteste. Aber die Interessen haben sich verlagert, und die Instrumente sind andere. Das Internet ersetzt allmählich die Straße. Als der Fall Brüderle aufkam, berichteten viele Frauen im Netz über eigene Erfahrungen mit Anzüglichkeiten und sexuellen Belästigungen. Erst das verlieh der Geschichte im »Stern« Wucht.

Zudem sind die Partizipationserwartungen in den vergangenen Jahren stark gestiegen. Zum einen gibt es ein Instrument dafür, das Internet. Zum anderen ist eine Stimmung entstanden, dass jeder mitentscheiden dürfen soll, wenn ein Projekt sein Wohlergehen stören könnte. Volksabstimmungen wurden wohl nie so heftig diskutiert wie in den vergangenen Jahren. Die Pointe ist, dass es zu »Stuttgart 21« eine gab, mit einer Mehrheit für das Projekt. Was auch daran lag, dass nicht nur die Stuttgarter abgestimmt haben, sondern die Baden-Württemberger. Der Protest geht daher noch weiter, hat aber an Kraft verloren. Ein kleiner Teil des Volkes wehrt sich gegen die Entscheidung eines größeren Teils des Volkes. Man sieht, dass auch solche Abstimmungen nicht unbedingt befrieden.

Die Gesellschaft sucht hier noch nach Verfahren, wie sie in Zeiten eines anderen Bewusstseins, eines anderen Instrumentariums zu Entscheidungen kommen und sich damit versöhnen kann. Die Partizipationsfrage stellt sich damit mehr denn je, und sie ist die zentrale Frage einer Demokratie. Sie braucht die Zustimmung der Bürger, und sie muss ihre Verfahren den Entwicklungen anpassen. Auch deshalb waren die vergangenen Jahre Schlüsseljahre der bundesdeutschen Demokratie.

DAS FAZIT – DIE LIEBLINGSKANZLERIN

Ich war zweimal in Singapur, und von beiden Reisen kehrte ich deprimiert zurück. Ich redete dort viel mit Deutschen, meist Diplomaten und Journalisten, und das Deprimierende ist, dass es ihnen so gut geht. Sie fühlen sich verdammt wohl hier, nicht nur wegen des Wetters und den Annehmlichkeiten eines reichen Staates. Glühend erzählen mir diese Leute von der Sicherheit auf den Straßen. Auch Frauen könnten nachts überall herumspazieren. Dann diese Sauberkeit. Niemand werfe auch nur eine Zigarettenkippe auf die Straße. Die Verwaltung funktioniere, keine Korruption, sondern Zuverlässigkeit, Berechenbarkeit. Ich erlebe das meiste davon auch so. Singapur ist angenehm, in dieser Hinsicht. Ich frage dann jeden, ob er es nicht beklemmend findet, in einem Staat zu leben, der von einer Familie autokratisch regiert wird, in dem die Presse nicht frei ist, die Opposition unter Gängelungen leidet, die Justiz auch kleine Vergehen drakonisch bestraft, die politische Debatte das entscheidende Feld aussparen muss, nämlich die offene Kritik an den Regierenden. Mir wird dann wortreich erklärt, warum die westliche Sicht auf diesen Staat falsch sei, warum man nicht mit unseren Maßstäben und so weiter und so fort. Aber fehlt Ihnen denn nichts, frage ich. Erschreckend vielen fehlt nichts.

Letzten Endes geht es dabei um eine Frage, die ich oft mit Merkels Regierungssprecher Ulrich Wilhelm diskutiert habe. Kritisierte ich den Zustand der Regierung, sagte er: Aber die Ergebnisse sind gut. Meist meinte er Zahlen, die sinkende Arbeitslosigkeit, die wachsende Wirtschaft, die Zufriedenheit der Leute mit der Bundeskanzlerin in den Umfragen. Ich sagte dann, in einer Demokratie geht es nicht nur um Ergebnisse, sondern auch um Prozesse der Politik. Das ist ein weiterer wichtiger Unterschied zwischen Demokratien und Diktaturen.

In einer Diktatur zählt der Prozess wenig. Man hält geheim, wie die Entscheidungen zustande kommen, oder schert sich nicht darum, dass die Prozesse hässlich sind: brutales Ausschalten der Gegner, Führerprinzip, das bis zum Irrsinn durchgezogen wird, Selbstbereicherung. Diskussionen sind in vielen Bereichen nicht erwünscht, werden unterdrückt. Oberste Priorität hat die Ruhe, da Unruhe bedrohlich sein könnte, und Diktaturen sind paranoide Systeme, da es kein geregeltes Ende der Herrschaft gibt. Diktatoren oder diktatorische Regime können sich ihr Ende nur als Katastrophe vorstellen.

Wenn ihnen nicht alles egal ist außer dem eigenen, pompösen Leben, so wie einem Robert Mugabe in Zimbabwe oder einem Kim Jong Un in Nordkorea, versuchen sie, ihre Bevölkerungen durch Ergebnisse zu gewinnen, meist durch wachsenden Wohlstand. So funktioniert Singapur, so funktionieren viele arabische Staaten, und diesen Weg beschreitet auch China.

Für eine Demokratie sind Ergebnisse auch wichtig. Gerade die Deutschen wurden durch wachsenden Wohlstand für ihren Staat gewonnen. Aber für die Bürger, die sich als eingefleischte Demokraten verstehen, sind auch die Prozesse wichtig, vor allem die Debatten, aus denen die Entscheidungen kommen. Ich möchte in einer lebhaften Demokratie leben, möchte gefordert werden von den Anstößen aus der Politik, möchte die Alternativen im Streit erleben und selbst streiten. Das ist die Demokratie, mit der ich zufrieden wäre. In Singapur frage ich mich manchmal, ob wirklich viele so denken wie ich oder ob nicht ein großer Teil der Bürger mit einer gemäßigten Diktatur, die hervorragende Ergebnisse im ökonomischen Bereich abliefert, zufrieden wäre. Andererseits stimmen die Deutschen der Demokratie in den Umfragen immer noch zu. Ob nun wegen der guten Ergebnisse hierzulande oder wegen eines interessanten Prozesses, wissen wir nicht.

Fasst man die Streitgeschichte der Bundesrepublik zusammen, sieht das so aus (es geht dabei nicht um blöde Schimpfereien):

Es begann gut. Zu Beginn der bundesdeutschen Demokratie existierten scharf abgegrenzte Alternativen, und das Parlament war ein Ort hitziger Debatten. Doch dann fehlte Adenauer lange die Gegnerschaft, und er dominierte das Land in beinahe autokratischer Weise. Noch in seiner Kanzlerschaft kamen dem jungen Land zwei grundsätzliche Konflikte abhanden. Auch die SPD fand sich damit ab, dass die Westbindung Vorrang hat vor der Wiedervereinigung, und mit dem Godesberger Programm nahm sie Abschied von einer sozialistischen Wirtschaftsordnung. Der Sozialstaatskonsens mit der Union blieb selbstverständlich erhalten.

Doch ehe das Land ganz auf einen Ruhekurs einschwenken konnte, wurde es von den Achtundsechzigern aufgerüttelt. Die Liberalisierungsgedanken sickerten in die Gesellschaft ein, machten sie tatsächlich freier, lockerer und lebenswerter. Doch der gewalttätige Zweig des Protests weckte ein paranoides Denken. Im Kampf gegen den Terrorismus zeigten sich die folgenden Regierungen bereit, Freiheiten im Übermaß einzuschränken. Ein Klima des Verdachts wurde etabliert.

Willy Brandt eröffnete mit seiner Ostpolitik ein neues Konfliktfeld. Wieder wurde im Parlament scharf diskutiert, hart gekämpft, und die Zivilgesellschaft machte leidenschaftlich mit. Es waren lebendige Zeiten, auch dank Brandts Aura. Er wollte nicht von oben führen, sondern auch zuhören und Meinungen aufnehmen. Bei Helmut Schmidt passierte beinahe das Gegenteil. Sein Satz, wer Visionen habe, solle zum Arzt gehen, war geradezu eine Absage an den Diskurs, der ja durch große, zunächst verstiegen erscheinende Ideen eröffnet und befeuert wird. Damals war die Bundesrepublik zwischen den Generationen gespalten. Viele Ältere fanden Schmidts entschlossenes Auftreten großartig und bemängelten höchstens, soweit sie Anhänger der Union waren, dass er in der falschen Partei sei. Vielen Jüngeren ging seine restaurative Autorität auf die Nerven und sie fühlten sich zum Protest herausgefordert. Insofern belebte der Anti-Diskurs-Kanzler Schmidt den Diskurs.

In den späten siebziger und frühen achtziger Jahren entwickelten sich von zwei Seiten Diskursrestriktionen, die bis heute wirken. Die eine war die *political correctness*. Sie kam aus dem linken Flügel der Gesellschaft und verordnete für manche Bereiche mehr oder weniger ein Diskussionsverbot. Wer Arme, Arbeitslose, Migranten und zum Teil Frauen nicht als Opfer der Gesellschaft sehen wollte, fiel unter Faschismusverdacht. Auf der anderen Seite wurde die Diktatur des ökonomischen Arguments etabliert. Wer nicht einsehen wollte, dass die Unternehmen jede Förderung verdienten, weil sie Krieger im Kampf gegen die Arbeitslosigkeit seien, galt als Totengräber des Standorts Bundesrepublik. Auch so ging Freiheit verloren.

Kohl überführte zwei konfliktträchtige Felder in den Konsensbereich. Von den Sozialdemokraten übernahm er die versöhnliche Ostpolitik und die Nachrüstung, die heiß umstritten war, wobei der Dissens vor allem darin lag, wie der Frieden zu sichern ist. Als die Weltgemeinschaft und die Nato nach der Wiedervereinigung militärische Beiträge von der Bundesrepublik einforderten, etablierte Helmut Kohl eine gemischte Strategie aus Verweigerung und vorsichtigem Engagement. Damit konnten und können auch SPD, FDP und Grüne leben.

Die Wiedervereinigung brachte kaum einen Diskursimpuls. Die Bundesrepublik verleibte sich die DDR mit einem schnellen, großen Schluck ein und verzichtete weitgehend auf Debatten über das eigene Selbstverständnis oder Möglichkeiten, etwas zu verändern. Größer weiter so, das war weitgehend der Konsens, zum Ärger von Günter Grass und anderen Intellektuellen, die kaum noch eine Rolle spielten. Die interessanten Leute aus der DDR, Bürgerrechtler wie Wolfgang Ullmann, Gerd Poppe oder Werner Schulz wurden in ihren Parteien marginalisiert. Angela Merkel machte sich auf den langen Weg aus der Unscheinbarkeit heraus.

Auch die Ära Kohl war von Diskursverweigerung geprägt. Er war kein Mensch für offene Debatten, aber ihm wurde auch nicht der Respekt zuteil, den man für ein Gespräch braucht. Er wurde verlacht und verhöhnt, und dieser Umgang mit ihm war sicherlich kein Glanzlicht der bundesdeutschen Demokratie.

Etwas verspätet leitete er 1996 das Jahrzehnt der sozialpolitischen Spar- und Strukturreformen ein. Es reichte von seinen Plänen für Renten- und Krankenversicherung über die Agenda 2010 bis zu Münteferings Rente mit siebenundsechzig. Dies war eine besonders lebhafte Zeit, auch wenn Schröder kein Freund des Diskurses war. Er führte das finale Wort »basta« ins Regierungsvokabular ein, und die Agenda 2010 war für ihn »alternativlos«. Ein Freund von Debatten war er nicht.

Als Angela Merkel übernahm, waren die großen Konflikte der Bundesrepublik beendet. Das Thema Atomkraft machte sie dummerweise noch einmal auf, bevor sie es dann endgültig beendete. Wir waren nie ein wildes Land. Wir haben uns gestritten, aber im Großen und Ganzen waren wir auf Konsens geeicht. Das ist wahrscheinlich unser Erfolgsrezept, oder ein großer Teil davon. Deshalb geht es uns vergleichsweise so gut, ökonomisch jedenfalls.

Mit Merkel begann dann die ganz große Ruhe. Weil sie das so wollte, und die Deutschen damit ganz zufrieden waren. Ihre Regierungszeit wird manchmal Neues Biedermeier, Zweites Biedermeier oder Neo-Biedermeier genannt. Das sind treffende Namen, weil sie die Entpolitisierung der Zeit nach dem Wiener Kongress aufgreifen.

Merkel beschränkt den Diskurs nicht, soweit würde sie nicht gehen. Aber sie regt ihn auch nicht an, und das müsste sie tun, wenn er in Gang kommen sollte. Die Geschichte der Bundesrepublik zeigt, dass die Anstöße für politische Debatten aus der Politik kommen müssen. Eine Regierung nimmt sich etwas vor und stellt das zur Debatte, die soziale Marktwirtschaft, die Ostpolitik, die Nachrüstung, die Agenda 2010. Dann geht es rund. Die großen Debatten, die in Deutschland außerhalb des politischen Raumes entstehen, drehen sich meist um den Umgang mit der deutschen Vergangenheit. Die Historiker sind eine besonders diskursstarke Gruppe und sie stoßen mit diesen Themen auf ein breites Interesse.

Merkel ist als Impulsgeberin bislang ausgefallen, und genau das will sie. Die Bundeskanzlerin hat erkannt, wie die Deutschen grundsätzlich sind und versteht es ausgezeichnet, sich ihren Gemütern anzuschmiegen. Dabei schöpft sie auch aus historischen Erfahrungen. Nach einem Umweg hat sie erkannt, dass es gefährlich ist, den Sozialstaatskonsens anzugreifen; vor allem für die Bedürfnisse der Alten hat sie ein Ohr. Nach einem kleinen Umweg über einen Artikel in der »Washington Post« wurde ihr klar, dass der pazifistische Konsens im Volk tief verwurzelt ist. Sie hat erkannt, dass die Europa- und Euro-Begeisterung vor allem in der Seele von Helmut Kohl liegt, dass die Bevölkerung eher skeptisch ist und dass ihr dies Spielräume für eine selbstbewusste Europapolitik gewährt. Sie hat erkannt, dass die Frauen eine starke Diskursmotivation haben und damit Diskursmacht. Deshalb lässt sie Ursula von der Leyen vorsichtig Frauenförderungspolitik machen. Sie hat erkannt, dass zu den Konsenswünschen der Deutschen eine Große Koalition am besten passt. Sie hat erkannt, dass es einen Überdruss an der großen Inszenierung gibt und regiert mit kleinem Auftritt, mit inszenierter Authentizität. Das entspricht ihrem Typus ohnehin am besten, genauso die Abwesenheit autoritären Machtgehabes. Das alles ist Schonung pur. Niemand muss sich aufregen. Der Slogan »Stoppt Merkel« würde die Frage provozieren: Wobei?

Merkel entspricht auf eine nahezu unheimliche Weise den Wünschen ihrer Deutschen, politisch und wesenshaft. So symbiotisch war das noch nie. Damit ist ein Teil der Fragen nach der Ära schon beantwortet. Angela Merkel verkörpert dieses Land in bisher ungekannter Weise, aus oben genannten Gründen. Die Konsens- und Schonungsnation Deutschland hat sich in der Konsens- und Schonungskanzlerin Merkel gefunden. Zudem hat sie die Jahre, die für eine Ära notwendig sind, schon absolviert.

Geschieht Bedeutendes in ihrer Zeit? Ja. Sie hatte und hat eine große Aufgabe. Sie muss die Finanz- und die Euro-Krise bewältigen. Das erste ist ihr zusammen mit der SPD gelungen. Kaum ein Land schwebte so gut durch die Finanzkrise wie Deutschland. Das Bruttoinlandsprodukt schrumpfte zwar um fünf Prozent, aber die Arbeitslosigkeit stieg kaum an. Das war eine Meisterleistung der Politik, fundiert natürlich von der Stärke deutscher Unternehmen. Was die Euro-Krise angeht, ist noch kein Urteil möglich. Zuletzt sah es so aus, als würden sich die angeschlagenen Länder langsam erholen, als bliebe der Euro stabil. Das kann sich auch wieder ändern, und es wäre ohnehin eher Draghis Verdienst als Merkels. Ein Ergebnis steht aus, klar ist aber: der Prozess ist nicht gelungen. Europa war in den vergangenen Jahren zerstritten und führungslos, und das lag vor allem an Angela Merkel. Sie ist daher bislang keine historisch bedeutende Kanzlerin so wie Konrad Adenauer, Willy Brandt und Helmut Kohl.

Dazu gehört auch, dass sie Deutschland nicht aus seiner seltsamen Position in der Welt holt. Sie hat diese Position geerbt, aber sie hat das bestätigt, statt neue Wege zu gehen. Es ist die Position der ökonomischen Großmacht, die von den anderen Europäern soziale Opfer verlangt, die sich selbst mästet, sich politisch-militärisch aber raushält, weil sie keine Opfer bringen will. Das ist eine bequeme Position, aber keine würdige, und fair ist es auch nicht.

Deshalb ist »alternativlos« ein treffendes Wort für diese Kanzlerschaft, traurigerweise. Die Stärke der Demokratie ist, dass sie den Dissens erstens erträgt und zweitens in politische Dynamik umsetzen kann. Deutschland aber ist unterzuckert. Es fehlt die Lebendigkeit der Demokratie. Damit ist man noch nicht ein großes Singapur, aber viel interessanter ist es derzeit auch nicht, in Deutschland zu leben. Und »interessant« ist eine wichtige Kategorie für den Bürger, der nicht nur lebt, um zu arbeiten und zu konsumieren. Das ist der klassische Bürger. Der braucht Alternativen, mit denen er sich befassen, zwischen denen er entscheiden kann. Aber die hat er nicht wirklich, weder personell noch bei den beiden noch immer wichtigsten Themen dieses Landes, der sozialen Frage und der Frage von Krieg und Frieden.

Kann man etwas machen, etwas ändern? Man muss nicht das politische System umkrempeln, um Merkels Defizite auszugleichen. Aber das System hat Defizite, die vor Merkel existierten und die nun zusammen mit ihren Schwächen wirken. Deshalb möchte ich dieses Buch mit einem Vorschlag beschließen. Es ist meine Vorstellung von einer guten Politik, und sie nimmt keine Rücksicht darauf, was realistisch ist. Das Allermeiste wird in absehbarer Zeit nicht umgesetzt werden. Aber das ist jetzt egal. Mein persönlicher Zwölf-Punkte-Plan sieht so aus:

Mehrheitswahlrecht. Das senkt die Wahrscheinlichkeit für Koalitionen, vor allem für Große Koalitionen erheblich. Die Volksparteien müssten sich im Kampf gegeneinander um schärfere Konturen bemühen. Sie könnten, einmal gewählt, ihre Programme besser durchsetzen. Bei der nächsten Wahl kann der Wähler entscheiden, ob er diesen Kurs fortgesetzt haben möchte oder ob die Alternative eine Chance bekommt.

Längere Legislaturperiode. Um die Zeiten der strukturellen Untätigkeit zu reduzieren, sollte die Legislaturperiode auf fünf Jahre ausgedehnt werden. Dann blieben drei Jahre für echte Regierungsarbeit.

Kürzere Kanzlerschaften. Das Parlament sollte einen Bundeskanzler nur zweimal hintereinander wählen dürfen. Das wären dann maximal zehn Jahre, immer noch eine lange Zeit. Bislang hat kein Bundeskanzler einen guten Abschied geschafft, und die beiden, die lange im Amt waren, waren zu lange im Amt.

Konzentration der Wahlen. Die vielen Landtagswahlen während einer Legislaturperiode im Bund sorgen für Zeiten der Lähmung. Deshalb sollte es einen Termin für alle geben, am Tag der Bundestagswahl.

Weniger Bundesländer. Zwergländer sind überflüssig, behindern den politischen Prozess und können ihn nicht bereichern. Oder erinnert sich jemand daran, wie Bremen oder das Saarland die Politik der Bundesrepublik bereichert haben? Deshalb sollten die Stadtstaaten und das Saarland mit ihren Nachbarländern vereint werden.

Bildungspolitik als Bundesaufgabe. Bildung ist eine der wichtigsten Aufgaben des Staates, wenn nicht die wichtigste. Ein großer Teil der Sozialpolitik wäre überflüssig, wenn es gelänge, mehr Kinder für einen guten Job zu qualifizieren. Die Länder sind damit überfordert. Schulen und Hochschulen sollten deshalb vom Bund gesteuert werden.

Bürgerversicherung. Die Sozialversicherungen sollten eine breitere Finanzierungsgrundlage bekommen und deshalb auch Beamte und Selbständige einschließen.

Plebiszit. Ein Plebiszit für ein Bundesgesetz aus dem Volk pro Legislaturperiode finde ich richtig. Die Bürger sollen selbst entscheiden, welches Anliegen ihnen das wichtigste ist. In den ersten zwei Jahren könnte es einen Wettbewerb der Projekte geben. Am Ende steht eine Abstimmung. Der Sieger stellt sich im dritten Jahr dem Plebiszit. Ist die Mehrheit dafür, muss der Bundestag das entsprechende Gesetz verabschieden. Dies würde die Diskussion in der Gesellschaft beleben. Außenpolitik und Fragen der Migration sind nicht zugelassen.

Europäische Finanz- und Wirtschaftspolitik. Der Euro braucht ein politisches Fundament. Dafür müssen Souveränitätsrechte nach Brüssel wandern. Dies aber ist eine so grundlegende Sache, dass darüber nur das Volk bestimmen kann. Hier ist ein Plebiszit außerhalb des oben genannten Verfahrens notwendig.

Europäische Verteidigungspolitik. Wer Einfluss haben will in der Welt, braucht militärische Stärke, um Verantwortung übernehmen zu können, um Machtansprüche in die Schranken weisen zu können. Auf die Amerikaner sollten sich die Europäer nicht mehr verlassen. Sie brauchen eine gemeinsame Armee und eine gemeinsame Verteidigungspolitik.

Merkel nach Europa. Merkel sollte die nächste Präsidentin des Europäischen Rates werden. Sie hat Autorität, sie vertritt ein großes Land, und sie ist auf Konsens geeicht. Für Europa ist dies das richtige Prinzip, bis es sich als echte Demokratie etabliert hat. Deshalb sollte sie nach zehn Jahren im Kanzleramt aufhören und nach Brüssel gehen.

Eine Kanzlerschaft, die lange währt, bekommt einen Namen, braucht einen Namen. Angela Merkel regiert seit neun Jahren, aber es gibt noch keinen Begriff, der ihre Zeit markiert. Blickt man auf ihre Vorgänger, so haben alle, die länger als fünf Jahre im Amt waren, einen Beinamen bekommen. Bislang hat Helmut Kohl am längsten regiert, sechzehn Jahre. Er ist der »Kanzler der Einheit«, weil er Deutschland wieder zusammengeschmiedet hat. Für Konrad Adenauer, zwölf Jahre im Amt, wurde der Begriff »Kanzlerdemokratie« gefunden. Er drückt Adenauers Dominanz im politischen System der jungen Bundesrepublik aus. Helmut Schmidt, acht Jahre, wird manchmal »Krisenkanzler« genannt, weil er gegen den Terrorismus und eine Wirtschaftskrise ankämpfen musste. Gerhard Schröder taufen Journalisten »Medienkanzler«, weil er versuchte, mit Hilfe von Fernsehen und Zeitungen zu regieren. Willy Brandt, fünf Jahre, Ludwig Erhard und Kurt-Georg Kiesinger, jeweils drei Jahre, müssen ohne Attribut auskommen, das ihre Kanzlerschaft zusammenfasst. Brandt könnte »Ostpolitik-Kanzler« oder »Mehr-Demokratie-Kanzler« heißen, aber so ist es nicht gekommen. Kiesinger ist als Regierungschef der ersten Großen Koalition nahezu vergessen. Er wird manchmal »Übergangskanzler« genannt, was wenig schmeichelhaft klingt. Erhard wollte Volkskanzler sein, schaffte das aber nicht. Der Propagandaminister der Nationalsozialisten, Joseph Goebbels, hat Adolf Hitler in dessen ersten Jahren als Reichskanzler manchmal den »Volkskanzler« genannt. Aber der Begriff setzte sich nicht durch, Hitler war der »Führer« und blieb als solcher in Erinnerung. Dieses Wort ist damit verdorben. Deutsche tun sich immer noch schwer, es zu verwenden, sagen lieber »Anführer« oder gar »Leader«. Für Volkskanzler gilt das nicht. Es hat keine nationalsozialistische Konnotation, es ist damit frei zur Verwendung.

Volkskanzlerin wäre eine gute Bezeichnung für Merkel, weil die Alternativlosigkeit in diesem Wort steckt. Oder, ganz einfach: Sie ist die Lieblingskanzlerin der Deutschen.

LITERATUR

Joyce Appleby: Die unbarmherzige Revolution – Eine Geschichte des Kapitalismus, Hamburg 2011

Arnulf Baring: Machtwechsel – Die Ära Brandt-Scheel, Stuttgart 1982

Ralph Bollmann: Die Deutsche – Angela Merkel und Wir, Stuttgart 2013

Ralph Bollmann: Reform – Ein deutscher Mythos, Berlin 2008

Christian Bommarius: Das Grundgesetz – Eine Biographie, Berlin 2009

Christopher Clark: Preußen – Aufstieg und Niedergang 1600–1947, München 2007

Colin Crouch: Post-Democracy, Cambridge 2004

Dave Eggers: The Circle, London 2013

Julia Encke: Charisma und Politik – Warum unsere Demokratie mehr Leidenschaft braucht, München 2014

Niall Ferguson: Der Westen und der Rest der Welt – Die Geschichte vom Wettstreit der Kulturen, Berlin 2011

Volker Gerhardt: Partizipation – Das Prinzip der Politik, München 2007

Matthias Geyer, Dirk Kurbjuweit, Cordt Schnibben: Operation Rot-Grün – Geschichte eines politischen Abenteuers, München 2003

Gunter Hofmann: Willy Brandt und Helmut Schmidt – Geschichte einer schwierigen Freundschaft, München 2012

Robert Kagan: Macht und Ohnmacht – Amerika und Europa in der neuen Weltordnung, Berlin 2003

Peter Graf Kielmansegg: Nach der Katastrophe – Eine Geschichte des geteilten Deutschlands, Berlin 2000

Peter Koch: Konrad Adenauer – Eine politische Biographie, Reinbek 1985

Gerd Langguth: Angela Merkel, München 2007

David Marsh: Die Bundesbank – Geschäfte mit der Macht, München 1992

Peter Merseburger: Willy Brandt 1913–1992 – Visionär und Realist, Stuttgart, München

Jan-Werner Müller: Das demokratische Zeitalter – Eine politische Ideengeschichte Europas im 20. Jahrhundert, Berlin 2013

Herfried Münkler: Die Deutschen und ihre Mythen, Berlin 2009

John Rawls: Geschichte der politischen Philosophie, Frankfurt am Main 2008

Klaus Roth: Genealogie des Staates – Prämissen des neuzeitlichen Politikdenkens, Berlin 2011

Manfred G. Schmidt: Der Deutsche Sozialstaat – Geschichte und Gegenwart, München 2012

Gregor Schöllgen: Deutsche Außenpolitik – Von 1945 bis zur Gegenwart, München 2013

Hans-Peter Schwarz: Helmut Kohl – Eine politische Biographie, München 2012

Hartmut Soell: Helmut Schmidt, München 2008

Volker Ullrich: Die nervöse Großmacht 1871–1918 – Aufstieg und Untergang des deutschen Kaiserreichs, Frankfurt am Main 1997

Franz Walter: Die neue Macht der Bürger – Was motiviert die Protestbewegung?, Reinbek 2013

Hans-Ulrich Wehler: Die Deutschen und der Kapitalismus – Essays zur Geschichte, München 2014

Hans-Ulrich Wehler: Entsorgung der deutschen Vergangenheit? – Ein politischer Essay zum Historikerstreit, München 1988

Heinrich August Winkler: Geschichte des Westen – Die Zeit der Weltkriege 1912–1945, München 2011

Heinrich August Winkler: Geschichte des Westens – Von den Anfängen in der Antike bis zum 20. Jahrhundert, München 2009

Heinrich August Winkler: Weimar 1918–1933 – Die Geschichte der ersten deutschen Demokratie, Dachau 2005

Heinrich August Winkler: Der lange Weg nach Westen – Deutsche Geschichte, München 2000

Edgar Wolfrum: Rot-Grün an der Macht – Deutschland 1998–2005, München 2013

Edgar Wolfrum: Die geglückte Demokratie – Geschichte der Bundesrepublik Deutschland von ihren Anfängen bis zur Gegenwart, Stuttgart 2006

»Historikerstreit« – Die Dokumentation der Kontroverse, München 1997